梁桥设计与技术应用

田　径　刘震宇　张建强　主编

中国石化出版社

图书在版编目(CIP)数据

梁桥设计与技术应用 / 田径, 刘震宇, 张建强主编.
—北京: 中国石化出版社, 2022.10
ISBN 978-7-5114-6889-5

Ⅰ.①梁… Ⅱ.①田… ②刘… ③张… Ⅲ.①梁桥-桥梁设计 Ⅳ.①U448.212.5

中国版本图书馆 CIP 数据核字(2022)第 178117 号

中国石化出版社出版发行
地址:北京市东城区安定门外大街 58 号
邮编:100011　电话:(010)57512500
发行部电话:(010)57512575
http://www.sinopec-press.com
E-mail:press@sinopec.com
北京力信诚印刷有限公司印刷
全国各地新华书店经销
*
787×1092 毫米 16 开本 13 印张 320 千字
2022 年 11 月第 1 版　2022 年 11 月第 1 次印刷
定价:98.00 元

《梁桥设计与技术应用》
编　委　会

主　编　田　径　中交第二航务工程局有限公司设计研究院

　　　　刘震宇　江夏交通工程公司

　　　　张建强　中国华西工程设计建设有限公司

副主编　何　涛　深圳高速工程检测有限公司

　　　　毛国奇　中铁北京工程局集团有限公司

　　　　罗李盛　广东冠粤路桥有限公司

　　　　黄潮伟　潮州市潮安区公路事务中心

　　　　谢和平　岳阳市交通公路工程建设有限公司

编　委　马　涛　中交第二公路勘察设计研究院有限公司

PREFACE
前言

梁桥作为最简单实用的桥型，在中国古代曾被拱桥的光环所湮没，但是随着钢材、混凝土、预应力等材料及工艺的快速发展，以及梁桥结构设计理论的深入研究，以梁桥为代表的结构形式开启了现代桥梁建设的新篇章。传统的桥梁结构体系可分为五类：梁桥、拱桥、刚构桥、斜拉桥和悬索桥。梁桥结构的发展与理论研究、生产技术水平和结构材料的进步密切相关，因为梁桥结构在垂直荷载下没有水平反作用力，主梁主要是弯曲的。梁桥具有预制结构构件简单、装配施工方便、形状与城市规划要求的良好契合、与周边环境协调等优点，在目前我国建成的桥梁中占相当大的比例。简支梁桥在我国早期应用广泛。由于其对基础承载力的要求较低，因此一直是中小跨度桥梁的首选桥型。然而，在城市多跨桥梁中，简支梁桥由于其结构不连续、节点多、跨越能力有限、易出现纵向裂缝、易破坏梁间协同工作状态等特点，逐渐被现浇连续梁桥取代。目前，我国梁桥的设计和研究已达到相当水平，但仍有许多问题需要研究和改进。

本书从桥梁在我国的发展历程为切入，阐述了梁桥的应用现状及未来的发展趋势。同时，针对梁桥总体设计、主梁设计、行车道板设计、横隔梁设计等方面的内容进行了分析。在此基础上，引入了装配式钢-混组合箱梁桥、簇钉群连接钢-混凝土组合箱梁、UHPC 箱体桥梁等方面的设计理念，并深入分析了相应的设计与计算方法。最后结合实际案例，讲述了公路梁桥的具体设计流程与施工技术，希望对梁桥设计同仁起到一定的作用，促进城市桥梁建设的发展。

CONTENT

目 录

第一章 绪论

第一节 桥梁在中国的发展历程

一、新中国成立前的桥梁发展

在人类文明的发展史中，桥梁占有重要的一页。中国古代木桥、石桥和铁索桥都长时间保持世界领先水平，在桥梁发展史上曾占据重要地位，为世人所公认。例如，据文献记载，中国早在公元前50年(汉宣帝甘露四年)就建成了跨度达百米的铁索桥，而欧美直到17世纪尚未出现铁索桥。1665年徐霞客的《铁索桥记》详细描述了建于1629年在贵州境内的一座长约122m的铁索桥。法国传教士于1667年出版了一本《中国奇迹览胜》，书中也介绍了中国铁索桥。世界科技史家英国李约瑟博士指出：这两本书直接启发了西方人建造铁索桥的尝试。18世纪的英国工业革命造就了近代科学技术，也使欧美各国率先进入现代桥梁工业新时代。不幸的是，中国自13世纪北方少数民族入主中原的元朝起，科技就停滞不前，到17世纪明朝时已开始落后于西方。清朝政府又奉行闭关自守的政策，在1840年的鸦片战争中惨败，使中国遭到列强的欺凌，蒙受了百年耻辱。

回顾旧中国的桥梁，长江是天堑，黄河上的三座桥梁(津浦铁路济南铁路桥、京汉铁路郑州铁路桥和兰州市黄河桥)以及上海、天津、广州等大城市中的一些桥梁也无一不是由洋商承建的。我们唯一能引以自豪的是由茅以升先生主持兴建的杭州钱塘江大桥，该桥由他带领一批留学生自行设计和监造，但实际施工仍由丹麦康益洋行承包下部结构和沉箱基础工程，上部结构钢梁则由英商道门朗公司承包制造和安装。旧中国的承包商还没有建造大桥的能力，而政府交通部门也没有大桥施工队伍，只能做一些公路小桥涵的工程。当时水平最高的中国桥梁工程队伍当推由赵祖康先生领导的上海市工务局，他们在新中国成立前已设计建造了几座跨苏州河的钢筋混凝土悬臂梁桥，至今仍发挥作用。这支队伍也是新中国成立初期我国桥梁建设的重要技术力量，后来组建成上海市政工程设计院。

二、向苏联学习，建设跨江大桥

新中国诞生后，面对美国的经济封锁和制裁，向苏联学习是唯一的选择。在桥梁工程领域我们也派出了许多留学生赴苏联学习预应力混凝土和钢桥技术。在苏联专家的帮助下，铁道部筹建了山海关、丰台、宝鸡和株洲桥梁厂。交通部组建了北京的公路规划设计院、西安的第一设计院和武汉的第二设计院以及从事施工的公路一局和二局。各省的交通厅也都建立起公路桥梁的设计和施工队伍。

1952 年，决定建设第一座长江大桥——武汉长江大桥，使天堑变通途。为此专门设立了铁道部大桥工程局和铁道部科学研究院，全面学习研究苏联在钢桥疲劳、焊接、振动，以及桥梁上下结构设计、制造和施工等方面的科学技术。中国第一片预应力混凝土也在丰台桥梁厂基地研究试制，并于 1956 年首先在东陇海线新沂河铁路桥上建成了跨度为 23. 9m 的预应力混凝土简支梁，迈出了重要的一步。第一座 20m 跨度的京周公路桥也同时建成。武汉长江大桥采用了苏联最新的管柱基础技术，管柱有振动打桩机下沉，穿过覆盖，然后钻孔嵌岩，形成一种新型的深水基础。上部结构钢桁架采用胎具组拼、机器样板钻孔的新技术。

1957 年，武汉长江大桥建成通车，它是 50 年代中国桥梁的一座里程碑，也是中苏友好的结晶，为中国现代桥梁工程技术和第二座南京长江大桥的兴建以及桥梁深水基础工程的发展奠定了基础。

1964 年建成的南宁邕江大桥是我国第一座按苏联闭口薄壁构件理论设计的主跨 55m 的钢筋混凝土悬臂箱梁桥，具有特别的意义。50 年代预应力混凝土简支梁桥的实现，使中国桥梁界初步具备了高强度钢丝、预应力锚具、管道灌浆、张拉千斤顶等有关的材料、设备和施工工艺，为 60 年代建造主跨 50m 的第一座预应力混凝土 T 型钢构桥——河南五陵卫河桥、主跨 124m 的广西柳州桥以及主跨 144m 的福州乌龙江桥创造了条件。最后还要特别提到按苏联标准图修建的包兰线东岗黄河大桥，这是一座三孔 53m 的铁路钢筋混凝土肋拱桥，于 1956 年建成。此后，又在 1959 年建成了主跨 88m 的太焦线丹河桥。

三、“文革”时代的圬工拱桥

1957 年，我国进入了“大跃进”“三年困难时期”以及随后的十年动乱，历时 20 年，国民经济遭到了严重的破坏，建筑材料的贫乏和资金的不足使中国的交通建设陷入了困境。少用水泥和钢材的圬工拱桥成为修建大跨度公路桥梁的首选桥型，宝贵的钢材主要用于三线的铁路建设之中。

1959 年建成的湖南黄虎港桥，主跨 50m，是当时跨度最大的石拱桥，也是首次用苏联夹木板拱架技术施工的拱桥。采用钢拱架施工的洛阳龙门桥，主跨 90m，位于著名的龙门石窟，于 1961 年建成。主跨达 112. 5m 的云南长虹桥是在满堂木拱架上用分环、分段、预留空隙等工艺于 1961 年建成的大跨度石拱桥。1972 年，一座超过世界记录的石拱桥——主跨 116m 的丰都九溪沟桥在四川建成，使我国的石拱桥技术达到了新的高度。另一种由民间建造的拱桥——双曲拱桥于 60 年代诞生于江南水乡无锡县。由于这种桥梁的施工采用化整为零，预制拱肋和拱波，再组合拼装起来与现浇混凝土拱背层形成拱圈，使桥梁结构比较轻盈，适宜于软土地基上建造，是农村小跨轻载桥梁的合理桥型，为农村地方交通事业的发展作出了重要贡献。

然而，在“左”的形势下，这种桥型被称为“革命桥”，强行推广于大跨度重载公路干线桥梁。虽然经过设计人员的不断改进，努力克服双曲拱桥在施工中稳定性不足、断面抗弯性能较弱等缺点，但双曲拱桥的构造和施工特点使它仍然难以适应大跨度和重载以及软土地基条件，在使用若干年后出现了不少病害，影响了桥梁的寿命。在“文革”年代建造了许多双曲拱桥，其中著名的有：1972 年建成的主跨 76m 的长沙湘江桥，1974 年建成的主跨 116m 的湖南罗依溪桥，以及早在 1968 年就建成的中国最大跨度双曲拱桥——河南嵩县前河桥。在地质较好的地区建造的一些双曲拱桥，至今仍在使用。

为了克服双曲拱桥的弱点，同济大学创造了一种桁架拱桥的新桥型，得到了浙江省、江苏省和河南省同行的支持，先后建成了浙江余杭里仁桥(主跨 50m，1971 年)、江苏苏州觅渡桥(主跨 60m，1973 年)和河南嵩县桥(9×50m 多孔桁架拱桥，1976 年)。交通部科学研究院亦创建了钢架拱的新桥型，在中、小跨径桥梁中得到广泛应用。这都为中国公路桥梁建设作出了贡献。

四、80 年代中国桥梁技术开始崛起

1976 年，中国进入了改革开放的新时期，经济开始复苏。交通建设作为先行官也得到了政府的重视，特别是率先开放的广东省，成了 20 世纪 80 年代初桥梁建设的一块宝地，引来全国许多省市的桥梁工作者投身于那里火热的工地。60 年代已传入中国的一种新型的现代斜拉桥的信息终于在 70 年代初于四川、上海和山东同时开始修建实验桥，其中四川云阳汤溪河桥于 1975 年 2 月首先建成，是中国第一座主跨为 75.84m 的斜拉桥。由于当时国内尚无平行钢丝拉索的产品，该桥采用钢芯缆索制成斜拉索，而另一座主跨 54m 的上海新五桥则用粗钢筋为拉索。

1980 年建成的四川三台涪江桥，主跨已达 128m，斜拉索采用 24ϕ5mm 高强度钢丝组成，外涂沥青后缠包玻璃丝布，待全桥完成后再用三层环氧树脂缠绕三层玻璃丝布防腐，工艺十分繁复，是早期斜拉桥采用的拉索防腐系统。

1982 年，上海泖港桥(主跨 200m)和山东济南黄河桥(主跨 220m)相继建成。前者也用多层玻璃丝布的拉索防腐工艺，至今仍继续使用，而后者改用铅皮套管压注水泥浆的新防腐工艺，却在 15 年后被证明防腐已失效而被迫于 1997 年进行换索。

1987~1988 年间建成了多座斜拉桥，如海南西樵桥(L=124.6m)、天津永和桥(L=260m)、南海九江桥(2×160m)、重庆石门桥(200m+230m)和广州海印桥(L=175m)。拉索的防腐系统改用 PE 管压浆工艺，其中广州海印桥的拉索于 1997 年发生断索事故，调查表明管道压浆工艺未能保证拉索顶部的饱满，造成拉索锈断，被迫在使用仅 12 年后全面换索。唯一例外的是东营黄河桥(L=288m)，该桥的拉索采用由日本进口的新一代热挤 PE 护套的成品拉索，也是我国第一座采用钢塔和钢桥面的斜拉桥。

在上述建造斜拉桥经验的基础上，上海桥梁界迎来了兴建第一座跨越黄浦江的大桥的机遇。由于李国豪教授的大力呼吁，上海市决定自主建设并采用了同济大学推荐的结合梁斜拉桥方案。上海南浦大桥的胜利建成是一个具有里程碑意义的突破，它增强了中国桥梁界的信心，促进了 90 年代在全国范围内自主建设大跨度桥梁的高潮。主跨 423m 的上海南浦大桥的建设，还带动了我国预应力工艺和拉索生产的自主化。柳州建筑机械总厂在上海同济大学和上海建工集团基础公司的合作下开发了 OVM 锚具，成为国内预应锚具的主流，替代了国外 VSL 公司的产品。上海浦江缆索厂为南浦大桥研制了新一代的 PE 热挤护套成

品拉索，以后也成为国内斜拉桥拉索的主要供应商。

在斜拉桥迅速发展的同时，预应力混凝土梁式桥也有了长足的进步。1984 年建成了主跨 111m 的湖北沙洋汉江桥和广东顺德容奇桥(3 孔 90m)，前者用挂蓝悬浇施工，后者则用 5000kN 浮吊预制组拼而成，开 80 年代预应力混凝土连续梁桥的先河。随后，1985 年又建成了哈尔滨松花江大桥(7 孔 90m)，1986 年又建成了主跨达 120m 的湖南常德沅水桥。

1988 年，广东省同时建成了采用节段预制悬臂拼装施工的七孔 110m 江门外海桥，和主跨达 180m 的预应力混凝土连续钢构桥——番禺洛溪桥。可以说，这两座桥代表了 80 年代我国梁式桥的最高水平。

80 年代，在拱桥方面出现了两种新型的结构——钢管混凝土拱以及无风撑的下承式系杆拱桥。前者以四川旺苍东河桥(主跨 115m，1990 年建成)和广东高明桥(2×100m 中承式拱，1991 年建成)为代表；后者则以芜湖元泽桥(主跨 75m，1991 年建成)和广东惠州水门大桥(三跨 40+60+40m，1991 年建成)为代表。无风撑拱圈的侧向稳定性由吊杆的非保向力效应保证，反映出国际的新潮流。

最后，还应当提到 1982 年建成的陕西安康汉江斜腿钢架桥，主跨 176m 的这座铁路钢桥是迄今世界同类桥梁跨度之冠，它代表着全国铁路系统设计、施工、科研单位的集体智慧和水平。总之，整个 80 年代，中国的桥梁技术在梁桥、拱桥和斜拉桥的全方位上都取得了突飞猛进的发展。其中广州洛溪桥和上海南浦大桥占据着特别重要的地位，起着示范的作用，为 90 年代更加辉煌的成就奠定了精神和物质基础。

五、90 年代中国走向世界桥梁强国之列

在 20 世纪 80 年代所取得的成就鼓舞下，中国桥梁工程界在 90 年代开始向世界先进水平攀登，1991 年开工的上海杨浦大桥是第一次攀登。主跨 602m 的结合梁斜拉桥在 1994 年建成时居世界斜拉桥跨度之首，现名列第三。它是中国大跨度桥梁的又一里程碑，标志着中国正在走向世界桥梁强国之列。

第二次攀登开始于汕头海湾大桥，这是中国第一座现代意义上的悬索桥的建设。主跨虽仅 452m，但采用混凝土桥面的悬索桥不仅居同类桥型的跨度之冠，而且由于桥面较重，其主缆和锚碇都相当于 900m 左右的钢桥面悬索桥，为随后建设的广东虎门大桥(L=888m)、西陵长江大桥(L=900m)和江阴长江大桥(L=1385m)起了示范的作用，意义是十分重大的。在拱桥方面，我国实现了第三次攀登，继主跨 312m 的广西邕江桥(1996)和主跨 330m 的贵州江界河桥(1995)之后，主跨达 420m 的四川万县长江大桥的建成，使我国的拱桥纪录跃居世界首位。这座采用钢管混凝土拱作劲性骨架的箱形拱桥，运用现代非线性分析和施工控制技术，充分考虑了多种材料混合使用，分层分段逐步施工中的各种非线性时变因素以及所引起的内力和应力的重分布。对该桥在施工和运营节段的强度、变形和稳定性进行了全过程分析。它的建成标志着中国作为一个建造拱桥最多的大国终于达到了世界领先水平。在钢桥方面，九江长江大桥的建成是继武汉长江大桥和南京长江大桥之后的我国钢桥的第三个里程碑。该桥采用国产优质高强度、高韧性钢，完成了由铆焊结构向栓焊结构的过渡。此外，在九江长江大桥中成功地采用了多种形式的深水基础形式，为我国大江大河的桥梁建设积累了丰富的经验。

由于上述几个方面的示范、带头作用和国家对交通建设的大规模投入，中国的桥梁建设出现了遍地开花的繁荣景象。90 年代全国建造了许多大跨度斜拉桥，著名的有：铜陵长江大桥（$L=436$m，1995）、武汉长江公路桥（$L=400$m，1995）、重庆长江二桥（$L=444$m，1995）以及上海徐浦大桥（$L=590$m，1996）。此外，广东虎门辅航道桥（$L=270$m，1997）建成时创造了连续钢架桥的记录跨度。

中国香港的回归使三座大桥：青马大桥（$L=1377$m，1997）、汲水门桥（$L=430$m，1997）和汀九桥（$L=475$m+448m，1998）也成为中国桥梁大家庭的成员，增强了中国桥梁的实力。中国虽然还是一个发展中国家，但在 20 世纪最后 20 年中所取得的成就鼓舞下，也开始构想 21 世纪更大规模的发展。例如南北公路主干线之一的同三线上将通过五个跨海工程（自北向南依次为渤海海峡工程，长江口越江工程，杭州湾跨海工程，珠江口伶仃洋工程以及琼州海峡工程）使该线实现真正的贯通，以代替目前的轮渡连接和绕行过渡线。舟山群岛也在进行联岛工程的宏伟规划，通过六个跨岛桥梁工程和大陆相连接。中国许多沿江省会城市都通过建造多座越江大桥形成城市环线的规划，以解决日益拥挤的交通问题。

六、现代化城市的重要标志——城市立交桥

城市人口的急剧增加使车辆日益增多，平面立交的道口造成车辆堵塞和拥挤。需要通过修建立交桥和高架道路形成多层立体的布局，以提高车速和通过能力。城市环线和高速公路网的联结也必须通过大型互通式立交进行分流和引导，保证交通的畅通。从 20 世纪 60 年代起我国就开始建造最初的立交桥。1970 年北京在原城墙的基础上修筑了第一条快速二环路，并相继建造了与长安街相交的复兴门立交桥和建国门立交桥，采用机动车和非机动车分行的三层苜蓿叶形布置，是我国修筑城市立交的先声。改革开放以后，广东于 1983 年率先修建了城市高架路以缓解日益拥挤的交通。如广州人民路高架以及区庄四层立交桥。80 年代中期北京三元桥、天津中山门桥、广州大道桥、沈阳灯塔桥和北京四环路安慧桥相继建成，形成了全国兴建立交桥的第一次高潮。80 年代末的上海终于迎来了开发浦东的机遇。内环线高架，成都路南北高架和延安路东西高架形成了上海市的“申”字形城市高架路，极大地改善了市区的交通，其中位于延安路和成都路交点的五层立交以及沿内环线结点的几座立交（漕溪路立交，共和新路立交，延安西路立交，龙阳路立交和罗山路立交），都各有特点，初步展现了上海大都市的现代化风貌。90 年代后期上海开始修建外环线西段和南段，通过曹安路立交和莘庄立交把外环线和沪宁、沪杭两条高速公路联结起来，在 20 世纪末实现了上海和江浙两省交通干线的通畅。

七、桥梁抗震抗风研究

20 世纪 70 年代，唐山大地震后，同济大学李国豪教授率先组织了桥梁抗震理论的研究。并参与了铁路工程抗震设计规范和公路工程抗震设计规范的项目研究和编写工作。同时开展了橡胶支座减震、隔震性能和大跨度桥梁空间非线性地震反应分析理论与方法的研究，并应用于工程实践。80 年代中，在同济大学建立了地震模拟震动台（台面尺寸为 4m×4m）。1988 年，同济大学土木工程防灾国家重点实验室建成后，又成立了桥梁抗震研究室，率先对我国各种类型桥梁的抗震设计开展了系列研究。至今已承担了 20 余座大跨度桥梁以

及城市高架桥和立交桥抗震研究任务，其中包括著名的江阴长江大桥、上海杨浦大桥、广东虎门大桥和贵州江界河大桥等，同时建立了各类桥梁抗震设计原则、理论及计算方法。

近 20 年来，世界上发生了多次中等强度地震，如 1994 年美国北岭地震和 1995 年日本神户地震，对现代化城市的桥梁破坏十分严重。土木工程防灾国家重点实验室正接受建设部委托，主编“城市桥梁抗震设计规程”。我国桥梁抗震研究与美国建立了多项合作，研究水平已跨入世界先进行列。70 年代后期，上海开始设计建造我国首座跨度达 200m 的斜拉桥。同济大学李国豪教授预见到中国桥梁向大跨度发展的必然趋势，带领桥梁工程系率先开展桥梁抗风研究。1979 年起，同济大学利用低速航空风洞进行了上海泖港大桥、天津永和大桥、广州海印大桥、山东胜利(东营)黄河大桥、重庆嘉陵江石门大桥等多座大跨度桥梁的节段模型风洞试验研究。1983 年在国内首先开展了斜拉桥三维颤振理论研究，并于 1985 年首次成功地进行了上海南浦大桥结合梁斜拉桥方案的全桥气动弹性模型风洞试验，使我国成为世界上少数几个能进行这种试验的国家之一。在此基础上，同济大学土木工程防灾国家重点实验室于 1990 年正式完成了主跨 423m 的上海南浦大桥抗风试验与研究，经亚洲开发银行委托的国外风工程专家的审核，给予了充分的肯定和评价。1994 年，同济大学土木工程防灾国家重点实验室又建成了实验段尺寸为 15m(宽)×2m(高)×14m(长)的大型桥梁风洞，规模居世界同类风洞第二位。该风洞先后完成了主跨 888m 的虎门珠江悬索桥和主跨 1385m 的江阴长江悬索桥的全桥气弹模型风洞实验，标志着我国桥梁抗风研究水平已进入世界先进行列。

我国正在规划 21 世纪初的重大桥梁工程，如长江口苏通大桥工程、珠江口伶仃洋工程、琼州海峡工程和舟山群岛联岛工程等。可以预料，我国的桥梁抗震和抗风研究将随着这些宏伟工程的实现而达到世界领先水平。

八、知识经济时代的桥梁之梦

20 世纪末，一场新的革命悄然兴起。在 18 世纪工业革命的 200 年后，以信息为核心的知识产业革命将把人类带入知识经济的新时代。知识经济时代实质上就是一个智能化和高效率的社会。现代通讯技术的发展使社会高度信息化，从而也使家庭生活、办公室工作、工厂企业生产、交通运输、工程建设、教育培训、医疗保健、国家管理等等活动都可利用可视通信网络和多媒体，“信息高速公路”实现智能化和自动化。人类的智慧和计算机网络的结合，使知识创新成为最有价值的产品，成为经济的主体和各行业的核心。

知识经济时代的桥梁工程将具有以下特征：首先，在桥梁的规划和设计阶段，人们将运用高度发展的计算机辅助手段进行有效、快速的优化和仿真分析，虚拟现实(Virtual Reality)技术的应用使业主可以十分逼真地事先看到桥梁建成后的外型、功能，模拟地震和台风袭击下的表现、对环境的影响和昼夜的景观等，以便于决策。其次，在桥梁的制造和架设阶段，人们将运用智能化的制造系统在工厂完成部件的加工，然后用全球定位系统(GPS)和遥控技术，在离工地千里以外的总部管理和控制桥梁的施工。最后，在桥梁建成交付使用后，将通过自动监测和管理系统，保证桥梁的安全和正常运行。一旦有故障或损伤，健康诊断和专家系统将自动报告损伤部位和养护对策。总之，知识经济时代的桥梁工程和其他行业一样，具有智能化、信息化和远距离自动控制的特征。受计算机软件管理的各种智能性建筑机器人将在总部控制人员的指挥下，完成野外条件下的水下和空中作业，精确按计划完成桥梁工程建设，这将是一幅21世纪桥梁工程的壮观景象。

回顾20世纪桥梁工程的成就，日本明石海峡大桥以1991m的跨度和50m深水基础的纪录载入桥梁史册。利用现有的高强度钢材和技术，我们已有可能在21世纪建造主跨4000m的大桥。如果新型碳纤维材料能解决锚固和经济性的问题，人们就有希望在21世纪突破5000m大关。然而，深水基础技术的进步将会减轻我们被迫增大扩大、跨度的压力。如果能成功地解决50~100m水深的新基础技术，连续多跨2000~3000m的桥梁可能是更为经济合理的海峡工程方案。实现全球四大洲的陆路交通网是世界桥梁工程界的共同奋斗目标和梦想。这一桥梁之梦有可能在下一世纪中实现。我们衷心希望中国的年轻一代桥梁工程师，勤奋学习、努力创新、勇于实践，以报国为己任，让中国的桥梁成为世界桥梁史上的里程碑，使中国成为世界桥梁强国中的一员，重现中国古代桥梁的辉煌。

第二节　梁桥的应用现状

一、梁桥的现状

改革开放以来，我国桥梁建设发展迅速，梁式桥的建设也取得了很大成就。世界上跨度最长的梁桥是位于中国重庆的重庆石板坡长江双线大桥，主跨330m。在世界梁桥跨径排名前100中，中国有10个地方。由此可见，中国梁桥的发展确实取得了令人瞩目的成就。

目前，装配式桥梁主要包括装配式混凝土桥梁(空心板、T梁、小箱梁等)和装配式钢-混凝土组合桥梁。预制混凝土桥因其结构简单、受力明确、造价低、架设方便等优点，在现代桥梁建设中得到广泛应用。然而，普通混凝土材料的强度和耐久性较差。在外部荷载的长期作用下，梁体容易开裂，导致废水侵入结构，并导致钢材腐蚀等耐久性问题。同时，预应力的增加，导致了施工难度、工期和总体成本的增加。在河流和道路上架设预制混凝土桥梁时，由于需要考虑净空限制，梁的高度通常会降低，这给结构设计带来不便和隐患。因此，对于现代桥梁施工而言，迫切需要寻求一种安全可靠、绿色快速的施工桥梁结构形式。

对于预制桥梁结构而言，节点是设计的重点和难点，也是预制桥梁结构的薄弱环节。传统的处理方法有两种：一种是提高负弯矩区混凝土的抗拉强度，另一种是调整施工方法以限制负弯矩区桥面开裂。具体来说，主要包括：①施加预应力。施加预应力可以有效避免混凝土面板开裂，但施加预应力会增加钢梁上翼板和腹板上部的压力，不利于钢梁的施工和设计；②早期自升式支座。传统的钢和混凝土桥梁将随着现场施工多次浇筑混凝土板和钢梁，而提前自升式支座可以给梁预先施加一定的负弯矩，然后浇筑混凝土面在压下后加压，待混凝土硬化后，六部分或全部消除了前面板混凝土中的拉应力；③临时支撑。施工前设置临时支撑，使钢梁形成一定的预拱，后期浇筑混凝土板硬化后，内部会产生一定的压应力，形成自平衡；④预压形成预应力。正弯矩段在现场浇筑负弯矩混凝土前预压，浇筑后卸载，在负弯矩区形成一定预应力。然而，对于采用这种方法的多跨连续梁，预加载量很大。在上述负弯矩区处埋方案中，预应力的使用将带来设计、施工和耐久性问题，而预顶升支座、设置临时支座和预加载将增加施工难度，并在不同程度上延长现场施工时间。因此，对于装配式桥梁系统，迫切需要寻求一种施工周期短、施工难度低、对周围环境影响小的接缝形式。

二、几种典型的预应力混凝土梁桥

（一）重庆石板坡长江双线大桥

（1）跨度组合：86.5m+4×138m+156m+330m+104.5m。由于航行需要，取消了一个桥墩，因此330m的主跨是目前世界上跨度最大的梁桥。

（2）随着跨度的增加，混凝土梁的承载力将被结构本身的重量消耗，因此在330m跨度内，采用108m钢箱梁代替混凝土梁。

（3）主墩采用双薄壁墩，其余墩采用空心墩。桥墩与主梁加固，1号、2号和过渡桥墩上设置的滑动支座除外。

（二）广州罗西大桥

（1）主跨180m，1984年10月动工，1988年建成通车。当时在同类桥型中居世界第六位、亚洲第一位，有“罗西飞虹”的美誉。并获得国家优秀设计金奖等11项大奖。这座桥长1916m，宽15.5m。主桥长480m，双向四车道。

（2）我国首次采用双壁薄壁墩，提高了墩身的柔韧性和主梁的力学性能。运用了大吨位预应力系统和大型伸缩缝装置。推动了我国连续刚构桥的发展。

（三）虎门大桥辅助通道桥

（1）主要跨度270m，1997年建成。在当时，它是世界上跨度最大的同类型桥梁。

（2）取消预应力弯曲筋和连续筋。

（3）先中跨后边跨合龙，采用导梁代替楼板支撑施工。

（4）轻量级的上层建筑。

（5）是中国连续刚构桥发展的重要桥梁。在设计和建设上取得了重要成果，为未来实现更大的飞跃做好了充分的准备。

三、存在的问题

虽然梁桥的发展取得了一些成绩，但人们对路桥施工的要求越来越高，前期施工和后期运行使用中的一些问题也逐渐暴露出来。主要从施工工程和使用过程两个方面阐述了梁桥存在的问题。

（一）梁桥施工中存在的问题

（1）施工材料不能满足工程需要。虽然随着科学技术的发展，中国已经开发了许多桥梁建设的新材料，但混凝土和钢筋仍然是梁桥最重要的材料。由于混凝土自重较大，这大大限制了梁桥跨径的增大。而且工程中使用的钢筋的抗拉强度和耐腐蚀性能往往达不到使用要求，也严重影响了梁桥的质量和使用寿命。

（2）施工工艺不能满足质量要求。目前国内由于施工环境复杂，材料往往不能满足路桥施工的需要，施工技术的多样性，容易造成路桥的耐久性和结构强度达不到使用要求，严重影响了路桥的施工。特别是传统的梁桥主要是钢筋混凝土结构和预应力钢筋混凝土结构。在中国目前的混凝土生产中，钢筋与混凝土的相容性不是很好，这是由于相关技术的不成熟，导致了桥梁坍塌事故的发生。

（3）施工管理存在不足。施工队伍普遍对施工管理不够重视，施工管理技术相对落后。目前施工过程中采用的施工管理往往过于简单，无法对施工过程中的步骤进行记录，没有对整个工程的施工工艺进行有效的记录。其次，施工技术人员和施工管理人员的素质不高。一些经理经常被普通工人取代。由于缺乏全面的施工管理技术理念，在施工管理中无法获得真实完整的施工技术数据。

（二）梁桥运行中存在的问题

随着大型大跨混凝土箱梁桥的建设，近年来，梁桥的两大常见问题——跨中挠度和梁开裂问题日益突出，严重影响了这一桥型的发展。据统计，80~100m 跨径的梁桥病害较少；跨径为 100~160m 的梁桥病害较多；160m 以上跨度的梁桥病害最多。

（1）箱梁桥长期向下挠度。预应力混凝土箱梁桥跨中挠度不仅导致维护费用大幅增加，破坏了桥梁的美观，还降低了桥梁的交通运行和结构安全。例如，1977 年在帕劳共和国建造的中跨铰链 Koror-Babeldaob 连续刚构桥，主跨度 241m，是当时世界上最长的后张预应力混凝土箱梁桥。施工完成后，变形继续增大，跨中挠度达到 1. 2m。1996 年加固后不久就倒塌了；武汉长江第二大桥两侧 125m 侧跨连续刚架跨中挠度严重。自 2000 年以来，基本每年偏转 2cm。造成预应力混凝土箱梁桥向下挠度的主要原因是混凝土的收缩徐变和施工方法的问题。混凝土的收缩徐变一直是一个复杂的问题，至今还没有一个准确的预测模型。

（2）梁开裂。梁的开裂问题主要包括横向裂缝、纵向裂缝和腹板倾斜裂缝。造成梁开裂的原因有很多，如初始设计不足、施工不规范、使用车辆超载等。国内也发生过不少连续刚构桥楼板开裂事故。如 2003 年贵阳小关水库特大桥箱梁楼盖合龙段纵向预应力筋在张拉过程中发生开裂；1996 年，佛开高速公路潭州大桥关闭时桥底开裂。

第三节 梁桥的发展趋势

由于经济和技术的不断进步，材料的限制已经成为大跨度梁桥发展的重要障碍。由此可见，传统的材料和施工技术在当前的发展过程中暴露出了许多不足。因此，必须进行适当的变革、用新的建筑技术和新的建筑材料来取代传统的技术和传统的建筑材料。只有这样才能不断提高工程质量，促进梁桥的发展。

一、传统材料的改进和新材料的应用

（一）混凝土材料

目前，新型混凝土材料包括智能混凝土材料、轻质混凝土材料、低强度混凝土材料、反应微粉混凝十材料和高性能混凝土材料。新型混凝土材料一般是在普通混凝土中加入一些如钢渣、纤维、砂石等物质，只能从一个方面提高混凝土的性能。以智能混凝土为例，在混凝土材料中加入适量的碳纤维，不仅可以提高水泥基材料的强度和韧性，还可以作为传感器，通过电信号传输输出自身的应力和内部损伤程度，从而加强工人对建筑物内应力和周围环境变化的实时控制。

（二）玻璃钢

玻璃纤维增强塑料(GFRP)，又称玻璃纤维(reinforced plastic)，是美国1939年发明的在常温常压下形成的不饱和聚酯树脂，与较早发明的玻璃纤维结合而成的一种复合材料。玻璃钢作为一种复合材料，具有设计性能好、机械性能好、耐化学腐蚀性能强、透光性好、电气性能好、隔声性能好等优点。1986年建成的重庆焦源大桥采用GFRP箱梁，比钢桥节省50%的施工成本。FRP比铝合金轻，比重仅为钢的1/5~1/4。其抗拉强度接近甚至高于碳钢，抗疲劳性能也很好。这些特性正是梁桥向大跨度发展所需要的，可以弥补混凝土结构过于笨重、容易开裂等缺点，并可能在未来梁桥的施工中取代混凝土。

（三）反应搪瓷(CRE)钢筋防腐技术

CRE涂层(化学反应性搪瓷涂层)，简称“反应性搪瓷涂层”，是近年来国际上才开始系统研究的一种新型钢筋防腐涂层技术。CRE涂层技术以玻璃粉和活性硅酸钙(CS)为主要原料，加入少量其他化学成分。经高温融化后，覆盖在钢筋表面，在钢筋表面形成致密的保护层，从而增强钢筋的耐腐蚀性能和与混凝土的附着力。CRE涂层可显著提高钢筋的耐腐蚀性能，增加钢筋与混凝土的黏结强度，提高结构的整体稳定性，从而提高结构的安全性和耐久性，该涂料具有成本低、加工工艺简单、应用范围广等优点。CRE涂层技术可有效提高钢筋混凝土结构的使用寿命。将该技术应用于梁桥施工中，可以大大提高梁桥的使用寿命和结构的安全性，对今后梁桥的发展具有一定的意义。

二、向信息化发展

在这个信息飞速发展的时代，梁桥向信息化发展也是大势所趋。

(1) 随着计算机技术、信息技术和传感器技术的发展，可以随时实时了解桥梁的承重状况、风力和温度。例如，可以设置安全预警系统、通信系统和传感器系统。

(2) 智能节能技术。实际上，节能建筑就是在设计和施工过程中尽可能使用节能材料和电器，利用智能土木结构使建筑本身具有监控能力，并随着外部环境的变化做出适当的调整，从而将建筑自身的能耗降低到最低水平。

(3) 3D打印技术。这是近年来特别热门的技术。我们听到最多的是3D打印房子。然而，现在3D打印技术也可以用于桥梁工程的建设。3D打印技术具有生产精度高、生产周期短、个性化生产、生产材料多样化、环保节约等诸多优势。3D打印技术在桥梁工程中的应用的一个例子是：1989年，美国著名的旧金山奥克兰新海湾大桥在地震中，大桥东部的桁架桥部分倒塌。在改造过程中，桥塔采用剪切耗能连接设计。但这种构件容易从焊缝处脆性失效，因此3D整体打印的方法可以弥补这一缺陷。印刷剪切接头由于材料均匀，没有较大的初始缺陷和应力集中部位，延性和应力集中部位更大，延性和塑性变形能力更大，在抗震方面更有价值。然而，目前3D打印技术在桥梁工程中的应用还非常有限，许多问题还没有得到很好的解决。相信在未来，3D 打印技术将凭借其技术优势在桥梁建设中有很大的发展。例如，3D 打印技术可以快速、高效、准确地生产出梁桥预制箱梁，这将给梁桥的施工带来巨大的飞跃。

三、施工管理技术更加现代化

通过信息技术和高科技计算机实现现代化的施工管理，通过实时检测系统对整个施工过程进行监控。例如，利用 5G 通信网络，在高桥墩上设置摄像头和传感器，将高空施工状态、气温和风力实时传输到手机。管理者可以尽快对现有的条件进行调整，以保证项目的高效、安全进行。

第二章

梁桥总体设计

第一节　桥梁设计的原则

高质量的公路桥梁应具有高承载力、适当的桥面宽度、高结构强度、高稳定性和耐久性等特点。在公路桥梁设计中，应充分考虑这些因素，通过可靠的结构计算分析和合理的结构处理措施，保证桥梁结构的安全性和经济性要求。并从桥梁设计理念、结构体系和结构的角度加强耐久性设计。桥梁工程的质量直接取决于公路桥梁的优良设计。优秀的公路桥梁设计要求桥梁工程的安全性、结构强度、刚度、稳定性和耐久性。

一、桥梁设计中的几个必要性原则

（一）安全性

桥梁设计的最基本要求是安全。安全关系到桥梁使用者的生命和财产安全。桥梁的安全性体现在桥梁的承载力是否达到设计标准，结构是否牢固。如果安全性不高，承载能力低，则桥梁在高荷载下可能存在安全问题。如果结构设计不合理，结构不牢固，很容易倾斜甚至倒塌。此外，在桥梁设计中应考虑桥梁的耐久性，以便建成的桥梁能够抵抗自然或人为侵蚀。桥梁施工后会受到各种条件的影响，如风化、酸雨、磨损等。公路桥梁设计的安全性是最重要的工程。

（二）耐久性

土木结构设计和施工规范强调了各种荷载下的结构强度要求，而环境因素下的耐久性要求相对较少。然而，桥梁在施工和使用过程中，会受到环境的影响，受到有害化学物质的侵蚀，并应承受车辆、风、地震、疲劳、超载和人为等外部因素的影响，使用桥梁的材料性能也会不断退化，导致结构零件不同程度的损坏和退化。20世纪90年代以来，我国对结构耐久性的研究越来越重视。这些研究大多是从材料和统计分析的角度进行的，但很少从结构和设计、设计和施工的角度研究如何提高桥梁的耐久性。

（三）坚固性

桥梁结构的整体坚固性是指结构某一部分的局部失效不会导致大范围连续失效的倒塌，或结构不应产生与其原因不相称的失效后果的能力。主要依靠结构能具有良好的延性和必要的冗余度，用于应对地震、爆炸等灾害或人为失误造成的灾害后果，可以减少灾害损失。

二、提高勘察设计质量的措施

（一）用先进理念指导公路建设

先进的理念是引领公路建设又好又快发展的前提。第一，进一步创新和提升公路勘察设计理念，必须贯彻“以人为本、安全第一”的理念。选线应尽量避开不良地质灾害体，尽量避开长纵坡和高填方、深挖。认真组织开展特殊复杂桥隧工程的安全风险评估。第二，要落实生态保护和资源节约的理念。减少土地利用和矿产资源覆盖应被视为路线方案选择和优化的重要指标。积极推广利用风能、太阳能等清洁能源，积极采用沥青和水泥混凝土路面再生技术。第三，我们应该落实“生命周期成本”的概念。我们将把提高建筑质量和耐久性放在首位。严格把控制项目投资作为约束性目标。

（二）确保地质调查数据全面、实用、可靠

现场调查数据，特别是地质调查数据，是设计的基础，必须全面、实用、可靠。勘察设计单位应当按照有关技术标准、规范编制现场勘察、地质勘察说明书，报项目建设管理单位批准，并报省级交通主管部门备案。项目建设管理单位或者交通运输主管部门应当组织现场勘查特别是地质勘查的检查验收。如果由于勘察设计单位未能完成地质勘察指令确定的工作量或项目建设管理单位控制不力而导致重大或大型设计变更，交通主管部门将无法确认和追究相关单位的责任。

（三）突出总体规划的作用

在勘察设计阶段，必须加强总体设计工作，确保设计成果的完整性、合理性和统一性。涉及一个以上勘察设计单位的建设项目，由项目建设管理单位确定总体设计单位。总设计单位应组织编制总勘察设计大纲和预告书，报项目建设管理单位审查确认后执行。交通主管部门在对设计文件进行预审查或审查时，应将总体设计作为审查的重点，不符合要求的应退回重新补充完善，以杜绝总体设计只是“简单总结”的倾向。

（四）确定合理的勘察设计周期

项目建设管理单位应当给予勘察设计单位合理的勘察设计期限。除平原地区等地形地质条件相对简单的项目外，初步设计的有效工作周期一般不少于 120 个工作日，施工图设计的有效工作周期不少于 180 个工作日。设计单位应建立健全内部质量保证体系，严格按照设计质量管理流程进行勘察设计，在已验收的现场勘察资料和地质勘察资料的基础上进行内部设计。大力推行设计标准化，加强设计与施工过程中的密切配合。

（五）完善勘察设计管理制度

对列入工程投资规模的科研项目，要严格筛选，阳光作业，形成专项报告，与初步设计文件一起提交审查。省级交通主管部门验收的科研成果报部公路局备案，以便推广应用。尽快建立勘察设计企业信用信息数据库，开展勘察设计企业信用评价，实现设计企业信息披露。对有严重不良记录的勘察设计单位，应当公开曝光，一年内不得承担新的设计任务。

三、桥梁设计安全关系分析

(1) 桥梁和路基的安全选择路基规范强调“当路基中心填土高度超过 20m 时，选择桥梁和宣传方案”。路桥设置的边界问题一直难以把握，也影响着公路的成本。在工程的实际运营中，往往由于工期紧，或桥梁跨越方案安全方便，直接考虑桥梁方案。事实上，对于良好的地质条件，虽然填土的中心高度为 30m，但 V 形峡谷的快速收敛以及桥隧连接区域，消化了隧道垃圾，考虑路基方案可能比桥梁方案更安全、更经济；然而，对于宽缓路段，虽然填方高度仅为 20m 左右，但如果需要穿越招标路段取土，且运输距离长，填方基地也需要花费大量资金处理该路段，则考虑桥梁方案可能更安全、更经济。

(2) 桥梁上部结构设计与分析

总的来说，大跨度桥梁方案毕竟很少，而且大多数仍然采用标准化、预制和组装结构，便于施工，成本低廉。大跨径桥梁通常具有不同的控制因素和不同的方案，具有很强的个性特征，而标准跨径桥梁具有更为常见的特征。

(3) 桥梁结构设计分析

桥墩。低高度桥墩($H<40$m)大多采用柱形墩、Y 型薄壁墩，柱形墩是最常用的。柱墩分为圆柱和方柱。筒体结构的外观质量易于控制，便于与桩基连接，在平原地区使用较多。但从美学上讲，方柱有棱角，与上梁体相协调，具有一定的视觉导向性。从受力角度来看，方柱与圆柱具有等截面面积、方柱弯曲刚度大的干柱、优越的干柱，当系统为连续刚架时，方柱可以通过调整两个方向的尺寸轻松调整墩柱的刚度，从而达到调整墩柱受力的目的。Y 型薄壁墩是一种单柱双支撑墩，外观较好，但施工稍复杂。当墩高较高时，Y 型薄壁墩施工只需一套模板，只需搭设支架，当地面横坡较陡、支架搭设困难、模板需求量大时，Y 型薄壁墩具有显著优势。

桥墩与道路宽度的关系。高速公路有整体式路基和分离式路基。除中长隧道外，越来越多地采用整体式路基。对于高墩长桥，为了减少开挖，提高边坡稳定性，节省材料，降低成本，整体结构即双柱是较好的选择。与双宽四柱相比，当桥墩的横截面积和横向宽度相同时，整个结构的横向和纵向刚度是截面设置的两倍以上，这不仅可以减少开挖、节省材料、减少施工面，还可以减少墩顶位移。桥梁是采用整体下部结构还是单独下部结构，应结合桥梁的地形、地质、水文和桥墩高度来考虑。

第二节　桥梁与路基的选择

一、桥梁选型

桥梁选型是指选择一个简单的结构力学体系(如梁、拱、索结构)或两个简单体系(如系杆拱、斜拉悬挂结构、斜拉拱桥等)组成的结构力学体系。初步形成符合功能要求、符合结构设计原则(合理受力)的桥梁空间结构形式。桥梁选型是指选择一个简单的结构力学体系(如梁、拱、索结构)或两个简单体系(如系杆拱、斜拉悬挂结构、斜拉拱桥等)组成的结构力学体系)，初步形成符合功能要求、符合结构设计原则(合理受力)的桥梁空间结构形式。在基本确定桥型选择后，基于建筑美学原则，对初步构思的桥梁整体或部分进行造型改造或调整，优化结构的空间布局、配置方式和尺度变化，结合环境因素定位桥梁的造型风格。桥梁选型和建模属于概念设计范畴，两者相互联系，相互影响，是结构设计中最具创造性的阶段，也是桥梁力学和美学中的重要环节。合理的桥型可以使结构本身不仅满足使用功能，而且在不做或少做装饰的情况下，表现出输出感和美感，给人精神享受。相反，一旦桥型选择不合理，造型不当，虽然建成后能满足使用功能，但可能会因投资过大而造成浪费，也可能会因外观形象混乱、呆板、单调而受到批评，与环境格格不入。因此，设计师要想设计出既能满足使用功能又能给人美感的桥梁，就必须认真对待桥梁的选型和造型。

（一）影响桥梁选择和建模的主要因素

桥梁选型要求在综合考虑桥址客观条件(包括地形、地貌、地质、水文、通航等)的基础上，因地制宜地选择既美观、安全、耐久，又经济、合理、施工方便、技术先进的桥梁结构形式。)，结构体系的受力特点以及桥梁的美学和景观。影响桥梁结构选择和建模的主要因素可以概括为功能要求和约束条件。功能要求主要体现在安全、经济、美观和维护要求上。桥梁选型建模的约束条件主要包括自然条件、经济条件、时间条件和技术条件。

（二）桥梁选择

桥型选择取决于功能要求和约束条件，与传统桥型方案相同。除了自然条件、技术条件等因素外，不同的桥梁结构体系也有一些影响桥梁选型的因素。例如拱桥的系统因素包括桥面位置、主拱形、拱肋数量等。斜拉桥的系统因素包括索塔数量、索面数量和布置、塔墩与梁的连接关系等。在桥梁选择中，可以采用穷举法。

首先确定影响桥梁选型的系统因素和材料因素，然后对这些因素进行组合筛选，从中选出一些满足约束条件的合理桥梁类型。以拱桥和斜拉桥为例进行简要说明。

1. 拱桥选择

拱桥作为最古老的桥型之一，以其刚柔结合的结构美赢得了设计者的青睐。随着科学技术的进步和新材料、新工艺的应用，拱桥的结构形式在世界范围内取得了很大的进步。影响拱桥选型的系统因素主要有：

(1) 结构体系。包括有推力拱(如亨利克大桥)，无推力拱(如费马恩桥)，组合拱(如菜园坝大桥)。

(2) 桥面位置。包括上承式(如万县长江大桥)，中承式(如卢浦大桥)，下承式(如费马恩桥)。

(3) 拱轴线形式。包括圆弧拱桥(如赵州桥)，抛物线拱桥(如悉尼港大桥)，悬链线拱桥(如丫髻沙大桥)等。

(4) 拱肋数量。包括单肋，双肋(如卢浦大桥)，三肋(如大胜关大桥)。

2. 斜拉桥选型

斜拉桥以其优秀的跨越能力、简洁有力的结构影式得到人们的青睐，成为现代桥梁，尤其是大桥、标志性桥梁选用最多的一种结构形式。影响斜拉桥选型的体系因素主要包括：

(1) 索塔的布置。独柱式(如昂船洲大桥)，倒 V 形(如米卢大桥)，倒 Y 形(如苏通大桥)，人字形(如南京长江三桥)，钻石形(如杭州湾大桥)等。

(2) 拉索的布置。拉索按组成的平面分为单索面(如东海大桥)、双索面(如鄂东长江大桥)、三索面(如天兴洲大桥)、四索面(如香港汀九桥)。按索面内的布置形状分为辐射形(如法国圣·纳泽尔桥)、扇形(如南京长江三桥)、平行形(如阿拉米罗大桥)，空间索面(包括曲索面)、组合索面的应用也越来越多。

(3) 孔跨布置。双塔三跨式(如多多罗大桥)，独塔双跨式(如闵浦二桥)，独塔单跨式(如阿拉米罗大桥)，多塔多跨式(如米卢大桥)。

3. 桥梁造型

(1) 影响桥梁造型的基本因素

优秀的桥梁设计应具有以下特点：在应用上，要充分满足功能的需求；在安全上，要符合承载和耐久的需要；在技术上，要体现科技和工程的新发展；在造型上，要与建筑艺术融为一体；在建造上，要合理用材并与施工实际相结合。桥梁设计者应在保证结构合理的基本前提下，考虑当地的社会、历史、自然环境，充分运用建筑美学法则。

(2) 桥梁美学及造型设计

回顾国内外历史上的桥梁工程不难发现，前人对桥梁作为建筑的美学特性极其重视。然而近几十年来，由于国内基础建设速度过快，一方面，大部分中小跨度桥梁的美学处理没有得到足够重视；另一方面，由于过份强调桥梁造型的重要性或曲解误用造型原则，也建造了一些投资巨大、美学效果却不尽人意的桥梁。作为桥梁设计人员，不仅要具有广泛的科学技术知识和工程设计能力，还要具有一定的美学艺术素养和创造构思能力，才能根据现代社会的需要，较好地实现技术与艺术的结合，创造出从功能到形式均能符合时代要求的桥梁设计。

① 桥梁造型设计的内容：

力学性能和形式构成是桥梁造型设计的两大基本出发点。桥梁造型设计更加具有实践性和可操作性。从整体布置到细部构造，桥梁造型设计力求在不同层次上达到形式与功能的融合，表现力与美的统一。桥梁造型应该与桥位的地理特征、景观特性及区域风俗文化相适应，并在结构形式上符合比例均衡、韵律、节奏等技术美学的基本原理要求。造型设计的内容包括造型概念设计、整体造型设计、构件造型设计、色彩设计、灯光设计、绿化与装饰等。造型设计的内容和深度应根据桥梁建设的规模、桥梁区域特点、桥梁建设目的等有所区别。

② 桥梁造型设计的基本方法：

设计概念的建立和丰富必须是在对环境情况和结构性能的准确把握的基础之上，同时融入设计师创造性的劳动。在桥梁造型的设计过程中，应根据设计概念环境的特点和桥梁设计条件确定主要构型，其他构型以之为基调进行配合，做到重点突出。通过必要的整合形成造型单元后，即可进一步在全桥范围内结合结构性能进行变化扩展。基本的造型设计方法包括单元造型法、整体造型法、线性设计法、比例设计法、拓扑优化法等。桥梁仿生造型设计是实现桥梁建筑造型创新的一种常用手段。

4. 桥梁仿生造型设计

当人类创造力的发展受到限制时，不要忘了回归到灵感的最初来源，那就是自然。经过数十亿年的残酷淘汰，只有那些能适应恶劣外部环境的物种才得以保存和进化。不难发现，大自然中生物不仅种类繁多，许多物种在其结构和功能上都具备精炼、高效的特点，自然界的生物为人类的创新提供了天然宝库。多姿多彩的自然景观也一直是人类创造美的原动力。设计也是向自然学习并获得灵感的过程。仿生学是生物学、数学和工程技术学相互渗透结合成的一门模仿生物系统，具有生物系统特征或类似特征的新兴边缘学科。作为应用生物学的一个分支，仿生学是生物进化对人类在仿生概念领域研究与实践的启发。仿生学研究生物系统的结构和性质，为工程技术提供新的设计思想及工作原理，广泛应用于工业设计、建筑设计等领域。

（1）仿自然现象的桥梁设计。如波浪、彩虹等呈现出曲线的自然现象对每个人来说都不陌生，这些自然状态不仅造型美观，结构受力也相当合理，是桥梁造型设计的灵感来源。

（2）仿生物形态的桥梁设计。仿生物形态的设计强调对生物外部形态美感的感受和灵活运用。桥梁设计中恰当地模仿生物外部形态可以使造型更加新颖活泼，也可增加桥梁功能(如观光、休闲等)。

（3）仿生物结构的桥梁设计。人类社会一切结构的存在都是直接或间接地来源于自然，只有对生物结构进行理性的认识才能将其合理地运用到桥梁造型设计中来。生物想生存，就必须有一定强度、刚度和稳定性的结构来支撑。一株草、一个蜂窝、一面蜘蛛网、一只贝壳看上去显得非常弱小，却能够抵御强大的外力，这就是一个科学合理的结构在生物体身上发挥的作用。现有的结构仿生设计中，设计师主要针对植物结构和动物结构进行研究。

二、路基选择

（1）对于平原地区的公路，桥梁方案的成本远高于正常高度下的路基。如无特殊需要，应尽量减少桥梁长度和路基高度，以节省投资。

（2）虽然平原公路路基解决方案比桥梁造价低，但由于永久性覆盖和临时性覆盖的拆除面积较多，且多为耕地，我国是一个农业大国，耕地资源日益短缺，国土资源部为实施“严格控制耕地面积红线转换”和“供需平衡”政策，覆盖面积指标跨越十分紧张，土地征收十分困难，这将成为基础设施建设的瓶颈。因此，高速公路建设方案不应将工程造价水平作为方案选择的唯一标准，尤其是对于城市周边地区价格相对较高、拆迁成本较大的地区，应进行充分的技术经济比较。

（3）由于特殊原因导致纵断面设计与地面高度差异较大的长距离路段，综合工程建安费、征地拆迁补偿费的比较，以及路基方案的估算临界填土高度，相当于桥梁方案成本的比较。

（4）山区公路沟壑纵横，如果没有特殊设计要求(排洪、纵坡设计等)，则不宜使纵断面设计与老地面线拉坡有很大区别。桥梁方案的投资高于路基方案。因此，总体设计应根据实际情况，特别是充分研究冲沟汇水、交通等要求，合理布置结构，尽可能减小桥梁规模。

（5）山区公路桥梁的大规模建设反过来又会导致土石方的不平衡，大量的丌挖和废弃将增加工程投资和占地规模。因此，在设置桥梁时，应充分考虑分段填挖土石方的统一调配和平衡。

三、桥梁结构选型

桥梁结构选型是指选用一种简单的结构力学体系(如梁拱索结构)或由两种简单体系组合而成的结构体系(如系杆拱斜拉悬吊结构斜拉拱桥等)，初步形成满足功能要求、符合结构设计原理的桥梁空间结构形式、选型：是一种对空间几何形式和物体空间位置的理解和应用，优秀的结构设计方案在几何造型上是符合自然规律和审美观点的。因为自然界的物体均是以三维形式存在的，因此对结构形式的理解也是按三维方式展开的。人们对普通结构的认识是建立在假定空间中的自然坐标系(GCS)上的，一般根据结构形式和种类的不同根据实际需要选用笛卡尔坐标、柱面坐标和球面坐标，基于以上坐标可以描述出任何结构在假象空间中的位置。但是建筑物可能存在成千上万种构件，对每个构件均采用统一的空间位置来定位，对描述细部构造带来了很多问题同时也比较复杂不便于使用，因此人们假定构件中的一点为原点，构件中的其他点用距原点的相对位置来表示，统一构件和简化表示方法(UCS)这样空间位置中的构件和自然坐标系中存在一定的变化规律，但表示方法和处理方法变得相对简单。国际上通常将建筑造型划分为膜结构、索结构、网架网壳结构、框架结构(含刚架、排架)、桁架结构、板壳结构(含剪力墙)、实体结构(基础和坝体结构)，对此我们要根据实际需要来进行选择。

(一) 桥梁结构选型发展历史

我国桥梁的桥型发展经历了古代、近代、现代，具有强烈的时代特征，历史和现状上看，绝大多数桥梁均架设在水面上，只有阁道桥和现代城市的行人天桥和行车天桥，是架设于高楼崇阁之间或通衢大道之上。从对天生桥的利用到人工造桥，这是一个历史的飞跃过程。从简单的独木桥到今天的钢铁大桥；从单一的梁桥到浮桥、索桥、拱桥、园林桥、栈道桥、纤道桥等；建桥的材料从以木料为主，到以石料为主，再到以钢铁和钢筋混凝土为主，这是一个非常漫长的发展过程。然而，中国桥梁建筑都取得了惊人的成就。著名的科学技术史学家、英国剑桥大学李约瑟博士(J. Needham)在《中国科学技术史》中说，中国桥梁“在宋代有一个惊人的发展，造了一系列巨大的板梁桥”。到了当代中国，所建造的武汉、南京长江大桥等，更受到世人称赞。可见，中国的桥梁，经过了一个从童年、少年、青年到壮年的发展过程，愈趋成熟。中国在发展桥梁方面于14世纪以前处于领先地位，今天，她依然是世界上举足轻重的桥梁大国。20世纪50年代的木桥，60~70年代的拱桥，80年代的梁桥，90年代的斜拉桥，20世纪末的悬索桥、立交桥，每个时代桥型的发展均是桥梁结构技术进步的结果。

(二) 桥梁结构选型发展现状

近年来，我国桥梁上部结构，特别是大、中跨径的桥梁发展很快，并且基本趋于成熟。目前在建的一批公路桥梁，无论是工程规模、建设条件，还是技术难度、科技含量，都代表着当今世界的先进水平，例如：位于长江中游的阳逻长江大桥，主跨1280m；长江下游的南京长江三桥，主跨648m；润扬长江公路大桥、苏通长江公路大桥，主跨1088m等。总的来看，目前国内外桥梁有向跨径不断增大、桥型不断丰富、结构不断轻型化方向发展的趋势。

（三）桥梁结构选型考虑因素

桥梁结构形式的选择应充分考虑桥址环境、地质条件、公路线型、通航要求、桥梁的使用功能要求、施工条件等各种实际情况，提出若干可行的桥型方案进行比选，本着安全、适用、经济、美观的原则，结合各桥型特点，分析各备选方案的优缺点，选择出安全可靠、经济适用、与环境协调统一的桥型，作为工程建设最终的桥梁方案。连续梁方案虽然造价最低，但存在多个桥墩基础处于深水中，对通航、排凌和防撞均不利，施工难度也大，且由于连续梁跨径较大，大吨位支座设计和制造有难度，桥型也缺乏美观性；系杆拱方案虽然主跨跨径较大，对通航影响较小，但本项目区域地质条件较差，不太适宜建设拱桥，且该方案施工工序多、技术复杂，工期长，造价高。斜拉桥方案对通航和排凌有利，其中独塔斜拉桥方案造价与双塔混合梁斜拉桥方案相比较低，且全部为钢筋混凝土结构，结构安全性及耐久性强。另外，根据湖南省越江通道一桥一景的总体设想，本项目应优先考虑独塔混凝土斜拉桥方案，因此，独塔混凝土斜拉桥无论在使用功能、景观设计、施工条件、施工工期以及工程造价等方面，均有一定优势。

（四）桥梁结构选型设计思路与方法

结构设计包括三个方面：选型、选材和建筑模型简化分析计算简化模型、利用力学基本概念对国家法规要求进行符合性验算、采取构造措施保证节点和细部构造画出详细的施工图。

选型选材和建筑模型简化：通过运用几何图形的这种手段将作用于建筑上的各种荷载(和作用)疏通和传导到基础来体现自然而和谐的结构之美。上文已详细讨论，此处不再赘述。选材：建筑结构中使用的材料种类繁多，但主要是混凝土、钢材、铝材、木材和砌体材料。对于钢材和铝材，由于材料性质简单，只要直接套用材料力学、结构力学和弹塑性力学的公式就可以解决，但是其他材料由于材料性质复杂并且在目前的条件下还没有研究得很清楚，只能按照规范中的经验公式来设计。

建筑模型简化：实际建筑模型与设计分析模型是不同的，事无具细的对建筑实际模型进行分析是目前无法办到的也是不明智的，事物的存在本身就是矛盾的，要将所有的矛盾全部解决是无法办到的，只有分析清楚主要矛盾并着手解决才能设计出合理的结构形式。对结构形式的简化主要分为：构件形式简化、约束形式简化、作用方式和荷载作用方式的简化三方面。构件形式简化：根据受力形式不同常见建筑结构构件单元分为：梁单元(含柱)、桁架单元(含索单元)、膜单元、板单元(薄板和厚板)、壳单元等。梁单元：在空间有6个自由度包括3个平动自由度和3个转动自由度，受一个轴力、一个方向扭矩、两个方向弯矩和两个方向剪力作用，需要构件的物理常数为弹性模量 E、泊松比 ν、剪切模量 G、面积 A、两个方向的惯性矩和两个方向的剪切面积等。桁架单元：在空间有6个自由度包括3个平动自由度和3个转动自由度，受一个轴力作用，需要构件的物理常数为弹性模量 E、泊松比 ν、面积 A 等，利用设置只拉单元属性和垂度设置可以模拟出索结构的受力性能。约束形式简化：约束产生美没有约束就不会有任何结构形式的存在。建筑机构约束形式的简化主要有：固接、铰接、固接约束释放、弹性连接(模拟支座沉降、半刚接和弹性地基梁或土壤的压缩性能等)、主从单元连接、滑动支座等。

作用方式和荷载作用方式的简化：荷载主要分直接作用力和间接作用力。直接作用力如自重、活动荷载、风荷载、吊车荷载、积灰荷载、雪荷载和移动荷载等，间接作用如地震作用、温度作用、爆破作用、撞击作用、火灾作用和核辐射作用等。荷载作用有标准值和设计值，设计状态有正常使用极限状态和承载力极限状态，组合系数的选用随恒荷载或活荷载控制值的不同而变化。设计采用的荷载组合方式是根据基本工况构件在线弹性范围内分别计算的内力乘以分项系数后，构件包络图的最大值。

（五）分析计算简化模型

利用力学基本概念对国家法规要求进行符合性验算。

分析模型分为：平面分析模型、三维分析模型和四维分析模型，分析模型是人类探索未知领域的方法和手段。

平面分析模型：力学书和设计教材和设计手册上经典的分析模型，如刚架、排架、框架、屋架、楼梯、雨棚、楼板、梁、柱、支撑结构、平面应力结构、平面应变结构等所有常用建筑形式，通过100多年的实践经验证明，对常规建筑平面分析模型简单实用基本概念清晰准确不失为一种优秀的分析模型。

三维分析模型：三维分析模型平面分析模型的发展和扩充对于向高层超高层结构、膜结构、索结构、空间体型复杂和不规则结构（如凉水塔或煤气柜）、网架和网壳结构等采用三维分析模型是最佳的选择，该分析模型可以模拟出结构各构件在三维空间种的相互作用和影，可以准确提供各种构件指定截面上的内力位移和应力。可以为设计提供准确的资料和信息，确保各种空间结构设计的合理性。

四维分析模型：四维分析模型是三维分析模型在时间空间维度上的拓展，可以分析在地震波作用下结构的反映、可以模拟施工荷载、可以模拟风洞、可以模拟水化热、混凝土的收缩和徐变、焊接过程应力变化和残余应力、可以分析结构在流体力场和固体力场中的耦合作用，该种分析方法还有待发展目前还未完全成熟，但这是结构设计的发展方向。

设计分析方法主要有：静力分析、动力分析、材料非线性分析、几何非线性分析、模态分析和屈曲分析以及静力和动力弹塑性分析（PUSHOVER）等。

（六）桥梁结构选型评价方法

层次分析法（AHP）是将与决策有关的元素分解成目标、准则、方案等层次，在此基础之上把定性分析与定量分析相结合的一种层次权重决策方法。这种方法的特点是在对复杂的决策问题的本质、影响因素及其内在关系等进行深入分析的基础上，利用较少的定量信息使决策的思维过程数学化，从而为多目标、多准则或无结构特性的复杂决策问题提供简便的决策方法。对于兼有定性因素和定量因素的系统问题，能较简便地进行综合评价和最佳方案决策，且其概念简明、使用方便、计算简便，它特别适用于那些难于完全定量分析，决策结果难于直接准确计量的场合。现行的桥梁选型方法大多是根据调查分析与估算，列出待选方案的技术、经济等指标，然后凭借设计人员的经验取舍。这种方法受主观因素的影响较大，评价过程繁琐，优选结果公认度差。综合以上分析，层次分析法适用于桥梁结构形式选择的过程中。

（七）桥梁结构选型发展展望

桥梁结构分析技术最初主要是用于新建桥梁的设计，现在正逐步转向旧桥加固过程的力学分析和桥梁垮塌反演过程的力学分析，这是对桥梁结构分析技术研究面临的新的挑战。今后桥梁结构分析技术的研究方向是加强计算数据和 CAD 绘图软件的联系，使得计算绘图能够一体化，进一步提高设计效率。另外，要加强基于空间梁格单元、板壳单元及实体单元，能够考虑结构非线性和动力特性计算的桥梁空间结构分析软件的研究，形成具有国际竞争力的桥梁空间结构分析软件产品。将我们的桥梁空间结构分析软件与国际接轨，加入国际竞争的行列。最近我院刚通过交通部鉴定的“桥梁三维预应力分析专用系统 BridgeKF”，在桥梁结构实体单元空间专业分析上迈出可喜的一步。目前箱梁桥很多裂缝产生的原因都与空间分析不够有关系，空间分析是未来的趋势。

第三节　梁桥跨径选择

近年来，我国公路工程建设发展迅速，桥梁作为公路工程的重要组成部分，也取得了很大的发展。据统计，截至 2011 年底，全国公路桥梁数量已超过 60 万座，其中 4000m 以下中小跨径桥梁占桥梁总数的 90%以上。由于中小跨径桥梁在公路桥梁总数中所占比例较大，做好这类桥梁的设计工作，对保证公路的使用功能具有重要意义。但在目前的大型新建桥梁中，桥梁勘察设计标准仍存在一些问题，普遍存在盲目追求大跨径桥梁的倾向，导致中小型桥梁建设缺乏活力。目前，中国中小型桥梁的建设仍以板、梁、拱等传统结构为主。在这些桥梁中，应尽量采用标准化、标准化、经济合理的设计，以提高桥梁的施工速度和质量，同时降低工程成本。

一、桥梁设计的基本原则及存在的问题

（一）桥梁设计的基本原则

桥梁是建立在江河、湖泊、海洋上的建筑物，方便车辆和行人顺利通行。桥梁作为中国交通工程建设的重要组成部分，发挥着控制交通生命线的作用，在中国交通基础设施建设中发挥着非常重要的作用。因此，在遵循路线方向和整体设计的前提下，桥梁还需要有足够的承载能力和泄洪能力，以保证行人和车辆的通行。公路桥梁设计还应遵循经济、美观、环保的原则，因地制宜地选择施工材料和优化施工组织设计方案，采用新的设计理念和方法，采用新设备、新工艺、新材料和各种构件，从而降低桥梁的总成本和材料消耗。

（二）中小跨径梁桥设计中存在的问题

近年来，随着我国经济的快速发展，公路桥梁的建设工程量巨大，据调查公路桥梁已经建成，由于我国公路桥梁在标准、工程设计、施工和保管方面存在很多不足，很多病害，已经出现了桥梁结构损坏，倒塌事故时有发生，但跨度小于 40m 的中小跨径桥梁问题最为严重，发生频率最高。在运营中，公路桥梁需要承受三种荷载，包括永久荷载、可变荷载和意外荷载。一般来说，桥梁的永久荷载占总超高荷载的 50%以上。然而，相对稳定的荷载对桥梁结构的影响较小，对桥梁结构使用性能影响较大的荷载是可变荷载。但我国《公路工程技术标准》（JTG B01—2014）中对车辆荷载与国家行业标准中规定的相应、配套问题，

以及我国公路桥梁规章制度中车辆荷载安全系数为1.4，这导致实际交通荷载超过公路桥梁设计荷载标准，容易在桥梁使用中引起问题。我国中小桥梁设计主要是控制变形指标和抗力指标，大多是按照规范的要求进行结构计算和结构设计，处于正常使用极限状态，它们没有重视对结构耐久性的设计考虑不够，在一定程度上导致了桥梁使用性能较差，以及短暂的生命。此外，在设计中过于依赖计算机应用软件，过分相信标准图纸，缺乏整体设计思路，依赖标准，不重视整体结构设计，对新材料、新技术认识不足，不考虑后期维修需要，从而增加了桥梁的建筑成本。

二、中小跨径梁桥的结构形式与设计

（一）中小跨径梁桥类型

公路桥梁一般包括承受桥面荷载的上部结构、传递荷载的下部结构和辅助结构。梁桥是我国中小跨径桥梁的常见结构形式。由于其预制、施工方便、工程造价低等优点，在我国中小跨径河桥、城市高架桥和河桥的引桥中得到广泛应用。根据施工方法的不同，钢筋混凝土梁桥和预应力混凝土梁桥可分为整体桥和截面梁桥，整体梁桥是指桥梁上部结构在桥上整体现浇或整体预制安装到位，而截面梁桥是将桥梁上部结构分为几个节段，在桥梁上现浇或与节段连接的预应力组合。预制构件是中小型桥梁施工中最常用的构件。根据施工工艺的不同，有连续梁前简支预应力混凝土、连续梁后简支预应力混凝土、预应力混凝土简支组合箱梁、连续梁后简支预应力混凝土等梁结构类型。

（二）中小型跨径梁桥的设计

在中小型跨径桥梁的设计中，当对桥梁型式没有特殊要求时，应尽量采用标准化设计，以提高设计效率，保证桥梁设计质量。采用标准化设计也有利于工程施工，减少辅助工程量，降低桥梁工程成本。

1. 中小跨径梁桥上部设计

中小型跨径梁桥的上部结构形式和跨度选择原则上应尽量采用施工方便、经济成本高的装配式结构，并从桥梁美学的角度，根据地形、地质、水文、墩高等综合确定，以保证桥梁的整体协调，装配式梁桥的跨径和桥墩高度一般根据跨径和桥墩高度的关系确定，桥墩高度比一般控制在0.618~1之间，最后通过经济比较确定梁桥的跨径和桥墩高度。在山区修建桥梁时，由于运输条件差、预制场地困难、大型起重设备不足等现象普遍存在，应尽量采用小跨度结构。由于条件的限制，当桥梁处于曲线半径小、平面变宽、立面纵向坡度大、横向超高大、城市道路对桥梁外观和桥型要求较高的道路线形时，一般考虑采用现浇施工的方法，一般采用普通钢筋混凝土箱梁和预应力混凝土箱梁，箱梁跨与梁高之比控制在18~20之间。

2. 中小跨径梁桥的下部结构设计

桥梁的下部结构主要包括桥墩、桥台和基础。根据中、小跨径梁桥桥墩高度的不同，可选用柱墩、等截面实心薄壁墩、等截面空心薄壁墩、变截面空心薄壁墩等，并可根据实际情况设置高低墩、横拉杆、水平隔板等。中小型跨径梁桥的桥台主要有柱式桥台、肋板桥台、重力式U型桥台、薄壁桥台等。柱式桥台一般用于地势相对平坦、填筑高度小于5m

的地区；肋式桥台的应用范围广泛，一般用于地势相对平坦、填筑高度大于5m的地区；重力式U型桥台可用于基础条件较好的山区，填筑范围为4～10m；薄壁桥台一般设置支承梁，一般用于填筑高度小于6.5m的平原地区或填筑高度小于6m的软土地基路段。当基础覆盖层小于5m时，中小型跨径梁桥可考虑设置扩展基础，而覆盖层大于5m且在山区修建的桥梁应采用桩基础，桩基础应穿过不稳定的地质层，将桩尖埋入完整稳定的微风化岩层中。

三、中小跨径梁桥经济比较分析

在中小跨径梁桥的施工中，工程经济性是影响桥梁设计的重要因素。在桥梁施工中人工、材料和机械成本不变的情况下，可以采用统一的桥梁宽度来分析不同跨度和不同结构的桥梁的工程经济性。

（一）不同跨度梁桥工程造价分析

对于具有摩擦桩基础柱墩的桥梁，比较了20m、25m、30m、35m和40m不同跨度的预应力混凝土T梁桥和箱梁桥的工程造价。预应力混凝土T梁桥和箱梁桥的工程造价随着跨度的增加而增加。跨径20m的T梁桥的工程造价比箱梁桥低70元。25m T梁桥的工程造价比箱梁桥低38元。30m跨径T梁桥的工程造价比箱梁桥高63元。35m跨T梁桥的工程造价比箱梁桥高62元。40m跨T梁桥的工程造价比箱梁桥高324元。因此，无论是T梁桥还是箱梁桥，跨度为20m的T梁桥单位面积成本最低。20m箱梁桥的单位面积成本与20m T梁桥相差不大，但就结构应力而言，20m箱梁桥的力学性能明显优于20m T梁桥。对于中跨桥梁，建议选择跨度为20m的预应力混凝土连续箱梁桥。

（二）不同上部结构类型同跨梁桥的工程造价分析

当所有中小桥梁均采用嵌岩桩基础桥墩时，为了比较同一跨度下不同上部结构类型的中小梁桥的工程造价，分析了20m、25m、30m、35m和40m跨度的T梁桥和箱梁桥的工程造价。当采用嵌岩桩基础时，跨度为20m的预应力混凝土T梁桥比箱梁桥低53元。跨度25m的预应力混凝土T梁桥比箱梁桥低25元。跨度30m的预应力混凝土T梁桥比箱梁桥高36元。跨度35m的预应力混凝土T梁桥比箱梁桥高85元。跨度为40m的预应力混凝土T梁桥比箱梁桥高289元，这表明当跨度为20m和25m时，T梁桥的单位面积工程成本低于预制箱梁桥，但差异很小。当跨度为30m和35m时，T梁桥的单位面积工程成本大于箱梁桥，但相差不大。当跨度为40m时，T梁桥的单位面积工程成本大于箱梁桥。

（三）同梁远梁桥不同上部结构形式的工程造价分析

当采用扩大基础墩台的中小型桥梁时，为了比较相同梁高下不同上部结构类型的中小型桥梁的工程造价，分别对30m跨T型梁桥和梁高2m的40m跨箱梁桥的上部结构造价、下部结构造价和桥梁总工程造价进行了比较分析。当采用扩大基础重力式桥墩和桥台的桥梁上部结构形式相同时，上部结构单位面积工程造价差异较大。30m预应力混凝土T梁桥比40m箱梁桥低413元；子结构单位面积的工程造价差别不大。30m预应力混凝土T梁桥比40m箱梁桥高45元；项目单位面积的总成本差异很大。30m预应力混凝土T梁桥比40m箱梁桥低372元。总的来说，从节约工程成本和提高施工效率的角度考虑，平原地区的中小型桥梁宜考虑扩基础，覆盖层厚度大、山区的桥梁宜采用桩基础。当桥墩高度、地形、地质等条件一定时，应对中小型跨径梁桥的上部结构形式和跨度选择进行比较分析，尽量采用施工方便、成本经济、预制装配式的结构形式，以充分发挥中小型桥梁设计施工的优势。

四、小跨径梁桥的设计与经济比较

桥梁在我国交通工程中起到控制交通命脉的作用，而中小跨径桥梁是我国公路桥梁建设规模最大的类型。通过对桥梁设计原则和中小跨径桥梁的设计分析，指出工程经济性是中小跨径桥梁的重要设计指标，并重点分析了不同跨径不同结构形式的预应力混凝土 T 梁桥、箱梁桥的工程造价。

近年来，我国公路工程建设迅猛发展，桥梁作为公路工程的重要组成部分也取得了较大的发展。据统计，截至 2019 年末，我国公路桥梁的数量已经超过 70 万座，而 40m 以下的中小跨径桥梁占桥梁总量的 90%以上。由于中小跨径桥梁在公路桥梁总数中所占比例大，做好这一类桥梁的设计，对保证公路的使用功能有着非常重要的意义。但目前大规模新建桥梁中，由于在桥梁勘察设计规范标准方面还存在一些问题，普遍存在着盲目追求大跨径桥梁的倾向，导致对中小桥梁的建设缺乏生机。目前，我国中小桥梁建设仍以板、梁、拱等传统结构为主，在这些桥梁中应尽可能采用标准化、规范化、经济合理化设计，从而提高桥梁的建设速度和质量，同时还可以降低工程造价。

（一）桥梁设计的基本原则及存在的问题

1. 桥梁设计的基本原则

桥梁是架设在江河湖海上便于车辆行人等能顺利通行的建筑物，作为我国交通工程建设的重要组成部分，起到控制交通命脉的作用，在我国交通基础设施建筑中具有十分重要的地位。因此，桥梁在服从路线走向和整体设计的前提下，还需有足够的承载能力和泄洪能力，保证行人和车辆的通行。公路桥梁的设计还应遵循经济、美观、环保的原则，通过因地制宜地选择施工材料和优化施工组织设计方案，采用新的设计理念和方法，采用新设备、新工艺、新材料及各种构件，从而减低桥梁的总造价和材料消耗。

2. 中小跨径梁桥设计存在的问题

近年来，随着我国经济的快速发展，公路桥梁工程的建设数量巨大，对于已建成公路桥梁的调查表明，由于我国公路桥梁在规范标准、工程设计、建设以及管养方面存在的很多不足，不少桥梁都出现了病害，甚至发生结构损坏、垮塌的情况，而 40m 跨径以下中小跨径桥梁出现的问题最为严重，频率也最高。公路桥梁在运行中需要承受永久荷载、可变荷载和偶然荷载等三大类荷载，一般桥梁永久荷载的比例一般超高总荷载的 50%以上，但其荷载相对稳定对桥梁结构的影响不大，对桥梁结构使用性能影响较大的荷载是可变荷载，但我国《公路工程技术标准》中对汽车荷载与国家在行业标准的规定上存在不对应、不匹配的问题，而且我国公路桥梁规范规定的车辆荷载安全系数为 1.4，这导致实际的交通荷载超出公路桥梁设计荷载标准，容易造成桥梁在使用中出现问题。我国中小桥梁设计主要是对变形指标和抗力指标进行控制，大多是按规范要求进行结构计算和构造设计，不太重视正常使用极限状态，对结构耐久性方面的设计考虑不够，在一定程度上导致了桥梁使用性能差、寿命短等不良后果。此外，在设计中还存在过分依赖计算机程序软件、过分相信标准图、缺乏整体设计理念、过分依赖规范、不注意整体构造配合设计、对新材料新工艺认识不足、未考虑后期养护维修需要等问题，从而增加了桥梁在建设和施工中的成本。

3. 中小跨径梁桥的结构类型及设计

（1）中小跨径梁桥的类型

公路桥梁一般包括承重桥面荷载的上部结构、传递荷载的下部结构和附属构造物等。梁桥是我国中小跨径桥梁的常用结构，由于其具有预制生产、施工方便、工程造价低等优点，广泛应用于我国中小跨径跨河桥、城市高架、跨河大桥的引桥中。按施工方法不同，可将钢筋混凝土及预应力混凝土梁桥分为整体式梁桥和节段式梁桥，整体式梁桥是将桥梁上部结构在桥位．上整体现场浇筑或整体预制安装就位，而节段式梁桥是将桥梁上部结构分成若干节段，在桥位上分段现浇或分段预制拼装连接而成。预制构件是中小跨径的桥梁施工最常用的，根据施工工艺的不同主要包括预应力混凝土先简支后结构连续梁、预应力混凝土简支梁、预应力混凝土简支组合箱梁、预应力混凝土先简支后结构连续箱梁等多种梁结构形式。

（2）中小跨径梁桥的设计

在中小跨径桥梁设计中，当对桥型没有特殊要求时，应尽可能采用标准化的设计，从而提高设计效率，保证桥梁设计质量采用规范化的设计，还有利于工程施工，减少辅助工程量，降低桥梁工程的造价。

① 中小跨径梁桥的上部设计

中小跨径梁桥上部结构形式及跨径选取原则上应尽量采用施工方便、造价经济、预制装配化结构，并根据地形、地质、水文、桥墩高度等综合确定，从桥梁美学角度出发，为保证桥梁整体的协调性，一般根据跨径与墩高的关系来确定装配式梁桥的跨径与墩高，通常将跨径与墩高的比值控制在0.618~1之间，并通过经济性对比最终确定梁桥的跨径与墩高。当在山区修建桥梁时，由于普遍存在交通运输条件差、预制场地困难、大型起吊设备不到位等现象，应尽量采用小跨径结构。当由于条件限制，当桥梁处于曲线半径较小、平面变宽度、立面大纵坡、横向大超高等道路线形中以及对桥梁外观和桥型要求较高的城市道路中，一般考虑采用现浇的方法施工，通常采用普通钢筋混凝土箱梁和预应力混凝土箱梁，箱梁跨径与梁高的比值控制在18~20之间。

② 中小跨径梁桥的下部结构设计

桥梁的下部结构主要包括桥墩、桥台和基础等三部分。中小跨径梁桥的桥墩根据高度的不同，可以选用柱式墩、等截面实体薄壁墩、等截面空心薄壁墩、变截面空心薄壁墩等，并根据实际情况设置高低墩、横系梁、水平隔板等。中小跨径梁桥的桥台主要有柱式桥台、肋板式桥台、重力式U型桥台、薄壁台等四种，柱式桥台一般用于填土高度小于5m的地势较为平坦的地区；肋板式桥台适用范围较广，一般用于填土高度大于5m的地势较为平坦的地区；而重力式U型桥台可以用于填土范围在4~10m的地基条件较好的山区；薄壁台均设置支撑梁，用于填土高度小于6.5m的平原区或者填土高度小于6m的软土地基路段。当基础覆盖层小于5m时，中小跨径梁桥可考虑设扩大基础，而覆盖层大于5m和山区修建的桥梁，应采用桩基础，桩基础应穿过不稳定地质层，将桩尖嵌入完整、稳定的微风化岩层内。

4. 中小跨径梁桥经济比较分析

在中小跨径梁桥工程建设中，工程经济性是影响桥梁设计的重要因素。在桥梁施工中人工、材料、机械费用一定的情况下，取统一的桥梁宽度，可以对不同跨径不同结构形式桥梁的工程经济性进行分析。

（1）不同跨径梁桥的工程造价分析

对于采用摩擦桩基础柱式墩台的桥梁，对比 20m、25m、30m、35m、40m 等不同跨径的预应力混凝土 T 梁桥、箱梁桥的工程造价。

预应力混凝土 T 梁桥、箱梁桥的工程造价都随着跨径的增大而增大，20m 跨径的 T 梁桥的工程造价比箱梁桥低 70 元；25mT 梁桥的工程造价比箱梁桥低 38 元；30m 跨径的 T 梁桥的工程造价比箱梁桥高 63 元；35m 跨径 T 梁桥的工程造价比箱梁桥高 62 元；40m 跨径 T 梁桥的工程造价比箱梁桥高 324 元。因此，不论 T 梁桥还是箱梁桥，跨径为 20m 的 T 梁桥单位面积造价最小。20m 箱梁桥单位面积造价与 20mT 梁桥相差不大，但结构受力方面 20m 箱梁桥力学性能明显优于 20mT 梁桥。对于中跨径桥梁，建议选择跨径为 20m 的预应力混凝土先简支后结构连续箱梁桥。

（2）不同上部结构形式相同跨径梁桥的工程造价分析

当均采用嵌岩桩基础墩台的中小桥梁时，为对比相同跨径下不同上部结构形式的中小梁桥工程造价，分别对 20m、25m、30m、35m、40m 跨径的 T 梁、箱梁桥的工程造价进行对比分析。采取嵌岩桩基础时，20m 跨径的预应力混凝土 T 梁桥比箱梁桥低 53 元；25m 跨径的预应力混凝土 T 梁桥比箱梁桥低 25 元；而 30m 跨径的预应力混凝土 T 梁桥比箱梁桥则高 36 元；35m 跨径的预应力混凝土 T 梁桥比箱梁桥高 85 元；40m 跨径的预应力混凝土 T 梁桥比箱梁桥高 289 元，这表明当跨径为 20m、25m 时 T 梁桥单位面积工程造价比预箱梁桥小，但相差很小；当跨径为 30m、35m 时 T 梁桥单位面积工程造价比箱梁桥大，但相差不大；当跨径为 40m 时，T 梁桥单位面积工程造价比箱梁桥大，相差较大。

（3）不同上部结构形式相同梁高梁桥的工程造价分析

当均采用扩大基础墩台的中小桥梁时，为对比相同梁高下不同上部结构形式的中小梁桥工程造价，分别对梁高均为 2. 0m 的 30m 跨径 T 梁桥和 40m 跨径箱梁桥的上部结构造价、下部结构造价、桥梁工程总造价进行对比分析。

扩大基础重力式墩台三种基础型式的桥梁当上部结构形式相同时，上部结构单位面积工程造价相差较大，30m 预应力混凝土 T 梁桥比 40m 箱桥要低 413 元；下部结构单位面积工程造价相差不大，30m 预应力混凝土 T 梁桥比 40m 箱桥要高 45 元；单位面积工程总造价相差较大，30m 预应力混凝土 T 梁桥比 40m 箱桥要低 372 元。总的来说，从节约工程成本和提高施工效率的角度，在平原区建设的中小桥梁尽量考虑采用扩大基础，覆盖层厚度大和山区桥梁应采用桩基础。中小跨径梁桥上部结构形式及跨径选取在桥墩高度、地形、地质等条件一定的情况下，应对桥梁造价进行对比分析，尽量采用施工方便、造价经济、预制装配化结构，从而充分发挥中小桥梁设计与建设的优势。

公路桥梁的设计还应遵循适用、经济、美观、环保的原则，通过因地制宜地选择施工材料和优化施工组织设计方案，可以减低桥梁的总造价和材料消耗。特别是中小跨径桥梁作为我国桥梁工程建设数量最多的桥梁，桥梁工程设计人员更应全面认识并准确把握工程设计中的关键技术问题，在中小跨径桥梁设计中，应尽可能采用标准化的设计，在提高设计效率的同时，还有利于工程施工，减少辅助工程量，降低桥梁工程的造价，从而实现桥梁结构安全、行车舒适、经济合理、施工与养护维修方便的目标。

第四节　梁桥截面选择

一、选择控制段的意义

桥梁设计是一项较为复杂的系统工程，通常情况下，所有的桥梁都是由许多构件组成的，在桥梁设计过程中为了使构件设计更加合理，必须准确地找到构件控制截面，还要找出横截面上最不利的内力，以作为配筋设计计算的依据。基于此前提，有必要首先确定构件横截面的操纵，截面的最不利内力，并发现此处指的是最不利内力，是钢筋截面的最大内力，控制截面是指最大截面之一的内力，但必须指出的是，不同的内力，其最大值和必须出现在同一横截面上，一个构件可能有两个或多个工作横截面。梁是桥梁设计的重要组成部分，其两端支撑截面一般为最大负弯矩和剪力位置，此外，在水平荷载作用下，端部截面也有正弯矩。具体设计中，内力分析的结果大多是针对梁的轴线弯矩和剪力的位置，然而，在计算配筋的过程中，应采用桥墩截面的内力位置，这要求设计者在组合前，需要通过转换和桥墩截面弯矩和剪力。

二、桥梁设计中控制截面的选择方法

（一）选择模型

在桥梁结构设计过程中，需要通过相关模型来选择控制截面，所以首先必须选择合适的模型。本文借鉴前人的研究成果，采用渐进式优化算法来选择控制段，以保证单元格尽可能小，得到的优化结果精度更高。需要注意的是，在模型建立阶段必须完成单元格的划分，在优化阶段总是对同一个模型进行迭代计算。研究结果表明，初始确定的模型形状直接关系到控制段优化的合理性和正确性。常用的操纵截面拓扑优化方法有两种，一种是平面应力单元法，另一种是三维实体单元法。实践证明，前者方法较为简单，但适用范围较小。虽然后一种方法的过程比较复杂，但它的应用范围很广。因此，在有限元分析计算中，一般采用低阶实体单元进行模拟。如果在求解过程中出现棋盘格效应，即实心和空心材料交替出现，则可以将该单元定义为高阶单元，可以达到更理想的效果。

（二）初始段的选择

初始截面的大小和形状是优化模型初始截面时需要考虑的两个因素。选择截面尺寸时，确保截面涵盖最终设计。一般来说，根据设计帅的经验选择较大的设计区域，以防止设计遗漏，确保优化结果的科学性和合理性。如果优化设计区域太小，则可能会丢失优化结果。

如果优化设计区域过大，将影响优化结果的经济性。在截面形状的选择中，不同初始截面的元素数量和形状可能不同，这直接影响设计者对优化结果的选择。由于初始截面的选择不同，优化结果也不同。具体表现为：优化后的支撑系统虽然有些相似，但支撑构件的角度不尽相同，矩形截面和梯形优化后，保留单元的数量也不同。

（三）选择控制部分

在桥梁结构设计中，结构控制截面越优化，得到的结构截面形式越合理，已在许多桥梁工程中得到验证。但必须指出的是，控制段的优化越多，计算量越大，耗时也就越长，对计算机硬件的要求也就越高。如果桥梁构件本身的受力不是太复杂，可以选择结构中比较有代表性的截面。例如，最不利截面可以通过截面的优化从相当大的角度反映优化结构的形状，如果桥梁结构受力复杂，可以选择两个或多个截面进行优化，通过比较不同控制截面的优化结果，找到最优设计。根据以往的设计经验，在桥梁结构设计中，可以确定矩形梁截面为初始设计截面。这一段的优化思路如下：即从结构整体到局部截面，再到优化后的结构整体。具体的优化过程首先是建立截面有限元分析模型，进行整体分析；然后选择控制截面，然后分析截面的属性。在此基础上，对控制段的无效、低效机组进行识别；在结构总长度上，删除了截面上无效、低效的单元；最后，通过对剩余结构的整体分析，得到最优控制截面。从截面的优化过程可以看出，截面的拓扑优化本质上是截面形状的优化，截面的最终优化形式是结构的演化方向。

（四）设计区域和优化设计步骤

1. 设计面积

对于梁截面，顶板和底板通常是混凝土结构，一些支撑系统未知或不确定，例如腹板。在桥梁结构中，有许多形式的腹板，如直腹板、斜腹板等。因此，可以使用截面拓扑优化来确定最佳支撑形式。在建立优化模型时，设计区的几何结构在进行单元划分时，应尽可能选择简单的单元形式，这样可以减少迭代收敛时间，同时，也可以给出设计区的钢材材料特性，设计区的材料可以给出混凝土的特性，这有利于模型的实际运行。

2. 设计步骤

桥梁控制断面优化可分为以下两个步骤：一是断面拓扑优化设计；二是优化了截面尺寸。具体方法是采用有限元软件对矩形梁进行有限元分析，以确定屋顶和地板支撑系统的形状和倾角，并根据设计的强度和刚度操纵矩形梁，在此基础上，对顶底板支撑系统进行拓扑优化，根据优化结果确定最优支撑杆。

第五节　山区公路桥梁设计

随着我国高速公路建设的迅猛发展，在山区修建的高速公路也越来越多。由于山区地形、地质复杂，桥梁隧道占路线总长的比例大，因此想要成功设计好一条山区高速公路，在桥梁设计部分是非常重要的。

一、山区高速公路的桥梁设计

山区高速公路桥梁结构形式的选择要因地制宜，以桥梁的功能性为桥式选择的主要依据。桥梁的设计应根据当地的地理、环境和人文条件来进行，所以每个桥都不同，可以说几乎没有完全相同的两个桥，即便是同样的桥型，也会因与周围的地形和环境差异而产生不同的效果。

（一）山区高速公路大跨度桥梁的桥型选择

在桥梁结构的选型上，应大力推广新材料、新工艺、新结构，坚持标准化、轻型化、装配化。桥梁．上部结构应优先采用预应力混凝土结构，适当发展钢结构。互通式立交范围内和风景区范围内的桥梁宜采用连续梁、连续刚构、拱桥、斜拉桥等较为美观的桥型。城镇附近的桥梁宜结合地形、环境选择美观、多样化的桥型。

桥梁设计应分析论证有关水文资料，精确计算设计流量和预留净空高度，桥梁上部宜采用建筑高度低、轻巧的结构。桥梁设计要体现安全、实用、美观兼顾经济的要求。靠近重要城市的大桥全桥和特大桥的主孔，要选择安全、实用、美观、结构新颖的桥型方案，还应考虑施工便捷、体现先进施工工艺的要求。要根据城市的政治、历史、文化特征及发展要求进行景观设计。

主要结构形式和适用条件如下：

（1）简支板桥。适用于宽浅河流及中小跨径桥梁，桥梁单跨跨径不得大于 20m。

（2）简支梁桥。适用于宽浅河流及中等跨径桥梁，桥梁单跨跨径不宜大于 50m。

（3）连续梁桥。适用于宽浅河流或分离式交叉，主跨跨径宜在 40m 以上。

（4）拱桥。山岭重丘区 V 形深沟且地质条件较好时，可以优先考虑采用钢管混凝土拱桥、刚架拱桥、箱型拱桥或桁架拱桥等。

（5）连续刚构。适用于有通航要求的河流或深水河流，主跨跨径宜控制在 80m 以上。

（6）靠近大城市的桥梁宜设计成一桥一结构形式，一桥一景，重要位置的桥梁设计标准要高，可以设计成标志性建筑。如多塔斜拉、矮塔斜拉、高塔悬索桥等。

大桥与环境的亲和关系体现为以桥梁为主体，同步进行桥区环境保护、建设、开发利用。归根结底，因地制宜是传统的、普遍适用的准则，设计原则应是在满足桥梁使用功能要求、遵循“安全、经济、适用、美观”原则的前提下，力求桥梁布局合理、经久耐用，并与周围景观协调，来反映现代建桥的新水平。

（二）常规桥梁设计中桥梁上部结构形式选择

山区高速公路中桥梁所占比重大，但一般来讲，大跨径桥梁方案毕竟是少数，绝大部分还是采用施工方便、造价经济的标准化、预制装配化结构。大跨径桥梁一般是控制因素不同，方案也各不相同，具有较强的个性特征，而标准跨径桥则更多的是具有共性特征，所以本文重点探讨标准化、装配化桥梁的设计。山区高速公路桥梁常用的标准化、装配化跨径有 16m、20m、25m、30m、40m、50m，横断面形式有空心板、T 梁、小箱梁等。对于跨径小于 30m 的，有空心板、小箱梁、T 梁等三种结构可以选择。对于 40m、50m 跨径的，根据梁的受力特点，宜采用 T 梁。30m 以下同一种跨径的桥梁，究竟应当采用哪一种横断面形式。

小箱梁是介于空心板和T梁之间的一种横断面形式。20m跨径时，T梁较为经济。30m跨径以下，三种横断面相比较，基本也是上述规律。这是山区的情况，平原地区则另当别论。山区高速公路桥梁标准横断面宜优先采用T梁。对于50m跨径T梁，在小半径平曲线上，由于内外梁梁长差较大，跨中矢高较大，对路线的适应性要差一些。另外，山区高速公路的交通运输、场地预制条件均较差，大型机具进入困难，50m T梁单片重150多吨，架设设备要求较高，运输及安装过程中变形不易控制，因此一般情况下不选用50m跨径T梁，所以山区高速公路桥梁宜采用的常用标准跨径为20m、25m、30m、40m。山区地形、地物具有较大的建筑体量，人的视觉感受以大景观、大场景为主，预制梁(板)式桥梁上部建筑高度对景观的影响很小；同时，路线与沟谷高差大，通常无净空要求。

山区桥梁在采用装配式预制构件时，一定要先考虑的因素是桥位所处的地形环境是否有利于预制场地的布设，其次要考虑运输条件是否能满足特种运输车辆的通行，运距是否是最短距离，另外还要考虑工程结束后，其预制场地能否很快恢复植被。

(三) 常规桥梁设计中桥梁下部结构形式的选择

山区高架桥通常沿山腰展布，横向地形变化大，墩、台、基础的设计对边坡开挖、山体稳定等环境的影响非常大，同时也会对工程的景观效果产生重大影响，一般采用双(多)柱式桥墩，墩高较大时，可采用Y型墩、薄壁空心墩等，双(多)柱式桥墩结合桩基浅表层地质情况、桥区抗震等级，尽量不设桩顶横系梁以减少对山体边坡的开挖。沿山坡布设的中小跨径的桥梁也可采用独柱独桩或十字型墩身，以减少基础的开挖。

1. 桥墩

在同一座桥里，桥墩的型式应尽量统一。对于跨河桥与墩高<40m的桥墩，应采用受力明确的双柱式墩。柱式墩和方墩在景观方面的效果差不多，在截面积相等时，方墩的截面刚度大于圆墩，方柱可以方便地通过调整两个方向的尺寸来调整墩柱的刚度，从而达到调整墩柱受力的目的。圆柱为各向同性，调整起来效果差一些。方柱的缺点是墩柱与桩基之间需通过桩帽连接，增加了工程数量，并且山区桥梁地面横坡都较陡，增加柱帽构造还会增加挖方工程量，引起边坡不稳。圆墩在施工中外观质量容易控制，且与桩基础衔接方便，对于弯、斜桥来讲，圆墩的景观协调性要好些，设计中应根据地形、上部结构形式、墩高综合考虑选用方柱或是圆柱。地面横坡较陡时，若采用双柱墩，两个墩柱高度经常相差较大，由于线刚度EI/L差距大，导致一个墩的两个墩柱受力差异较大，这时就应该考虑Y型薄壁墩。Y型薄壁墩是独柱双支座的一种墩型，美观性较好，但施工稍显复杂。墩高较矮时，其施工既复杂又不美观，所以较少采用。而当墩高较高时，Y型薄壁墩施工只需一套模板、搭一个支架，对于地面横坡较陡、搭支架困难、模板需求量大的山区桥梁，Y型薄壁墩具有显著的优势。也有观点认为，上部的Y型承托节约材料并不多，却施工繁琐，宜设计为实体，权衡施工进度与质量、安全、节省材料及美观之间的关系，这也未尝不可。

墩高≥40m时，可采用薄壁墩，高墩的稳定(尤其是施工阶段)与安全均得到改善，从桥梁的整体外观看，线条简洁美观。随着墩高与内力的变化，可通过调整薄壁墩的厚度以改变墩身的刚度，使结构受力更加合理。在选用桥墩的型式时，一定要注意同一联内桥墩刚度比的协调，刚度相差不宜太大，否则各墩内力相差也很大，一般来说矮墩取较小的截面，高墩则取相对大的截面。

2. 桥台

山区高速公路桥梁桥台一般采用重力式U型台、肋板台、桩柱式台。其中以重力式U型台最为常用。2014年人民交通出版社出版的图书《墩台与基础》中规定，U型台适应的填土范围为4~10m，所以U型台的高度最好控制在10m以内。山区桥梁U型台的一个显著特征就是横向、纵向横坡陡，为了适应地形，减小开挖，节约圬工方量，U型台设计时必须根据地形合理分台阶。地面横坡较陡，地质情况比较好时，U型台可采用台阶式基础以避免挖方量太大；地质情况不好时，可采用U台下设置桩基的方法。埋置式肋板台适应范围广一些，但也不宜太高，不宜超过12m。山区高速公路桥梁纵向地形陡峭，往往不能设置锥坡，这时采用桩柱式或肋板台会受到较大限制，桩柱式桥台由于抗推刚度小，当联长较长、台后填土高度较高时不宜使用。桩柱式桥台台后填土高度宜控制在5m以下，联长宜控制在150m以内。

（四）常规桥梁设计中桥梁基础选择

山区高速公路桥梁最常用的基础为扩大基础与桩基础。山区一般地质情况较好，采用扩大基础的情况相对较多，且宜采用分离式扩大基础。因为分离式扩大基础适应地形横坡，承载力亦能满足要求。斜坡上的扩大基础与桩基础必须考虑基础扩散角和覆盖层厚度以及施工时的相互影响。桩基础多为嵌岩桩和柱桩，地质情况较差地段采用摩擦桩。桩基础不管受力形式如何，施工方法上多为挖孔桩和钻孔桩。挖孔桩造价较节省，但设计中能否采用挖孔桩，应结合地质情况具体分析。

二、山区高速公路桥梁设计应注意的其他方面

（一）山区高速公路桥梁要注重抗风抗震设计等安全性设计

山区中由于山体的阻挡，个别位置可能出现较大的阵风风速，对于缆索承重桥梁，必须进行抗风验算，内容包括静风分析、动风分析、拉索的风雨振动、主梁的抗扭转性能等。要保证有足够的安全储备来避免这些偶然作用产生的不良后果。

（二）山区高速公路桥梁的维护

由于构造特点、车辆超载等原因，桥梁难免出现一些病害，从养护、维修出发，钢结构设计时要考虑可到达各主要部位的检修走道、爬梯、人洞等，支座等要设置检查梯，大跨径的混凝土结构要埋设检测装置，定期进行检测，尽最大努力减少桥梁维修的可能，如果难以避免出现病重或针对常损坏的构件，在设计时就要作充分考虑在不影响或少影响交通的前提下能实现快速更换。

第六节　桥梁美学设计

桥梁美学是研究以美学的普遍原理、结合桥梁的特殊性质，得出桥梁建筑在设计时应遵循的和在评价中应依据的理论和法则的科学。桥梁美学涉及的内容很多，包括使用功能、结构合理、环境协调等，还有一个就是外形美观。

一、桥梁建筑美的基本因素

(一) 统一和谐

1. 多样统一

多样统一是形式美的一种高级形态，也是创造形式美的最高要求。从本质上讲，多样统一的和谐规律与人类社会和自然界一切事物的发展规律相一致。多样性是指桥梁由于功能和所处环境的不同而造就的结构、样式、造型的多样性。比如，“枯藤老树昏鸦，小桥流水人家”中的“小桥”，是在宁静村庄中跨一条小河而建的，所以样式必然简约、明快、朴实无华。而像“一桥飞架南北，天堑变通途”所描述的武汉长江大桥，则是横卧大江之上，伟岸挺拔，气势夺人。而统一性则体现在某一座桥的内部构造上。可以说，多样并非不好，但在一座桥上把什么东西都放在一起就缺乏主题、杂乱无章了。一座桥上的装饰如灯栏、浮雕的统一，可以增强桥梁美感。比如北京卢沟桥上栏杆望柱石狮子，虽然其姿态形形色色、变化无穷，但由于其部位、轮廓、造型都是一致的，所以获得了整体上统一的美感。武汉长江大桥正桥栏杆上，每隔 8m 有一块铸铁雕花栏板，栏板上花式丰富多彩，各式各样，而多样的花式又统一于同样的栏板规格与式样之中，使整座桥既富于趣味，又不显杂乱。多样中求统一：从复杂的结构中提出各种可以互相统一的因素，起到衔接、联系和协调的作用，使整体看起来“天在无缝”。如桥梁中栏杆、灯柱、行杆、桥墩、跨度一般采用整齐划一，相同形态、相同间距或有规律的变化，从而起到整体统一协调、简洁明快的效果。统一中求多样：单纯的同一是统一的最简单形式，过多的“同”不可避免地会产生单调，呆板。所以，同中求异，统一中求多样、求变化，才能营造情趣与韵味。如纵观卢沟桥柱头上的狮子，它们的间距、大小、轮廓都是统一的，内容上也以表达狮子的情态为主旨而统一，但细看这 485 个石狮却是千姿百态，趣味无穷，堪称一绝。

2. 结构体系统一

桥梁各局部设计要体现整体划一的概念，避免产生孤立、离散、自成体系的不和谐现象，这在设计中是非常重要的。

3. 结构形态的统一

恰当地处理次要部位对主体部分的从属关系，使所有细部形态从属于总体的几何形态，用相似的几何形态将各个部分协调在一起，如同音乐中主旋律反复出现一样，产生和谐统一美感。

(二) 均衡稳定

中国美学家朱光潜先生曾说“美的形体无论如何复杂，大概含有一个基本原则，就是平衡和匀称。”桥梁建筑是一种空间实体结构，通过它的外在形象所展示的体量就有一种均衡稳定感。左右的对比存在着是否均衡的问题，上下的对比就产生了是否稳定的问题，二者相互关联。一般来说，均衡的建筑外观常常能满足稳定的要求。

1. 均衡

均衡分静态均衡与动态均衡，前者主要指在静力状态下的体量。形态的均衡，后者指依靠运动来求得瞬间平衡的形态，如鸟的飞翔、动物的跑跳等。桥梁建筑其固定不变的形态自然属静态均衡，但由于在结构上的对称与非对称，又可分对称均衡与非对称均衡，前者对称的形态引起稳定、平和、安全、满足的美感，后者不对称的形态使在静态中具有运动的趋势，产生类似动态均衡的心理诱惑力，令人兴奋、激动，有一种生机勃勃的张力。

（1）对称均衡

对称形式自然是均衡的。生物体态是对称的，如人及动物都是凭借左右两侧对称的器官才能保持机体的平衡。因而对称形式符合人的生理要求与心理习惯，必然产生美感。在传统美学中认为对称就是美，也是自古以来重要的构图手法。如古希腊的雅典神庙、巴黎圣母院、罗马教堂以及我国的故宫、大坛。天安门广场等都是对称形式，表现出肃穆、端庄。大部分古今中外桥梁所采取的布局也都是对称形式。我国古代桥梁更是具有良好的对称均衡性，多孔桥大多为三、五、七、九等奇数跨。一般中孔大边孔渐小，这不仅可以在水深急流的河中心不设桥墩，利于通航，而且在主从关系分明、均衡稳定上也是得当的，如 11 孔的卢沟桥、北京颐和园十七孔桥等均是如此。

（2）非对称均衡

对称处理得当，具有对称美。然而它只是多元美中的一元，并非仅只有对称才美，若不分场合、不分功能一味追求对称，则会流于平庸呆板。况且由于环境、地理条件诸多因素难以处理，许多桥梁并不适合采用对称形式。在建筑上，现代派认为对称是古典主义原则，是一种世代相传的潜在习惯。而在经济上、美学上如不因势利导，对称布置极易造成浪费和呆滞。特别是随着现代建筑中新技术、新工艺、新结构的不断发展，人们的建筑观点已自发地倾向于不对称结构，几乎作为一种“革命”冲破对称模式的约束，不拘一格自由多变，追求新、奇、巧、变，充分发挥非对称的自由、灵活、生动、经济、轻快、活泼的优点以及动态的美感，突出个性，适应多层次审美心理要求，以显示人类现代文明生活中的丰富多彩。这种建筑思潮自然也影响到桥梁建筑，近年来，国内外桥梁建筑也有不少这方面的大胆尝试，出现了别具一格、造型新颖、令人赞叹的杰作。对称均衡符合人的生理要求与心理习惯，但极易造成浪费和呆滞。非对称结构动态感强，但需在力学和视觉上保持均衡，否则会引起混乱和不安定感。

2. 动感与稳定

桥梁据其自身的不同造型可以给人以不同的动感印象。比如，桥梁建筑中，水平的直线向远处延伸的时候，其直如矢，使人感到扩张的力量；几根水平直线交汇于一点，以极快的速度引人入深远的意境；而垂直线向上伸展，常常使人感到挺拔、肃穆等等，这些都是对直线的动感感受；而桥梁建筑中曲线给人的感受则是优雅、魅力、柔和、丰富等抒情效果。稳定安全是对桥梁建筑最基本的使用要求。桥梁本身的组成结构处于平衡状态，各部分在实现功能作用方面所显示的安静、自信、坚固的形象，给人一种坚定、牢靠和不可撼动的稳定感。但如果桥墩纤细、上重下轻，就会起到相反的效果了。由于桥梁是强调一维方向的空间结构，其跨越方向的延伸长度要比宽度与高度大得多，所以人们沿着桥梁水平方向目视多跨桥梁，自然就会有强烈运动延伸的动感，而看见穿梭不停的车辆在稳固的大桥上来来往往，则深刻地感受到动感与稳定的完美结合。

3. 比例协调

包括总体或局部的规模、尺寸协调等，比例协调应以其固有的结构关系和力学原理为前提。均衡是大自然赋于人类生理上的一种本能要求。一方面人们从实践中已逐渐形成了一整套与重力有联系的审美体验；另一方面由于视觉的特点，能给予审美感受上的满足。桥梁建筑作为视觉艺术，应该注意强调均衡中心，或者说只有容易觉察的均衡，才会令人满意。比例协调和谐的比例与尺度是建筑形态美的必要条件。圣·奥古斯丁说："美是各部分的适当比例，再加一种悦目的颜色"；关于建筑的美，维特鲁威斯所著粮筑十书中认为建筑之美在于比例，建筑的理论是："证明和说明建筑物的比例与规则的能力"；17 世纪法国建筑家法兰梭亚·布龙台称："建筑上整体的美来自绝对的、简单的可以认为的数学上的比例"；几乎所有的美学家、建筑学家都一致认为比例在建筑艺术上的重要性。合乎比例或优美的比例是建筑美的根本法则，适宜的数比关系是建筑形式美的理性表达，是建筑外观合乎逻辑的显现。工程建筑和谐美，体现在量上就是寻求比例与尺度的协调，对桥梁建筑这种单维突出的结构，协调比例尤为重要。桥梁建筑物的实用、美观、舒适等更为明显。

(1) 桥梁建筑的比例

桥梁各个局部及整体的比例是以其固有的功能关系和结构关系为艺术构思前提的，必须在深刻了解桥梁结构内在规律的基础上去寻求桥梁体态匀称和比例和谐，决不能违背结构关系和力学原理。比例的概念和一定历史时期的技术条件、功能要求以及一定的思想内容是分不开的。比如古代石梁、石拱相对厚重，预应力混凝土技术使桥梁的跨越能力大大提高，与旧的结构相比就显得十分纤细。一座桥梁，其各部分的比例只有达到匀称和谐时，才能构成优美的形象。但实际上比例处理不当也是"常见病"，比如，挪威特罗姆斯港桥，其悬臂孔跨径较边孔跨径还小，显得布置缺少章法。另外，净高和跨径之比为 2.5 左右，使桥墩过细过高而显得比例失调，缺乏稳定感。

(2) 桥梁建筑的尺度

建筑的一切取决于人的要求，所以，人是衡量建筑尺度的最直接、最明显的标志。对桥来说，与人体功能紧密相关的踏步、栏杆扶手、行驶的车辆等都是辅助标志。良好的建筑尺度应当从建筑物及其局部的大小同它本身用途相适应的程度及其大小与周围环境相适应的程度来理解，由这种综合的判断获得的尺度感可以分为三类：

① 自然尺度

一般情况下，人的视觉印象尺寸和真实尺寸之间是一致的，这就是正常尺度，也称自然尺度。桥梁的自然尺度就是要求桥梁的整体与局部和人体等尺度标志之间形成合乎功能要求、合乎常情的空间外观，给人一种真实、自然、亲切的感觉。例如，城市桥梁相距较近、关系密切，应当具备令人舒适、便利的尺度。

② 雄伟尺度

有时为了满足精神功能要求或赋予建筑以特殊的性格(如纪念性)，往往有意识地采用夸大的尺度，使建筑的视觉尺寸印象超过真实尺寸，显得更大、更有力、更雄伟壮观。大型桥梁建筑环境空间宽广无垠，桥梁凌空架设，因而大多选用长、大、高的尺度以构成壮观、磅礴的气势。

③ 亲切尺度

使建筑空间比它实际尺寸看上去小一些，产生一种自由的、非正规的亲切感，建筑必须具有与功能、环境协调的良好尺度，就像人有好的风度一样。不适宜的、夸大虚假的尺度会使人产生装腔作势的不愉快感。我们乐于领受桥梁的雄伟壮观，也喜欢园林小桥典雅、秀丽的风姿。

4. 韵律优美

韵律优美：主要通过连续、渐变、起伏、交错等表现手法，来获得韵味和情趣。

（1）节奏与韵律

节奏一词源于生活，富于音乐，是表现乐音的高下缓急即重音与音程的重复和交替，又称节奏的强弱快慢。诗歌中的韵律为音韵、节律，韵古称作均；律即规律，韵律即和谐优美的旋律。事实上节奏与韵律是密不可分的统一体，是一种生理和心理上的需要，是美感的共同语言，是创作和感受的关键。按我国古代“阴阳生万物”的哲学，桥梁建筑中直线的、刚劲的、明亮的、坚实的构件如塔、梁、柱、墩等被赋予“阳性”，而建筑中曲线的、柔和的、幽暗的、虚空的如曲线的拱。主缆、拉索、桥上桥下空间等属于阴性，阳性为实，阴性为虚，虚实相生，对立统一。其交替组合及变化，能产生变化无穷的节奏与韵律。人称“建筑是凝固的音乐”就是因为它们都是通过节奏与韵律的体现而造成美的感染力。成功的建筑总是以明确动人的节奏和韵律显扬于世，将无声的建筑变为生动的语言和音乐。

（2）韵律的表现手法

工程建筑上的节奏与韵律是通过体量大小的区分，空间虚实的交替，构件排列的疏密、长短的变化及曲柔刚直的穿插等变化来实现的，具体手法有以下几种：

① 连续韵律

以一种或几种建筑要素连续地重复排列而形成，可以获得整齐划一、简洁统一、连续流畅的美感。如桥梁上的栏杆、灯柱的连续排列。

② 渐变韵律

建筑上的连续结构要素按一定的规律或秩序进行微差变化可以增加建筑物的生动性、情趣性，有助于取得整体和谐美。如多孔桥的孔径变化，吊桥的吊索长短变化。

③ 起伏韵律

节奏进行强弱、大小、高低、虚实、曲直等有规则变化，或按一定规律时而增加时而减少，可形成激情的起伏韵律。如颐和园的玉带桥，中部突出隆起，似玉带飘扬。

④ 交错韵律

运用各种形式要素作有规律的纵横交错、相互穿插等手法，构成虚实进退、明暗相间、色彩变化的韵律感。

（3）桥梁体现出韵律与节奏

我国1968年修建的南京长江大桥，正桥长1576m，分10孔，每孔有128m简支钢桁梁和9×160m连续钢桁梁组成。该桥强烈的韵律形成宏伟的气势，其连续韵律由两部分构成：一是上部简单桁架图形，好似无限的连绵重复韵律；二是桥墩处桁架支腿的重复出现表现出孔径间断重复，同时又表现出上部桁架梁韵律的节奏感。再比如桥梁上不断重复出现的桥栏、石刻甚至路灯，都给人明显的节奏感。又如，1995年建成的武汉长江二桥，完成了江城“万里长江第一环”的壮举，其橘黄色拔地而起的斜拉钢索、浅绿色向前延伸的两排大桥栏杆和宽阔笔直的黑色沥青桥面，使整个桥梁不仅雄伟，而且豪迈，体现出改革开放时代的奔放韵律和发展中的武汉大踏步前进的坚实节奏。2000年9月，目前国内最大、亚洲第二、世界第三大的双塔双索面斜拉桥——武汉白沙洲长江大桥建成。该桥长 3586.38m，加两岸引桥接线道路，总长达 10.01km，两个主塔各高 175m，斜拉索 96 对，正桥主跨 618m。驱车行驶在桥面上，穿行于乳白色斜拉钢索之间，凌驾于滔滔江水之上，使人顿生穿越时空的节奏，感受挟云飞天之韵律，极大地吻合了飞速发展的时代脉搏。节奏同韵律相结合，可以奏出一曲动人旋律，而桥梁正是用它自身的韵律与节奏，谱写着建筑学上的美妙乐章！

二、桥梁结构的美学设计

（一）梁式桥

梁式桥在竖直荷载作用下，梁的截面只承受弯短，支座只承受竖直方向的力。多孔架桥的梁在桥墩上不连续的称为简支梁；梁在桥墩上连续的称为连续梁；梁在桥墩上连续，在桥孔内中断，线路在桥孔内过渡到另一根梁上的称为悬臂梁。支承在悬臂上的简支架称为挂梁；伸出有悬臂的梁称为锚梁。架式桥的梁身可以做成实腹的，也可以做成空腹的(称为桁梁)。其特点是水平方向单维突出，具有很强的沿水平方向左右伸展的动力感与穿越感。主梁要求纤细轻巧、连续流畅，主梁顶面尽量与底面平衡。桥墩在考虑荷载等因素的前提下应尽可能数量少、形态统一。城市高架桥要避免墩高、量多，注意梁底处理，使桥下空间明亮而舒畅。桥台应能充分体现其功能及存在感，与上部结构相协调，与地基相结合，适当增大梁下空间。

（二）拱式桥

拱式桥在竖直荷载作用下，作为承重结构的拱肋主要承受压力。拱桥的支座则不但要承受竖直方向的力，还要承受水平方向的力。因此拱桥对基础与地基的要求比梁桥要高。在主拱形态的选择上，小跨径拱桥多采用圆弧拱，外观动感强烈。大中跨径拱桥普遍采用抛物线拱和悬链线拱，外观趋向自然和谐。注意协调主拱与桥面的相对位置，以及梁和拱相交处的处理，要求力线明确，尽可能轻盈。桥台尽可能减轻体量感，或采取使其隐蔽的方式，避免与轻盈的拱线不协调，桥墩注意与桥台、拱相协调，结合处简洁流畅。世界上现存最古老的敞肩拱石桥是河北赵县赵州桥，建于隋朝开皇十五年至大业元年(595～605年)，净跨径 37.02m、宽 9.0m。世界上跨度最大的石拱桥是 1946 年瑞典建成的绥依纳松特桥，跨度为 155m. 世界最大的天然石拱桥是黎平天生桥，它位于黎平县高屯镇境内，距黎平县城 16km，是黎平山水风光的主要景点之一。该桥雄伟壮观，构造精致，其拱弧之圆率，拱面之光洁，拱顶岩层之规整，皆若器械所为。据实测，桥宽 118m，拱跨 138m，拱高至水面 36.64m，拱顶岩层厚 40m，与美国犹他州风景拱桥(跨高 88m，拱高 30m)相比，堪称世界之最。世界上最大的拱桥是卢浦大桥，它是目前世界上首座采用箱型拱结构的特大型拱桥，主拱截面世界最大(9m 高、5m 宽)；是目前世界上首座除合龙接口采用栓接外，完全采用焊接工艺连接的大型拱桥，现场焊接焊缝总长度达 4 万多米，接近于上海市内环高架路的总长度；在拱桥建桥过程中单体构件吊装重量世界最大(860t)，河中跨拱肋吊装最大重量(480t)居世界首位；主桥建造中集斜拉桥、拱桥、悬索桥三种不同类型桥梁施工工艺于一身，是目前世界上单座桥梁建造中所采用的施工工艺最多也最为复杂的一座；整座主桥结构用钢量达35000多t，相当于建造3艘7万吨级轮船的用钢量，是目前世界上单直拱桥用钢量最大的一座；整座主桥在建造中的施工用钢达11000多吨，也是目前世界上单座拱桥建造中用钢量最大的一座；大桥建设中所使用的16根水平系杆索将成为目前世界拱桥中长度量大(760m)、直径最粗(18cm)、单根重量最重(110t)以及单根张拉吨位最大(1700多t)的水平索；是世界上钢结构桥梁建造中现场钢板焊接厚度最大(达100mm)的一座桥；在建桥过程中使用了众多大型机械设备和大型临时施工设施，是目前世界上在单座桥梁建造中所用大型机械设备和设施最多的一座。卢浦大桥北起浦西鲁班路，穿越黄浦江，南至浦东济阳路，全长8.7km，是当今世界第一钢结构拱桥，是世界上跨度最大的拱形桥。大桥主桥为全钢结构，全长750m，采用一跨过江，主桥按六车道设计，引桥按六车道、四车道设计，设计航道净空为46m，通航净宽为340m。主拱截面世界最大，为9m高，5m宽，桥下可通过7万吨级的轮船。它也是世界上首座完全采用焊接工艺连接的大型拱桥。卢浦大桥具有旅游观光的功能。

(三) 刚构桥

主要由直线形态构成，力线明确，富于动感与轻快感，美学设计要点在于比例尺度，构件断面的变化及构件搭配得协调得当。斜腿钢构的斜腿从底脚到梁，断面由小到大，与梁衔接处应柔顺，梁底缘线可采用微弯曲线增加柔顺感。其他形态如门式刚构、T型刚构和连续刚构等，注意比例恰当、墩形新颖，避免过分简洁造成的呆板单调。世界上最大跨度的无碴桥面刚构桥是葡萄牙新建的波尔图铁路桥。

(四) 悬索桥

桥面支承在悬索(通常称大揽)上的桥称为悬索桥。英文为Suspension Bridge，是“悬挂的桥梁”之意，故也有译作“吊桥”的。“吊桥”的悬挂系统大部分情况下用“索”做成，故译作“悬索桥”，但个别情况下，“索”也有用刚性杆或键杆做成的，故译作“悬索桥”不能涵盖这一类型的桥。和拱肋相反，悬索的截面只承受拉力。简陋的只供人、畜行走用的悬索桥常把桥面直接铺在悬索上。通行现代交通工具的悬索桥则不行，为了保持桥面具有一定的平直度，是将桥面用吊索挂在悬索上。和拱桥不同的是，作为承重结构的拱肋是刚性的，而作为承重结构的悬索则是柔性的。为了避免在车辆驶过时桥面随着悬索一起变形，现代悬索桥一般均设有刚性梁(又称加劲梁)。桥面铺在刚性梁上，刚性梁吊在悬索上。现代悬索桥的悬索一般均支承在两个塔柱上。塔顶设有支撑悬索的鞍形支座。承受很大拉力的悬索的端部通过锚碇固定在地基中，个别也有固定在刚性梁的端部者，称为自锚式悬索桥。目前能达到最大跨径的桥型，具有很强的跨越感，刚柔并济，宏伟壮观，具有广泛的社会性。主构要素间的均衡和谐，包括垂跨比、加劲梁、桥塔、主缆的形状尺度及跨径分割与吊桥的力学性能等，都需在保证力学结构的前提下协调。世界第一的悬索桥是日本明石海峡桥，横跨日本内海，使日本神户与淡路岛紧紧相连，这座大桥全长3190m，中央跨度1990m，于1998年竣工，它可以承受里氏8.5级地震。

(五) 斜拉桥

斜拉桥日文称“斜张桥”，德文称“斜索桥”，英文称“拉索桥(CableStayed Bridge)”。将梁用若干根斜拉索拉在塔在上，便形成斜拉桥。与多孔梁桥对照起来看，一根斜拉索就是代替一个桥墩的(弹性)支点，从而增大了桥梁的跨度。斜拉桥这种结构形式古已有之。但是由于斜拉索中所受的力很难计算和很难控制，所以斜拉桥一直没有得到发展和广泛应用。直到本世纪中期，由于电子计算机的出现，解决了索力计算难的问题，加上调整装置的完善，解决了索力的控制问题，使得斜拉桥成为近50年内发展最快、应用最广的一种桥型。

其设计要点在于整体比例与尺度和谐、塔的形状、索的疏密及配置方式、梁的纤细等。整体均衡稳定须考虑跨径分割比和梁高与中跨、塔高与中跨之比，力求简洁连续。主梁要尽可能简洁，通常采用水平直线，或采用纵向竖曲线，以避免大跨径梁的下垂感，主塔要求使桥面空间流畅，无压抑感，外观简洁，视野良好。塔柱断面直角处宜改为圆弧面，使塔在无光影效果下更显柔和，也利于抗风稳定。拉索的配置力求与主塔、梁一起形成简洁、稳定的几何构图，尽量隐藏拉索锚具，或通过涂装进行掩遮和美化，减少外露的繁杂感。世界上第一座具有钢筋混凝土主梁的斜拉桥是1925年在西班牙修建的跨越但波尔河的水道桥，主跨为60. 35m。世界上跨径最大的预应力混凝土斜拉桥是西班牙的卢纳巴里奥斯桥，跨径达440m，采用了双面辐射形密索布置。世界上最长的斜拉桥是苏通长江大桥。苏通长江大桥创造了四个世界第一：斜拉桥主孔跨度1088m，列世界第一；主塔高度300. 4m，列世界第一；斜拉索的长度577m，列世界第一；群桩基础平面尺寸113. 75m×48. 1m，列世界第一。专用航道桥采用140+268+140=548m的T型刚构梁桥，为同类桥梁工程世界第二。苏通长江大桥位于南通至苏州之间。全长7600m，通航净高62m，能满足第四、五代集装箱船舶全天候通行。大桥和引桥按6车道高速公路标准设计，桥面设计车速100km/h，引桥120km/h，南北接线全长约32. 4km。由于该桥的主跨比前世界第一斜拉桥日本多多罗大桥长198m，比香港昂船洲大桥主跨1018m还长出70m。

三、色彩与材质的设计

(一) 色彩设计中，既要考虑与周围环境相协调，又要注意协调与桥梁本身的规模、形态，保证自身构件配色的统一和谐。配色时同时注意安全色的应用。另外，需考虑架桥地域的风土人情及气候等对色彩的影响。如寒冷地方宜用暖色、炎热的南方宜用冷色等。

(二) 桥梁材质主要以混凝土、钢材为主，部分构件可用到铝合金、玻璃钢或其他合成材料。桥梁随材料及其断面组成和拼装方法不同，会出现雄健强劲或纤柔轻巧的不同形态。应根据需要淡化或突出材质感。

四、桥梁的细节装饰

“以小见大”在桥梁美学上同样适用。桥墩、桥头、桥栏杆等组成部分的装饰美，影响着桥梁的整体效果。桥梁会因自身所处的不同环境有不同的造型。比如，苏州园林里短小的桥梁往往造得极矮且没有栏杆，这样可以使人更接近水面，便于观赏自身倒影和水中游鱼；而没有栏杆这一细节，会使游人略带几分小心地过桥，险中得乐，颇有一番滋味。园林里水面上较长的桥梁则宜于建得曲折多姿。我国园林在局促的范围之内，咫尺山林，聚集了不少精粹的景物。曲折的桥梁增加了空间，可以从不同的角度观赏风景，像杭州西湖“三潭印月”的“九曲桥”便是如此，特有一种风韵。又如罗马时代不少桥梁本身是为了军事目的而建的，桥上必设有桥头堡垒，不光是为了作战需要，同时也给人以雄伟英武的印象。

再如，由于当时宗教对社会起控制作用，不少桥上往往建有教堂、神龛或其他宗教性的建筑物，这些在中世纪的欧洲最常见。桥头往往是人们观赏一座桥的必看之处，当然，有桥头的应是大桥和城市桥梁。结构造型好的桥没有桥头衬托，不会给人带来美感。在古代，桥头建筑多采用对称布置的堡塔式或教堂式建筑，给人以高耸、庞大和肃穆的感觉。我国五六十年代以来的桥梁建筑也十分重视桥头建筑的装饰作用。如武汉长江大桥(一桥)的桥头是具有传统民族风格的亭台楼阁式的，恰与两岸的龟蛇二山、黄鹤楼、晴川阁、莲花湖等风景名胜相融相衬，别具风格。1968 年建成的南京长江大桥，桥头建筑由前台和后台两部分组成，前台以三面红旗为主题，后台以工农兵群塑为主题，显得雄伟壮观。所以说，桥头美的要求是造型新颖独特，外观同环境相融，并体现一定的政治文化意义。大桥栏杆除了要求稳定、安全以外，栏杆的造型也是桥梁美学的重要组成部分。如卢沟桥的栏杆是闻名世界的石狮栏杆，全桥 485 个小石狮雕在望栏上，形态活泼，造型各异，妙趣横生，令人赞叹。古老的拱桥，如颐和园的一些桥梁，选用汉白玉、青白石等上乘石料精雕细琢做成桥栏，体现了皇家园林豪华精美的效果。而现代桥栏则趋向于简洁、明快、大方，如不锈钢制栏杆、铸铁栏杆等，造型也多采用直线形。另外桥上的隔离栅或隔离板，也有精心的设计，如设计成卡通形、几何图形等，富于科技色彩和时代气息。最后，桥梁的色彩对桥的美观也有一定的影响。人们目视一个物体，是以“形”和“色”来加以区分的。“色”会使人产生各种各样的联想与感受而起着心理上的作用。建桥的各种材料有着自己固有的颜色，反映在人们的视觉感官上就是“外观质地”的印象。如混凝土呈现其材料特征是灰色或白色，钢架从防锈出发，所涂防锈漆是橘红色。桥梁的色彩搭配主要有两个原则，一是体现自身的造型美，二是同周围的环境相配合。如在海面上的桥梁多以白、黄色调为主，因为要同蓝色的海水相比对；而在城市中的桥梁则多用橘红、绿色、五彩等，以便在钢筋混凝土的环境下增添几分活力。所以，对桥梁色彩的选择也是十分重要的。

桥梁是人类生活中的必需品，也可以是一种艺术品。设计一座既科学、适用又具艺术美的桥梁，需要设计者在获得桥梁构造的各种知识和广博的生活经验的基础上，进行深刻的研究，展开丰富的想象，付出再造性与创造性的劳动。人们从桥梁艺术中获得美的感受，通过桥梁美的形象产生出许多美的联想。人们将桥梁比作虹、比作龙、比作玉带、比作玉琏等，无论是对桥梁细节美还是整体美的观赏，人们都在体味着不同于音乐，不同于美术，不同于舞蹈，但却又可以获得同音乐、美术、舞蹈相媲美的桥梁建筑艺术感受。

第三章 梁桥的主梁设计

第一节 预应力混凝土连续梁设计

一、总体布置

结构总体设计主要包括桥梁跨径分配、主梁截面形式的拟定以及梁高等方面的内容。

(一) 跨径布置

目前，设计工程师认为预应力混凝土连续梁桥的最大理论跨径为250~300m，经济跨径为100~240m。

布置原则：减小弯矩、增加刚度、方便施工、美观要求。

不等跨布置——大部分大跨度连续梁边中跨比为0.5~0.8，最好为0.65；等跨布置——中小跨度连续梁；短边跨布置——特殊使用要求。

(二) 主梁截面

板式截面——适用于小跨径连续梁；肋梁式——适合于吊装；箱形截面——适合于节段施工；其他。

(三) 箱梁梁高

梁高——与跨径、施工方法有关；等高度梁——实用于中、小跨径连续梁，一般跨径在50~60m以下；变高度梁——实用于大跨径连续梁，100m以上，90%为变高度连续梁对于变高梁，一般对于公路桥，支点梁高是跨中梁高的2~3倍；对于铁路桥，支点梁高是跨中梁高的1.5~2倍。

二、细部设计

主梁细部设计包括顶板、底板、腹板等部位尺寸的拟定，横隔板的设置，齿块和承托等构件的设计等。

(一) 顶板、底板及腹板

箱形截面的顶板和底板是结构承受正负弯矩的主要工作部位。当悬臂施工时，箱梁底板特别是靠近桥墩附近的底板将承受很大的压应力。在发生变号弯矩的截面中，顶板和底板也都应各自发挥承压的作用。

1. 顶板

顶板厚度一般考虑两个因素：满足桥面板横向弯矩的要求；满足布置纵向预应力钢束和横向预应力钢束的构造要求。另外传统的设计理念认为，顶板厚度与腹板间距相关。桥面板的悬臂长度也是调节板内弯矩的重要参数，在布置横向预应力时可考虑桥面板的横向坡度和板截面的变高度，以发挥预应力束的偏心效应。中跨跨中顶板厚度一般要求大于 $d/30$（d 为箱梁腹板净距）。

2. 底板

箱梁底板厚度随箱梁负弯矩的增大而逐渐加厚至墩顶处，其厚度变化曲线一般为梁高的同类曲线。箱梁根部底板除需符合使用阶段的受压要求外，在破坏阶段还宜使中性轴保持在底板以内，并有适当的富裕，根部底板厚度一般为墩顶梁高的 1/10～1/12。中跨跨中底板厚度要满足承受跨中正弯矩和底板合拢钢束布置构造的要求，一般要求大于 $d/30$（d 为箱梁腹板净距）。

3. 腹板

箱梁腹板的主要功能是承受结构的弯曲剪应力与扭转剪应力所引起的主拉应力。在确定腹板厚度时，必须考虑以下三个条件：①剪切荷载引起的剪力和扭矩必须在允许范围内；②必须适于浇注混凝土，尤其是在腹板内设置有弧线预应力钢束的地方；③预应力钢束如锚固在腹板内，则必须能适当地分布集中在锚固位置的高预应力荷载，即锚下局部应力的要求。根据构造要求和受力需要，中跨跨中腹板厚度一般为 35～60cm 之间。整个箱梁的腹板厚度要根据受力需求和构造要求分别设置，一般箱梁根部腹板厚度较大。当腹板厚度有变化时，其过渡段纵向长度要求大于 12 倍的腹板宽度差值，以便主应力场的变化顺畅。

（二）横隔板、齿块和承托

箱梁横隔板的基本作用是增加截面的横向刚度和整体刚度，限制畸变应力。同时在支承处的隔板还将承受和分布较大支承反力的作用，在中跨跨中的隔板还将克服底板钢束的径向力和箱梁的偏载扭转。

对于顶板和底板的合拢钢束，一般是增设齿块进行锚固。所以齿块和顶板、底板的连接部位受力非常复杂，如果设置不好则导致齿块后面的顶板、底板表面出现横向受拉裂缝。对于此部位的受力，建议进行局部应力分析并用普通抗剪钢筋进行加强。设计中一般在顶板和腹板衔接处设置承托，因为可以提高截面的抗扭刚度和抗弯刚度，减少扭转应力和畸变应力。桥面板在腹板支承处的刚度加大后，在箱梁的横向受力中可以吸收负弯矩，减少顶板的正弯矩。此外，承托也使力线过渡缓和，改善应力集中现象和减少次应力。

（三）预应力钢束

大跨度预应力混凝土连续体系一般在纵向、横向均配置预应力钢束，在竖向配置竖向预应力蹬筋。

1. 配置原则

纵向钢束：一般将顶板纵向悬臂束下弯，底板连续束上弯，以降低腹板主拉应力。建议每节梁段至少应有两根顶板束下弯至腹板中性轴以下锚固。纵向力筋弯入腹板，要考虑力筋管道对腹板截面的削弱，应适当增加腹板厚度，并妥善处理锚固区的细节设计。

顶板悬臂束、底板合拢束的各自设置原则(各自克服的荷载不同)。

横向钢束：建议利用桥面板的横向坡度和板截面的变高度，把钢束布置成曲线形状，以发挥预应力束的偏心效应和提高箱梁顶板的抗裂性。设计横向钢束时，必须保证最终预应力值大于顶板横向弯曲和畸变叠加的拉应力。

竖向蹬筋：蹬筋长度太短，设计中规定的张拉回缩量在施工过程中很难控制。建议对于大跨度预应力混凝土结构，竖向蹬筋的预应力按标准计算值的50%进行设计。在传统锚具的设计上，建议采用整体连续锚垫板。一般的配束数量估算：纵向 60~80kg/m^3，横向、竖向 5~10kg/m^3。

2. 几个注意的问题：钢束的疲劳问题(要注意灌浆密实)；底板合拢束的张拉顺序问题；钢束张拉锚下应力控制问题(建议超张拉3%)。

(四) 普通钢筋

对于大跨度预应力混凝土连续刚构体系，除合理配置预应力钢束之外，还必须设置数量和位置都较合理的普通钢筋。普通钢筋的设置，可以防止施工阶段因混凝土收缩和温差引起的裂缝，承受施加预应力过程中产生的拉应力，提高使用阶段桥梁结构的抗压能力。更主要的是普通钢筋的用钢量将直接决定桥梁在长期荷载作用下的整体刚度大小和裂缝宽度的控制。如果结构普通钢筋含量偏低，则在长期荷载作用下结构的抗弯刚度会下降，导致截面开裂，而裂缝宽度过大将剧烈地降低结构的整体刚度。

建议：(1)普通钢筋的用钢量最好控制在 160kg/m^3以上；(2)腹板内宜配置足够数量的箍筋以克服箱梁的主拉应力，防治腹板斜裂缝的产生；(3)底板横向分布钢筋最好配置直径16mm 以上密间距普通钢筋(如 ϕ20mm@ 100~150mm)，防治箱梁横向受荷作用下底板产生纵向裂缝；(4)其余水平防裂钢筋宜采用直径为 16mm 的螺纹钢筋，间距为 100~150mm。

(五) 预应力混凝土连续梁桥

预应力混凝土连续梁桥设计应根据桥长、柱高、地基条件等因素合理分联，每联的长度应以结构合理、方便施工、有利使用为原则，在有条件的情况下应考虑景观要求和桥梁整体布局的一致性。

主梁应尽量采用一次浇筑混凝土、两端张拉预应力钢筋的施工方式，主梁长度宜控制在 120m 左右，当确实需要设置长分联时，可以采用分段浇筑混凝土、使用连接器分段张拉预应力钢筋的施工方案，设计时允许在同一截面全部预应力钢筋使用连接器连接，但对主梁截面及配筋应做加强处理。

对于匝道桥，为增大刚度、减小扭矩，有条件时尽可能采用墩梁固结或双支座形式。桥梁截面形式可根据桥宽、跨径、施工条件、使用要求等确定为箱形(简称箱梁)或 T 形(简称 T 梁)。箱形截面可设计为单箱单室或单箱多室。箱梁翼板长度的确定应以桥面板正、负弯矩相互协调为原则，T 梁悬臂长度宜为 1.0~1.5m，箱梁悬臂长度宜为 1.5~2.5m。当主、引桥结构形式不同时，悬臂板长度宜取得一致。

箱梁腹板宽度应由主梁截面抗剪、抗扭、混凝土保护层、预应力钢筋孔道净距和满足混凝土浇筑等要求确定。预应力钢筋净保护层和净距除满足规范外，应考虑纵向普通钢筋和箍筋的占位以及混凝土浇筑的孔隙等因素。箱梁腹板宽度最小值应符合下列要求：腹板内无纵向或竖向后张预应力钢筋时，20cm；腹板内有纵向或竖向后张预应力钢筋之一时，30cm；腹板同时有纵向和竖向后张预应力钢筋时，38cm。

悬臂板厚度应视悬臂长度、桥上荷载及防撞护栏碰撞力验算结果而定。根部厚度宜取0.30~0.55m，悬臂板端部厚度一般不应小于0.12m（对有特殊防撞要求的结构，悬臂板端部厚度适当增加，如使用PL2型防撞护栏时悬臂板端部厚度不应小于0.2m）。当悬臂板长度较长时应适当加强悬臂板沿主梁方向钢筋的配置。主梁翼板和顶、底板厚度应根据梁距和箱宽计算确定。同时应满足箱梁顶板厚度不小于0.2m，底板厚度不小于0.18m；T梁顶板厚度不小于0.16m。

中支点横梁和端横梁宽度由计算确定，但中支点横梁宽度不应小于2m，端横梁宽度不应小于1.1m，端横梁宽度还应考虑伸缩缝预留槽等构造要求。主梁腹板与顶、底板相接处应设1∶5加腋，箱形截面与支点横梁相接处应设渐变段加厚。箱梁截面与跨间横梁相接处应设0.15m抹角。

箱梁底板必须设置排水孔，腹板必须设置通风孔，直径均宜取$D_{井}=0.1$m左右。配有体外预应力钢筋的箱梁应设置检查换索通道。连续梁桥必须设置端横梁及中支点横梁。直线连续箱梁桥跨径小于30m的桥孔可不设跨间横梁；跨径在30~40m之间的桥孔宜设一道跨间横梁；跨径大于40m时宜设三道跨间横梁。曲线连续箱梁桥应根据曲线半径、跨径大小确定跨间横梁个数。连续T梁桥跨径大于25m的桥孔应设三道跨间横梁。斜桥视其交角适当增加跨间横梁。

箱梁采用独柱支承时，其中支点横梁宜设计为预应力混凝土结构。主梁桥面板横向预应力不得采用无黏结预应力钢筋。主梁的梁高宜取最大跨径的1/27~1/20，箱梁梁高不应小于1.2m，当连续梁中支点为独柱支承时，梁高一般由中支点横梁强度控制，设计时应适当加高。

连续梁桥施加预应力应采用后张法。预应力钢筋可采用规范规定的钢丝、钢绞线及标准强度为1860MPa的低松弛钢绞线。如采用低松弛钢绞线应按行业标准符号在图纸中予以说明。设计文件中应要求采用经过鉴定，并符合国家标准和行业标准的锚具、连接器，预应力锚具、连接器、锚下钢筋及波纹管应按产品手册配套使用。设计文件中应写明预应力钢筋张拉顺序、孔道灌浆要求和相应的结构施工顺序。箱梁各腹板纵向预应力钢筋应分批交替张拉，先长筋后短筋；采用双向预应力钢筋时，横梁和主梁预应力钢筋也应交替张拉，先横梁后主梁。

桥面的纵横坡一般由支座垫块形成，设计时给出垫块中心高度，其值应控制四角高度不小于0.02m，当高度大于0.05m时应设钢筋网。全桥采用支座支承的连续梁不得全部使用滑板支座，并至少设置一个双向固定支座。预应力孔道灌浆宜采用真空灌浆工艺，灌浆标号不低于结构混凝土标号的80%。体外预应力钢筋锚区应采用环氧浆灌注。体外预应力结构中的体外预应力钢筋设计应考虑后期可更换。结构设计时应考虑体外预应力钢筋的可检查性。采用预制节段拼装的主梁应尽量考虑结构的标准化，以降低模板费用。

（六）结构分析

桥梁上部结构应对主梁、横梁、桥面板及整体结构进行各施工阶段计算，并按规范进行承载能力极限状态及正常使用极限状态计算。连续梁结构分析计算程序采用现行受控版"桥梁综合计算程序"。桥梁横断面为多梁时可采用等代简支梁法计算横向分布系数(对于类似跨径及桥宽的情况也可利用已取得的计算结果，分析确定横向分布系数)，取最不利单梁进行分析。支点和跨中应分别取不同的分布系数，分布系数变化点为1/4~1/5计算跨径。异型桥及弯桥应辅以SAP、3DBSA、MIDAS或其他空间计算程序进行内力分析，用于修正"桥梁综合计算程序"所计算的配筋。弯桥还应计算扭转、弯曲剪力叠加后，对主梁截面进行剪应力验算。斜桥的斜度(支承边或支座连线与桥梁轴线法线之间的小于90°的夹角)小于或等于30°时可用斜跨径按正桥计算，大于30°时应按斜桥采用空间计算程序进行分析计算。斜桥计算跨径取斜长，计算横截面尺寸取垂直断面尺寸。

预应力混凝土结构进行正常使用极限状态计算时，应优先考虑采用A类构件，正截面上、下缘正应力在荷载组合I条件下拉应力不宜超过0.5MPa，压应力不宜超过规范容许值的90%；其余荷载组合条件下拉应力不宜超过规范容许值的65%，压应力不宜超过规范容许值的90%；预加力阶段拉应力不宜超过规范容许值的65%，压应力不宜超过规范容许值的90%。预应力结构主梁、横梁均应进行支点、跨中、1/4截面的正截面、斜截面强度计算，以满足规范要求。

预应力结构主梁强度计算中受压区预应力钢筋不得人为去掉，应在计算中作为受压预应力钢筋计算其对截面强度的影响。强度计算中，结构主要受力截面处，预应力的抵抗效应值超出荷载总效应值不宜过大，同时按规范要求计算并控制混凝土达到抗压设计强度时，受压构件中预应力钢筋的应力。桥面板应进行内力计算以确定配筋，板的分布宽度可按规范计算。箱梁跨中、1/4截面及支点截面按框架结构计算(跨中、1/4截面采用弹性支承，支点截面采用刚性支承)。当板的内力按梁(板)结构计算时应考虑不等厚桥面板厚度变化的影响。桥面板设计时，板厚、配筋应留有余量。当箱梁外悬臂大于或等于3m时，截面配筋应考虑腹板及顶、底板弯矩的协调。当混凝土标号大于C60时，各种构造钢筋直径等级应提高一级。对采用大吨位预应力的混凝土结构，对锚固部位的端横梁和体外预应力的转向块，在缺乏可靠参考资料时应对其进行局部应力分析。独柱支承的宽连续梁桥应进行结构空间计算。

对于设有盖梁的横梁，当盖梁刚度较弱时，计算横梁宜将盖梁同时考虑(计入盖梁及支座刚度对横梁的影响)。对于采用墩梁固结和T墩形式的连续梁桥，结构计算时应上下部结构整体计算。对带有刚臂的计算模型(例如框架四角和墩梁固结点)时，若计算程序不能自动形成刚臂单元，则应人工划分刚臂单元。

(七) 构造要求

纵向普通钢筋应根据计算确定，钢筋直径一般宜采用F16~F25，箍筋直径不应小于F12，应根据计算确定，其他构造钢筋直径宜采用F12~F16。非预应力横梁钢筋直径宜采用F22~F28，跨间横梁钢筋直径宜采用F22~F25。预应力孔道下必须设置定位钢筋，定位钢筋直径和形式根据预应力钢筋规格确定并不小于ϕ8mm。主梁、横梁钢筋关系：横梁钢筋设在外层，主梁钢筋设在内层；主梁与横梁交叉处，不设主梁箍筋，横梁箍筋沿横梁全长布置。桥面板钢筋与主梁、横梁钢筋关系：桥面板受力主筋置于主梁顶部纵向钢筋的顶面，箱梁底板底面横向钢筋置于主梁底部纵向钢筋的底面。横梁范围内顶部和底部横梁主筋分别置于横梁最顶和最底面，主梁纵向钢筋(局部缓弯)置于横梁主筋内侧，同时横梁范围内桥面板或底板钢筋取消，但应配置翼板钢筋。在结构受拉边禁止设置内折角受力钢筋。

预应力钢筋的布置，应线型平顺符合内力分布，且应尽量避免布置受压预应力钢筋。普通钢筋的设置应尽量避免与预应力钢筋位置相矛盾。箱梁顶板底横向钢筋、底板底横向钢筋和底板顶横向钢筋须伸至外腹板端部，并设90°弯钩锚固。主梁腹板变宽段处箍筋135°弯钩应改为直角焊接，以避免箍筋弯头与波纹管矛盾。主梁箍筋配置形式应充分考虑预应力波纹管净距要求。

承受扭矩很大的箱梁顶板横向钢筋不宜采用弯上弯下的配筋形式。有伸缩缝预留槽的端横梁配筋方式应满足以下要求：横梁顶部主筋分为不同高度的两层钢筋配置，箍筋同样配置成不同高度，并且矮箍筋应与高箍筋重叠一定的距离。

第二节　预应力混凝土连续刚构设计

随着国际经济的发展，交通量日益增加，桥梁行业面临着严峻的考验。近年来，我国修建了许多大跨度预应力混凝土连续刚构桥，但也暴露出一些问题，特别是裂缝等问题，引起了工程界的广泛关注。

一、预应力混凝土连续刚构的发展

预应力混凝土连续刚构桥既有连续梁桥结构体系的特点：具有变形小、结构刚度好、行车平顺舒适、伸缩缝少、养护简易、抗震能力强等优点，而且具有T形刚构桥更有利于悬臂浇注、有利于机械化施工、有利于向更大跨径方向发展。预应力混凝土连续梁桥的跨径在150m以下具有很大的竞争力，因为更大的跨度，采用特大吨位的支座使桥梁支座的养护或更换带来麻烦和困难。带挂梁的T形刚构桥或带铰的T形刚构桥在施工中进行悬臂浇注或悬臂拼装无须体系转换，不但施工方便，而且受力明确，但是悬臂端竖向位移或铰上竖向转角不连续，不但使行车顺适性较差，对铰的设置与养护亦较困难。预应力混凝土连续刚构桥整体刚度较大；梁、墩固结可减小墩身及基础的工程数量；利用墩的柔度，减少上部结构弯矩，以减小建筑高度，而且抗震性能好。地震水平力可以有桥墩分担，由于桥墩和主梁固结，由地震水平力在桥墩下端产生弯矩较小。由于是高度超静定，应力产生重分配，可以减小瞬时破坏的可能性。它的主要受力特征：由于桥墩与主梁刚结，由温度变化、预应力、徐变和收缩产生次内力，将在桥墩基础作用有水平力。

1964年修建的联邦德国本道夫桥，主跨208m，已初步体现T形刚构与连续梁体系相结合的布置，而且T形刚构的粗大桥墩已被薄型柔性墩所代替，这是世界上最早的大跨径连续刚构桥(带铰)。之后，日本在1972年修建了主跨230m的浦户大桥，继而又建成了主跨236m的彦岛大桥和主跨240m的滨名大桥。日本所建的几座也都是带铰的连续刚构桥。1979年，巴拉圭建成了主跨达270m的带铰连续刚构桥(Asuncion桥)。1997年，加拿大建成了跨径组成为165m+43×250m+165m的多跨带挂梁的T构(Confederation桥)。

国内最早所建大跨径预应力混凝土连续刚构桥为1988年所建的广东洛溪大桥，跨径组成为 85m+125m+180m+110m。此后，连续刚构桥的建设在我国方兴未艾，跨径蒸蒸日上。相继建造了不少大跨径预应力混凝土连续刚构桥，公路桥最大跨径为 270m，铁路桥最大跨径为 168m——四川攀枝花金沙江铁路大桥，都处于世界最先进行列。云南省元江大桥(58m+182m+265m+194m+70m)、福建省宁德市下白石大桥(145m+2×260m+145m)等多座大跨径预应力混凝土连续刚构桥正在施工建设中。近二十年来，随着新材料、新设备、新工艺和先进的设计手段的开发和应用，大跨径预应力混凝土桥梁的发展异常迅速。预应力混凝土连续刚构桥的应用更为普遍，不但用于直桥，还用于曲线桥；不但用于公路桥，同样适用于大跨径的铁路桥；不但用于大跨径桥梁，亦可用于中等跨径的城市高架桥。结构形式可以多样化，有单墩和双壁墩，可以配合连续梁组成连续刚构与连续梁的组合体系。从发展的趋势上看，连续刚构桥的可行跨度不仅可达 350m，而且可以与预应力混凝土斜拉桥竞争。

预应力混凝土连续刚构桥的发展方向主要有以下特征：

(1) 连续刚构与连续梁的组合体系已被广泛采用。由于连续刚构桥对墩身的柔度的要求高，以适应温度引起的变位需要。对于墩身高度不是很高的多跨连续刚构桥，做成中间一孔(或多孔)墩梁固结，边上多孔墩梁铰结的连续刚构与连续梁的组合体系，不失为一种明智的选择。国内最早建成的这类桥梁为 1993 年建成的山东东明黄河公路大桥，其跨径组成为 75m+7×120m+75m。1999 年又建成了济南黄河第二大桥，其跨径组成为 65m+160m+210m+160m+65m。杭州钱塘江下沙大桥，其跨径组成为 127m+3×232m+127m，在世界上属领先水平。

(2) 高强度预应力钢材、高标号混凝土和大吨位预应力锚固体系的开发和应用。由于预应力混凝土连续刚构桥的跨度不断增加，自重荷载比例亦明显增大。随着高强度材料和大吨位群锚体系的采用，可以有效地减小截面尺寸。例如我国的虎门辅航道桥与跨径相近的澳大利亚两座桥比较，截面尺寸都有所减小。又如挪威的 Raft Sundet 桥，由于采用轻质高强度混凝土材料，其自重更轻，截面尺寸更小。大吨位预应力钢束的采用可以大大简化后张拉工艺，同时使布束容易，有可能减小截面尺寸，简化锚固齿块，有利施工。

(3) 体外预应力的推广和应用。采用体外预应力不仅体现在桥梁设计施工方面的优点，而且在桥梁维护管理方面也有显而易见的优点，因此近年来都积极采用这种方式。结合具体的施工方法，设计可采用体内与体外预应力相结合的方法，使设计产品更加合理和可靠。日本在 1997 年建造了第一座全体外预应力混凝土连续刚构桥——日本东海北陆高速公路开明高架桥，其跨径组成为 39. 2m+67. 0m+39. 2m。

(4) 对结构耐久性的研究。在美国托管的帕劳群岛，曾于 1977 年建造了一座有较连续刚构桥，其跨径组成为 18. 6m+53. 6m+240. 8m+53. 6m+18. 6m，该桥建成时为同类桥跨长的世界记录。该桥在使用 19 年后于 1996 年 9 月 26 日塌落。据分析认为，由于海水长时间浸湿混凝土，锈蚀了钢筋和预应力束，在塌落前发现桥已严重下垂达 1. 2m 之多，并已计划抢修。由此可见，对结构耐久性研究的重要性。我国近二十年来修建了不少数量的预应力混凝土连续梁桥和连续刚构桥，但是发现不同性质的裂缝也屡见不鲜，这大大影响了桥梁的耐久性和使用寿命。必须提高对裂缝问题的认识和重视，应该从设计、施工、管理、监理等方面对耐久性做全方位的研究，并采取相应对策。

二、预应力混凝土连续刚构桥的结构特点

连续刚构桥是预应力混凝土大跨度梁桥的主要桥型之一。它综合了连续梁桥和T形刚架桥的受力特点，将主梁做成连续梁体和薄壁墩。预应力混凝土连续刚构桥是一种连续梁体和固结墩，节省了昂贵的成本，承载力大接近连续梁，梁体采用柔性薄壁墩，以适应预应力、徐变和收缩引起的混凝土温度变化引起的纵向位移，减少了桥墩和基础的数量，提高了结构在水平荷载下的力学性能。

对于预应力混凝土连续刚构桥，其特点是：梁保持连续，梁墩加固。它由箱形截面预应力混凝土主梁、双薄壁钢筋混凝土墩柱和大型整体基础结构组成。在结构上，它可以分为两种类型：铰链和连续梁。目前的连续刚架体系基本上采用后者。连续刚构体系也可称为连续梁桥，具有墩梁固结作用，墩梁固结有利于悬臂施工，并能减少较大的承载力，通常在需要布置大跨度、高墩时使用。连续刚构桥的主要特点表现在以下几个方面：在应力方面，上部结构仍表现出连续梁的特点，但必须考虑桥墩应力和混凝土收缩、徐变和温度应力引起的变形对上部结构的影响。由于桥墩的灵活性，与T形刚架相比，桥墩底部的弯矩非常小，但桥墩和梁的连接处仍有一个刚架。

结构上，主梁多为变截面箱梁，桥墩多为柱墩或矩形、箱形截面双薄壁墩，墩梁固结。桥梁两端的伸缩装置适应结构的纵向位移，桥台上设有块体控制水平位移，确保结构的水平稳定性。

从结构自适应位移的角度来看，连续刚架系统通过高墩的柔性来适应预压、混凝土收缩、徐变和温度变化引起的纵向位移，即高墩被视为一种摆动支承系统。由于桥墩高度较短，边跨桥墩的相对刚度增加。当其无法摆动时，有必要在桥墩顶部或底部设置铰链，以适应纵向位移。

三、裂纹问题

近年来，一些大跨度预应力混凝土连续刚构桥的裂缝主要有以下形式：

（1）主梁腹板出现斜裂缝，主要分布在边孔近现浇段和中孔（1/4~3/8）L段；

（2）主梁底板在跨中张拉锚固后出现纵向裂缝；

（3）长悬臂翼缘板箱梁顶板悬臂根部出现纵向裂缝，宽箱梁跨中顶板出现纵向裂缝；

（4）箱梁桥横隔梁孔周围的径向裂缝和孔之间的垂直裂缝。

裂缝产生的外因主要有：荷载裂缝、温度裂缝、收缩裂缝、基础变形裂缝、钢筋腐蚀裂缝。预应力混凝土连续刚构桥结构裂缝的成因涉及设计计算、施工工艺、养护管理、后期使用、材料质量和气候环境等多方面。因此，分析各因素对箱梁桥结构裂缝的影响是非常困难和不必要的。通过对结构裂缝形式和现状的调查发现，目前预应力混凝土连续刚构桥结构裂缝的位置具有一定的规律性，也可以得出导致结构裂缝的影响因素，因此对结构裂缝出现的不同位置进行原因分析的方法是有效的。

四、设计方法

虽然大跨度预应力混凝土连续刚构桥似乎是一种成熟的桥型，但我国近十年来暴露出

的许多问题也反映了我们在认识上的一些误解。首先，20 世纪 90 年代的优化风吹，盲目追求结构薄，再加上施工质量差，预应力隧道注浆普遍存在虚假(在近期的公路改建中暴露)，导致箱梁跨中挠度、腹板斜裂缝等病害。当 2004 年修订新的桥梁规范时，它增加了结构的安全储备，并朝着正确的方向发展。但要防止大跨度预应力箱梁的病害，提高设计安全性只是一个方面，更重要的是提高施工质量。如果盲目增加结构尺寸和预应力量，不仅浪费，而且可能导致新的问题。实践告诉我们，即使在改变传统结构的设计原则时，也要经过充分的论证和实践，应谨慎、逐步采用，不能矫枉过正。这些都与我国目前的设计理论和方法有关。

目前争议的主要问题有：主墩是否应考虑梁的弯曲；是否有必要在箱梁的闭合段和中跨悬臂端附近设置横隔梁，以提高整个梁体的抗扭转和变形能力；混凝土徐变发生了多少年等。

目前，工程技术人员在设计箱梁桥时，通常采用图解计算模型计算正截面极限承载力，根据简支桥面板模型进行配筋计算，一些技术力量相对较强的一维梁截面设计院可能会使用空间有限元分析模型进行空间分析，但即使在空间分析和校核中，未考虑由截面翘曲应力和变形引起的垂直腹板应力和水平顶板应力，以及由垂直荷载引起的垂直腹板应力和水平顶板应力。由于目前的预应力混凝土连续箱梁桥计算软件大多基于平面单元，属于线性静力平面计算软件。这种软件对于可以视为平面桁架的桥梁的宏观分析是可行的，但不能分析箱梁桥的宽度、单边荷载和局部应力特性，如剪力滞。在设计中，通常通过乘以横向分布系数来考虑偏心荷载下截面表面的扭转和翘曲效应。在截面承载力分析和应力计算中，通过使用有效翼缘宽度来考虑剪切滞后的影响。省公路局 1999 年科研项目《连续箱梁桥裂缝调查分析及预防措施研究》，指出箱梁桥的剪力滞系数随着宽跨比的增加而增加(考虑法向应力的剪力滞效应和法向应力值与基本梁理论的比值得到的相同截面)，这种正关系在截面制作中体现得尤为显著，剪切滞回系数大于其他截面。

事实上，箱梁桥是一个空间结构应力系统，其结构变形和应力非常复杂。虽然一些预应力混凝土连续箱梁桥的设计也根据梁格理论考虑空间计算，但空间梁格理论虽然可以分析变形翘曲，但仍然不能完全反映预应力混凝土连续箱梁桥的力学特性。此外，在计算中，车辆荷载应考虑在冲击系数中，这在原公路桥梁规范《公路钢筋混凝土及预应力混凝土桥涵设计规范》(JTJ 023—1985)中没有考虑，而是在相应的铁路设计和测试规范中考虑，该规范在 2004 年新的公路桥梁规范中修订。事实上，应考虑大吨位车辆对路面和桥梁结构的影响，否则会增加桥梁加固和维修的难度。比如一座市政桥梁，考虑到结构优化后的桥梁刚度小，挠度大，桥面结构行车后容易损坏，现在交通量非常大，无法封闭维修，相关部门都很头疼，舆论也很大，这是一个教训。因此，预应力混凝土连续箱梁桥的分析，特别是断裂力学分析(既要进行整体应力分析，也要进行详细的局部应力分析)，应考虑采用合适的箱梁桥空间分析理论，通过箱梁桥作为一个系统的空间应力分析，尽量反映箱梁桥空间受力的实际情况。

理论上，分析混凝土薄壁箱梁桥的有效方法应综合考虑弯曲、扭转、轴压和变形、翘曲、剪力滞、侧向局部弯曲引起的二次应力等，但目前采用的是矩形混凝土箱梁桥设计和T梁的线弹性应力理论计算，然后根据极限状态法计算极限承载力、抗裂性。目前混凝土箱梁桥的设计方法(根据桥梁设计规范的相关规定)基本上考虑了弯曲、扭转、剪力滞(有效翼缘宽度)和横向应力(桥面计算)，但仍有许多结构方面有待改进，最明显的不足是：平面分析和一般空间分析不能考虑翘曲、横向弯曲和变形引起的次应力，在次应力分布特征不明确的情况下进行配筋设计很可能导致混凝土箱梁开裂。

第三节　荷载横向分布系数计算

结构的空间分析无疑较平面分析更真实，结果更可靠。通常对桥梁结构使用的空间分析法包括空间梁格法和实体单元法。利用空间来达工世尔连接复杂的结构，梁格法较难真实模拟结构的整体工作状梁与横梁等构件及之间的连接状态。对于横向连接复杂的结构，梁格法较难真实模拟结构的整体工作状态，尤其对于多片梁的联合抗扭性能，梁格法很难分析清楚。实体单元法将结构离散为细小的三维实体单元，能够真实模拟各种复杂截面构件及各构件之间的连接，较准确的反映结构实际的抗弯、扭性能，是仿真分析常用的方法。

但在计算机技术迅猛发展的今天，完全应用三维实体空间分析法进行桥梁结构进行分析设计仍然有一定的局限性。在进行公路桥梁设计时，往往要计算各个施工工况和荷载工况时的桥梁结构受力状况，计算量较大。如使用实体单元法，则模型的单元个数多，运算量巨大，占用大量计算机资源，对硬件要求很高。为提高设计计算效率，设计人员通常利用“荷载横向分布”这一概念将空间结构简化为平面结构进行设计计算。

传统“荷载横向分布”计算方法是一种近似的计算方法，在理论推导时作了某些物理上和数学上的假设，所以它的计算结果与实际值之间必然存在误差。本文试图通过使用桥梁检测分析系统 QLIC 对桥梁结构进行空间实体有限元仿真分析来讨论各种桥型“荷载横向分布”的计算，用于指导桥梁结构设计。

一、荷载横向分布系数概述

目前对于由多片板梁组成的空间整体结构形式的内力计算仍然采用荷载横向分布系数这一近似算法。但计算机技术的发展使得通过专业软件运用有限元理论对结构进行较精确的空间分析成为可能。为此，借助桥梁专业分析软件 Midas/civil，对结构进行空间梁格分析，其结果与荷载横向分布分析方法计算结果的比较表明，基于软件的空间梁格分析法具有一定的精度，满足此类结构形式的设计和分析要求。

在中小跨径的桥梁中，一般采用由多片板梁组成的空间整体结构形式，其截面形式如空心板、T 形截面、箱形截面等。对此类桥梁通常采用“荷载横向分布系数”这种近似理论计算其结构内力，即将空间整体结构简化为平面杆系模型，方便计算。但是由于如今计算机硬软件的迅速发展，让以有限元理论为主的空间结构仿真分析方法得以实现，而梁格法(空间杆系)是空间结构分析各种方法中比较实用有效的一种，其概念简单明确、便于使用。简化的“荷载横向分布系数”计算方法在结果上必然与真实情况存在一定的误差。

(一) 横向分布系数计算方法简介

在计算由多片板梁组成的桥时，由于多片主梁与横梁、桥面板联成空间结构体系，所以在实际计算中采用简化的荷载横向分布法。这种近似算法的基本思路是：求出各片主梁的荷载横向影响线，活载按最不利位置排列，求得个片主梁分配到的横向荷载最大值，从而得到荷载横向分布系数 m，则主梁承受的外荷载为：

$$M = m_c p$$

式中：p 为单梁单车道下荷载效应。

所以"荷载的横向分布"实际上指的是各片梁内力的横向分布，只是公式化简后在计算式中表现为"荷载横向分布"。下面简单介绍几种常用的荷载横向分布系数的计算方法。

（二）弯矩荷载横向分布系数

1. 杠杆法

适用于桥面板两端简单支承于主梁之上的桥以及横隔梁。桥面板把荷载延桥的横向分布传递给主梁，主梁所受的就是两端为简支的桥面板的支承力，利用影响线很容易求得主梁的荷载横向分布系数。

2. 刚性横梁法

在横梁可以当作支承在各片主梁上的连续刚体时可采用刚性横梁法来计算荷载横向分布系数。此时的桥梁结构可视为主梁和横梁组成的梁格系，荷载通过横梁由一片主梁传到其他主梁上去，同时主梁又对横梁起弹性支承作用。当考虑主梁的抗扭刚度影响时称为修正的刚性横梁法。

3. 刚接板（梁）系法

当相邻的板梁之间可近似看成整体板的情况下可以采用刚接梁法计算荷载横向分布系数，这种方法在计算过程中不仅考虑了剪力在横桥向的传递，同时也考虑了弯矩在横桥向的传递。

4. 铰接板（梁）系法

对于用现浇混凝土纵向企口缝连接的装配式板桥及仅在翼板间用焊接钢板或伸出交叉钢筋连接的无中间横隔梁的装配式桥，由于块件间横向联系薄弱，这类结构的受力状态实际接近于数根并列而相互间横向铰接的狭长板梁，可用铰接板梁法计算荷载横向分布系数。

（三）剪力荷载横向分布系数

在计算剪力荷载横向分布时，因为其内力影响面在纵、横向没有相似的特征，不能简化地作变量分离，所以其横向分布系数不能用一个确定值表示，需考虑剪力影响线纵横向的变化，计算出其最大效应进行比较。

（四）梁格法建模原理

有限元理论是较精确的空间结构分析方法，有多种离散模型，如空间梁单元法、板壳单元法、实体单元法和梁格法（空间杆系法）。梁格法建模与板壳单元法、实体单元法建模相比具有模型单元简单，运算量小，效率高、便于实际运用等优点，并且计算精度也能满足空间结构分析的要求。用梁格法分析由多片主梁组成的空间整体结构，核心问题是梁格划分，即用多条纵向单元来分别模拟多片主梁，并采用多条横向单元来模拟各主梁之间不同横向连接及横隔板设置情况，使之成为一个平面网格。

在梁格划分时应遵循以下原则：(1)尽量使梁格重合于受力线。(2)尽量使梁格符合结构内力受力状态。(3)横向构件间距应小于1/4有效跨径，内支点附近需更小间隔。(4)横向和纵向构件的间距必须适当接近。(5)尽量使横向和纵向各构件形心位置与实际形心位置保持一致。中小跨径中常采用的板式、梁板式上部结构均可运用以上原理通过Midas软件进行空间梁格分析。

通过采用梁格模型对结构进行空间梁格分析，计算出荷载横向分布系数，并与传统方法的计算结果进行比较。结果表明：(1)以上几种中小跨径中常见的结构，弯矩按"横向分布系数法"计算的结果与按"梁格法"计算的结果大体一致，但剪力按"横向分布系数法"计算的结果比按"梁格法"计算的结果小，且相差较大。(2)采用梁格模型对结构进行空间梁格分析的方法，能更准确的反映整体结构的受力情况，且精度满足设计分析要求，计算简便，条理清晰，为设计者提供了一个更实用的方法。

二、"荷载横向分布"常用计算方法简介

从20世纪30年代开始，国内外学者对桥梁空间结构的计算理论做了大量的试验研究，应用"荷载教向分布"这一概念，把空间计算问题合理地简化为平面问题来解决。其计算原理是建立在用一个近似ι内力影响面去代替精确的内力影响面的基础上。"荷载横向分布"实际上是借用荷载横向分布的概念计算主梁间内力的分布。以下是几种常用的"荷载横向分布"计算方法：

(1) 杠杆原理法。

(2) 刚性横梁法(偏心压力法)——横隔梁为刚性中极大的梁。

(3) 横向铰接板(梁)法——把相邻板(梁)之间视为铰接，只传递剪力。

(4) 横向刚接梁法——把相邻主梁之间视为刚性连接，即传递剪力，又传递弯矩。

(5) 比拟正交异性板法——将主梁和横隔梁的刚度换算成纵横向刚度不同的弹性平板来求解。

以上几种方法的计算思路都是先通过基本假定求出荷载横向影响线，然后按荷载沿横向的最不利位置计算相应的横向分布系数m，从而求得相应的最大计算荷载。

(一) 杠杆原理法——横向结构(桥面板和横隔梁)为简支梁

(1) 适用范围

① 计算荷载靠近主梁支点时的m(如求剪力、支点负弯矩等)。②双主梁桥。③横向联系很弱的无中横梁的桥梁。

(2) 基本假定

假定桥面板在主梁处断开，作为沿横向支承在主梁上的简支梁式悬臂梁，故作用在桥上的车辆轴重以简支梁形式传给支重，即以杠杆方式传递，利用结构力学知识很容易绘出某主梁反力影响线来。此处反力影响线就是荷载横向分布影响线。

(二) 刚性横梁法

(1) 适用范围：具有可靠横向连接，且$B/L<0.5$(窄板)。

(2) 基本假定：横隔梁无限刚性。车辆荷载作用下，中间横隔梁像一根刚度无穷大的刚性梁一样，保持直线的形状。

由于假定横梁是刚体，在荷载 P 的作用下，中间横梁像一片刚度无穷大的刚性梁一样保持直线形状，因此可以按刚体力学关于力的平移原理将荷载 P 移到。点，用一个作用在扭转中心。上的竖向力 P 和一个作用于刚体上的偏心力矩 $M_{井}=P\cdot e_{井}=1\cdot e$ 代替。偏心荷载的作用应为 P 和 M 作用的叠加。

由于每根主梁所受到的荷载同该荷载所产生的挠度成正比，对于中间横隔梁刚度大的窄桥，越近活载一侧的边梁受荷最大。

三、用空间实体单元法计算横向分布

（一）计算理论

前面介绍的常用横向分布计算都是在一些假定前提下的简化计算，且是针对等截面的简支梁而提出的。而实际桥梁结构形式多样，变截面梁、连续体系的桥梁、特殊结构桥梁相当普遍，它们的精确内力影响面的形状十分复杂，如按以上变量分离的思想去寻找一个近似的实用计算方法是很困难的，在实际设计计算中也难以采用。

（二）空间实体单元法

基于空间实体单元法的桥梁仿真分析无疑是最能够真实反映桥梁工作状态的。空间实体单元法将桥梁结构离散为若干六面体单元(钢筋单元，拉索单元离散为梁杆单元)，使用荷载直接作用在单元或节点上，分析结果得到各个单元的变形、应力、应变值，经过应力积分可以得到任意截面的内力值。它不受传统计算方法的基本假定、适应范围的限制，适用于任意结构，任意截面形式。但桥梁结构实体单元离散模型数据量较大，进行设计时需要考虑多个施工工况和运营阶段，运算量成倍增加，对电脑硬件配置要求很高，运算速度也不能令人满意。较为理想的设计方法是先建立桥梁结构的实体单元模型，根据实际荷载的横向布置计算结构的受力状态，由每片梁的内力或变形情况可得到该片梁在全截面梁的分配比例，即传统意义上的荷载横向分布。根据由此得到的精确荷载横向分布系数，利用设计人员惯用的平面杆系程序即可进行常规的桥梁设计。

四、常用桥梁形式横向分布计算

（一）30m 小箱梁算例

该桥为装配式简支箱梁，跨径 30m，横向 6 片箱梁，桥面净宽 14m，设计 4 车道，公路Ⅰ级荷载。箱梁横截面布置如图 3-1 所示。

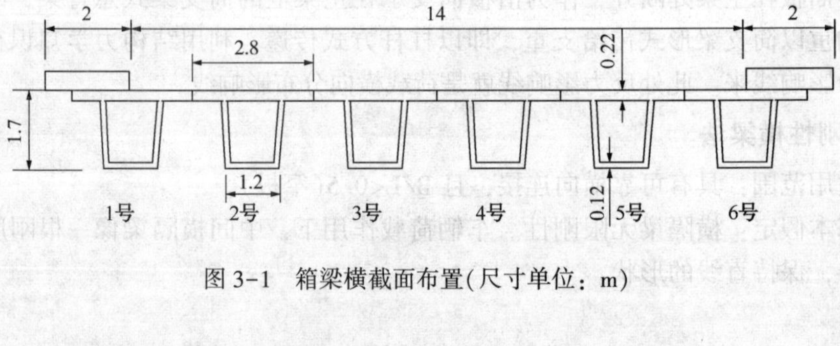

图 3-1　箱梁横截面布置(尺寸单位：m)

利用 QLJC 对桥进行空间仿真分析，计算横向分布系数。首先建立该箱梁桥空间模型，并进行实体单元划分，离散前后模型如图 3-2 所示。

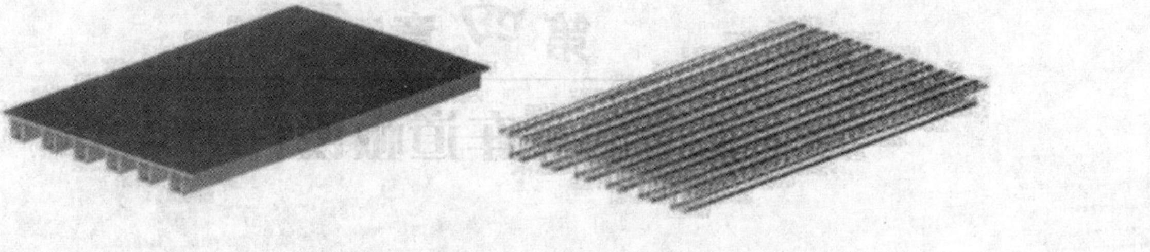

图 3-2　30m 箱梁空间离散模型

由相关计算结果对比可知，刚性横梁法计算的横向分布系数最大，是由于把横梁近似为假定为无穷大，导致边梁受力偏大。实体元法计算值接近且略大于刚接板法、铰接板法计算值。该空间模型建立时未考虑横系梁的作用，因此横向联系薄弱，导致了横向分布系数略大。

（二）40m T 梁

跨径 40m，行车道宽 10.5m，设计 2 车道。全桥共设置 5 道横隔板。在 QLC 中将预制 T 梁描述为桥面系单元，横隔板、现浇缝及桥面板描述为非桥面系单元，进行实体单元离散，建立空间模型加载计算。

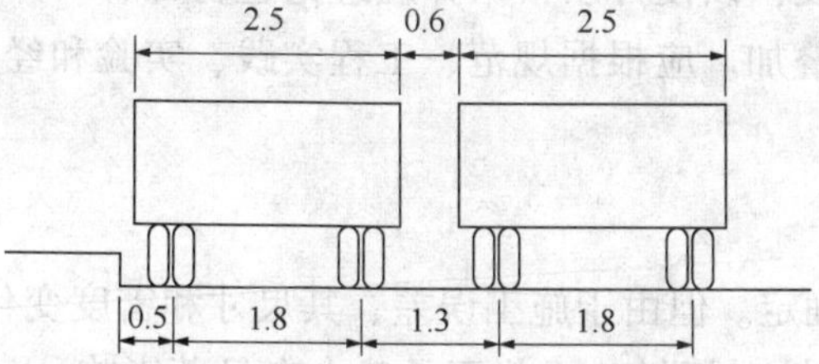

图 3-3　汽车荷载横向布暨图

图 3-4　40T 梁空间模型

荷载横向分布计算方法是通过桥梁检测分析系统 QLJC 建立桥梁结构的三维实体元模型，真实模拟横向荷载加载，利用计算求得的各片梁底的挠度分配或各片梁的内力分配得到荷载的横向分布系数。此方法相对传统简化方法而言，理论更为简单明晰，适用性更广，更能真实反映桥梁的工作状态，了解横系梁桥面板等构造物对横向连接的贡献，且借助于 OLIC 程序计算更为准确快捷，不失为计算横向分布的好方法，为桥梁结构的下一步详细设计打好基础。

第四章

梁桥的行车道板设计

第一节　永久荷载效应计算

一、荷载组合条件

荷载和荷载效应(包括地震作用和地震效应、温度和温度效应)之间的线性关系是各种极限状态组合的前提。为了在实践中实现这一前提，理论和实践之间的近似是通过假设实现的，而差异是通过结构来完成的。如果材料符合均匀性和连续性假设，则更多材料也应符合各向同性假设，截面变形符合平面截面假设，以便可以根据弹性理论进行计算。如果荷载和效应不是线性的，则不能根据效应直接叠加。应根据规范、工程实践、实验和经验确定永久荷载值。

(一) 恒载标准及设计值

永久荷载的标准值通常由其自重的平均值确定。但由于施工误差、其尺寸和密度变化、材料的可变性(如薄板，因为其高度有效的可变性对板材的正截面承载力有显著影响)及其标准值，为了考虑其对结构的有利和不利影响，分别取其下限和上限，装饰二次曲面的结构及其权重也要由此考虑。土压力和预应力随时间单调变化，并趋于极限值，也被视为永久荷载。当水位恒定时，水压也可被视为永久荷载。永久荷载的设计值是永久荷载效应标准值乘以承载力极限状态基本组合中荷载分量系数的乘积。

(二) 重力荷载代表值

在地震组合中，建筑物质点的重力荷载代表值是结构和构件的标准自重值与可变荷载组合值的总和，标准永久荷载值包含在重力荷载代表值中。

(三) 重力荷载设计值

重力荷载的设计值是计算高层建筑整体稳定性时，在弹性计算中不考虑重力二阶效应的不利影响时，永久荷载标准值的 1.2 倍和楼层可变荷载标准值的 1.4 倍的组合值。包括永久荷载标准值的 1.2 倍。

二、永久荷载在各种组合效应设计值中的作用

（一）基本组合

在基本组合中，应分别考虑和比较永久负荷效应控制和可变负荷效应控制。最后，应考虑结构重要性系数。永久荷载分项系数确定为：当其效应对结构不利时，当组合受可变荷载效应控制时，应取1.2；当与永久负载控制相结合时，应取1.35；当永久荷载效应对结构有益时(不同于可变荷载效应)，其不应大于1.0。温度是一种间接作用，当温度的影响符合线性变化规律时，将其视为可变负荷。当砌体结构按承载力极限状态设计时，永久荷载标准值的影响不再是1.0。以下是永久荷载效应对两个部件基本组合的影响示例：

（1）在弯曲构件中对于连续梁、板和框架，应根据其对结构的有利和不利影响选择永久荷载分项系数，然后与未安排和安排的可变荷载叠加。

（2）在受压构件中在不同N和M组合下偏心受压构件的截面设计中，永久荷载控制和可变荷载控制均应考虑多种内力组合(即N和M的不同组合)，永久荷载效应分项系数应根据有利和不利条件取不同值。

（二）负荷和正常使用极限状态意外组合的影响

在正常使用的随机组合和极限状态下，计算永久荷载效应值作为其标准值，但荷载随机组合的效应设计值应考虑结构重要性系数。

（三）地震条件

在结构构件地震效应和其他荷载效应的基本组合中，永久荷载包含在重力荷载的代表值中，重力荷载分项系数还应考虑对结构的有利和不利影响，有利应不大于1.0，不利应为1.2。对于地震作用下的结构，当检查结构是否抗倾覆或滑动时，重力荷载分项系数不应小于0.9。结构延性引起的地震效应调整将导致永久荷载的相应变化。

（四）稳定性

（1）基坑支护结构是一种使用寿命较短的支护结构。基本组合可采用简化原则。永久荷载和可变荷载可以一起考虑。

（2）在高层建筑整体稳定性计算中，当不考虑重力的二阶效应时，将楼层重力荷载的设计值与放大永久荷载标准值和放大楼层荷载标准值的组合考虑，永久荷载为标准值的1.2倍。

（3）在抗连续倒塌的拆除构件法设计中，垂直荷载的放大系数为2或1，取决于永久荷载是否与被拆除的垂直构件相连。当拆除构件不能满足抵抗结构连续倒塌的设计要求时，构件表面增加80kN/m^{2}的横向意外荷载设计值。此时，永久荷载仅考虑永久荷载标准值的影响。

（4）当检查砌体结构作为刚体的整体稳定性时，应考虑永久荷载效应控制和可变荷载效应控制，以及结构的重要性系数。永久荷载效应系数：永久荷载效应控制为1.35，可变荷载控制为1.2；当结构良好时，两种对照情况均为0.8。

（5）在结构倾覆和滑动验算中，永久荷载对抗倾覆和滑动的作用是有利的，其标准值应乘以小于1的值。例如，砌体结构中悬臂梁的抗倾覆力矩设计值采用系数0.8。应根据基本组合考虑倾覆的永久荷载，根据永久荷载和可变荷载控制，分项系数分别为1.35或1.2。在计算挡土墙的抗倾覆和滑动时，(墙永久荷载和土压力的正垂直分量之和的影响)/(土压

力的不利影响)的方法分别计算为 1.6 和 1.3。

(五) 基础设计

确定基础底面和埋深，根据单桩承载力确定桩数，校核基础裂缝宽度为标准组合，并计算基础变形为标准永久组合，其永久荷载均为标准值。确定地基、承台高度和围护结构是极限承载力状态的基本组合，这与极限承载力状态的基本组合分析相同。在计算挡土墙、地基或滑坡的稳定性和地基抗浮性时，分项系数为 1。建筑物自重和压力重量之和与浮力作用值之比不小于 1.05 倍。

可变荷载效应计算

在设计基准期内作用值随时间变化；设计时不同极限状态所应取用的各种荷载及其相应的代表值的组合。

可变荷载，是指在设计基准期内作用值随时间变化，或其变化与平均值相比不可略去不计的荷载。如结构施 T 中的人员和物件的重力、车辆重力、设备重力、风荷载、雪荷载、冰荷载、水位变化的水压力、温度变化等。

各类构件设计时不同极限状态所应取用的各种荷载及其相应的代表值的组合。应根据使用过程中可能同时出现的荷载进行统计组合，取其最不利情况进行设计。对荷载组合主要是凭借工程设计经验，采用能被工程界广泛接受的荷载组合系数来表达。

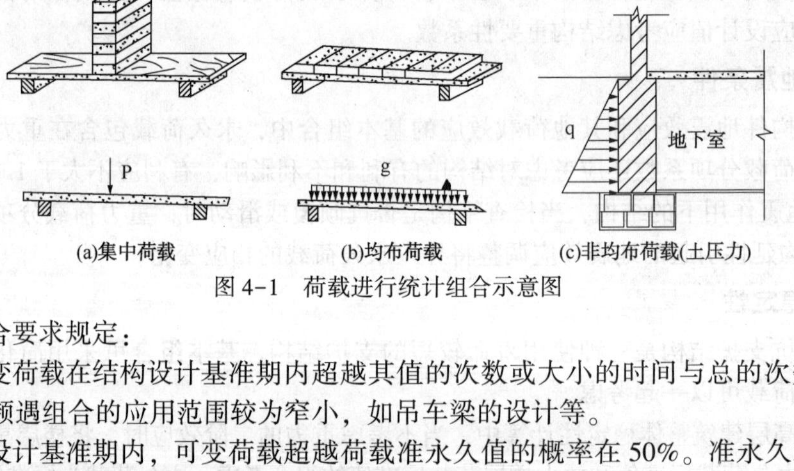

(a)集中荷载　(b)均布荷载　(c)非均布荷载(土压力)

图 4-1　荷载进行统计组合示意图

荷载组合要求规定：

(1) 可变荷载在结构设计基准期内超越其值的次数或大小的时间与总的次数或时间相比在 10%。频遇组合的应用范围较为窄小，如吊车梁的设计等。

(2) 在设计基准期内，可变荷载超越荷载准永久值的概率在 50%。准永久组合常用于考虑荷载长期效应对结构构件正常使用状态影响的分析中。

(3) 悬垂型杆塔需计算与铁塔线路方向轴线成 0°、45°、60°及 90°的四个风向基本风速的荷载。耐张型杆塔计算 90°和−90°两个方向；终端塔还需计算与导线张力方向相同的风向。

第二节　作用效应基本组合

一、作用的概念及分类

(一) 作用的有关概念

作用是指直接施加在结构上的一组集中力(或分布力)，或引起结构外加变形或约束变形的原因。前者称直接作用(亦称荷载)，如车辆、人群、结构自重等；后者称间接作用，它不是以外力形式施加于结构，它们产生的效应与结构本身的特性、结构所处的环境有关，如地震、基础变位、混凝土收缩徐变、温度变化等。

在结构设计时，针对不同设计目的所采用的各种作用规定值，称为作用代表值。设计的要求不同，采用的代表值也不同。作用代表值一般可分为标准值、频遇值和准永久值。作用的标准值是作用的基本代表值，频遇值和准永久值一般可在标准值的基础上计入不同的系数后得到。作用的设计值为作用标准值乘以相应的分项系数。

作用效应是指结构对所受作用的反应，如由作用产生的结构或构件的轴向力、弯矩、剪力、应力、裂缝、变形和位移等。

(二) 作用的分类

为了便于设计时应用，将作用于桥涵及其他结构物上的各种作用，按其作用时间和出现的频率分为三类，即：永久作用、可变作用和偶然作用。

1. 永久作用

永久作用是指在结构使用期间，其量值不随时间而变化，或其变化值与平均值比较可忽略不计的作用。永久作用包括结构重力、预加力、土的重力、土侧压力、混凝土收缩徐变作用、水的浮力、基础变位作用。永久作用应采用标准值作为代表值。土的重力标准值可按作用于基础上的土的体积与土的重力密度计算确定。结构重力标准值可按结构构件的设计尺寸与材料的重力密度计算确定。土侧压力标准值可按《公路桥涵设计通用规范》(JTG D60—2015)中有关的规定采用。关于水的浮力的考虑：水的浮力为水作用于建筑物基础底面的由下向上的力，其大小等于建筑物排开的水的重量。地表水或地下水通过与土体孔隙中自由水的连通来传递水压力与浮力。水是否能渗入基底是产生水浮力的前提条件，因此，水的浮力与地基土的透水性、地基与基础的接触状态以及水压力大小(水头高低)和漫水时间等因素有关。根据《公路桥涵设计通用规范》(JTG D60—2015)，水的浮力应分别按下列规定采用：(1)基础底面位于透水性地基上的桥梁墩台，当验算稳定时，应考虑设计水位的浮力；当验算地基应力时，可仅考虑低水位的浮力，或不考虑水的浮力。(2)基础嵌入不透水性地基的桥梁墩台，不考虑水的浮力。(3)作用在桩基础承台底面的浮力，应考虑全部底面积。对桩嵌入不透水地基并灌注混凝土封闭者，不应考虑桩的浮力，在计算承台底面浮力时应扣除桩的截面面积。(4)当不能确定地基是否透水时，应以透水或不透水两种情况与其他作用组合，取其最不利者。预加力、混凝土收缩及徐变作用、基础变位作用的标准值，可按《公路钢筋混凝土及预应力混凝土桥涵设计规范》(JTG 3362—2018)中的规定采用。

2. 可变作用

可变作用是指在结构使用期间，其量值随时间变化，且其变化值与平均值比较不可忽略的作用。可变作用包括汽车荷载、汽车冲击力、汽车离心力、汽车引起的土侧压力、人群荷载、汽车制动力、风荷载、流水压力、冰压力、温度(均匀温度和梯度温度)作用。可变荷载应根据不同的极限状态分别采用标准值、频遇值或准永久值作为其代表值。承载能力极限状态设计及按弹性阶段计算结构强度时，应采用标准值作为可变作用的代表值。正常使用极限状态按短期效应(频率)组合设计时，应采用频遇值作为可变作用的代表值；按长期效应(准永久)组合设计时，应采用准永久值作为可变作用的代表值。可变作用的标准值应按《公路桥涵设计通用规范》(JTG D60—2015)中有关规定采用。可变作用频遇值为可变作用标准值乘以频遇值系数 1ψ。可变作用准永久值为可变作用标准值乘以准永久系数 2ψ。

3. 偶然作用

偶然作用是指在结构使用期间出现的概率很小，一旦出现，其值很大且持续时间很短的作用。偶然作用包括地震作用、船只或漂流物的撞击作用、汽车的撞击作用。偶然作用采用标准值作为代表值。地震作用标准值按现行《公路工程抗震规范》(JTG B02—2013)的规定采用。船只或漂流物的撞击作用、汽车的撞击作用标准值，按《公路桥涵设计通用规范》(JTG D60—2015)中有关规定采用。偶然作用标准值也可根据调查、试验资料，结合工程经验确定。

(三) 可变作用标准值

1. 汽车荷载

公路桥涵设计时，汽车荷载分为公路-Ⅰ级和公路-Ⅱ级两个等级。汽车荷载有车道荷载和车辆荷载组成。桥梁结构的整体计算采用车道荷载；桥梁结构的局部加载、涵洞、桥台和挡土墙土压力等的计算采用车辆荷载。车辆荷载与车道荷载的作用不得叠加。二级公路为干线公路且车辆较多时，其桥梁的设计可采用公路-Ⅰ级汽车荷载。四级公路上重型车辆少时，其桥涵设计所采用的公路-Ⅱ级车道荷载的效应可乘以 0.8 的折减系数，车辆荷载的效应可乘以 0.7 的折减系数。

2. 车道荷载

(1) 公路-Ⅰ级。车道荷载的均布荷载标准值为 $p_k=10.5\text{kN/m}$。

集中荷载标准值(p_k)按以下规定选取：①桥梁计算跨径小于或等于 5m 时，$p_k=180\text{kN}$；②桥梁计算跨径小于或等于 50m 时，$p_k=360\text{kN}$；③桥梁计算跨径在 5~50m 之间时，值采用直线内插求得。计算剪力效应时，上述集中荷载标准值 p_k应乘以 1.2 的系数。

(2) 公路-Ⅱ级。车道荷载的均布荷载标准值 q_k和集中荷载标准值 p_k按公路-Ⅰ级车道荷载、集中荷载取值的 0.75 倍采用。

(3) 车道荷载的布设方法。均布荷载标准值应满布于使结构产生最不利效应的同号影响线上；集中荷载标准值只作用于相应影响线中一个最大影响线峰值处。

3. 车辆荷载

汽车荷载冲击力标准值为汽车荷载标准值乘以冲击系数 μ。

冲击系数 μ 可根据结构基频(也叫自振频率) f，按下列规定采用：当 $f<1.5\text{Hz}$ 时，$\mu=0.05$；

当 $1.5\text{Hz}\leqslant f\leqslant 14\text{Hz}$ 时，$\mu=0.1767\ln f-0.0157$；当 $f>14\text{Hz}$ 时，$\mu=0.45$。

基频计算参见《公路桥涵设计通用规范》(JTG D60—2015)的有关规定。

汽车荷载的局部加载及在 T 梁、箱梁悬臂板上的冲击系数 μ 采用 0.3。

4. 汽车荷载冲击力的采用情况

(1) 钢桥、钢筋混凝土及预应力混凝土桥、圬工拱桥等上部构造和钢支座、板式橡胶支座、盆式橡胶支座及钢筋混凝土柱式墩台，应计算汽车的冲击作用。

（2）填料厚度（包括路面厚度）等于或大于 0.5m 的拱桥、涵洞以及重力式墩台不计汽车荷载冲击力。

（3）支座的冲击力，按相应的桥梁取用。

5. 汽车荷载制动力

制动力是汽车在桥上制动时为克服其惯性力而在车轮和路面之间发生的滑动摩擦力（摩擦系数可达 0.5 以上）。鉴于在桥上行驶的汽车不可能同时制动，制动力并不等于摩擦系数乘以桥上全部汽车的重力，可采用简化办法进行计算。

一个设计车道上由汽车荷载产生的制动力标准值为车道荷载标准值在加载长度上计算的总重力的 10%，但公路－Ⅰ级汽车荷载的制动力标准值不得小于 165kN，公路－Ⅱ级汽车荷载的制动力标准值不得小于 90kN。同向行驶双车道的汽车荷载制动力标准值为一个设计车道制动力标准值的 2 倍；同向行驶三车道为一个设计车道的 2.34 倍；同向行驶四车道为一个设计车道的 2.68 倍。制动力的着力点在桥面以上 1.2m 处，计算墩台时，可移至支座铰中心或支座底座面上。

计算钢构桥、拱桥时，制动力的着力点可移至桥面上，但不计因此而产生的竖向力和力矩。设有板式橡胶支座的简支梁、连续桥面简支梁或连续梁排架式柔性墩台，应根据支座与墩台的抗推刚度的刚度集成情况分配和传递制动力。设有板式橡胶支座的简支梁刚性墩台，按单跨两端的板式橡胶支座的抗推刚度分配制动力。

设有固定支座、活动支座（滚动或摆动支座、聚四氟乙烯板支座）的刚性墩台传递的制动力，每个活动支座传递的制动力，其值不应大于其摩阻力，当大于摩阻力时，按摩阻力计算。

6. 汽车荷载引起的土侧压力

汽车荷载引起的土测压力采用车辆荷载加载。车辆荷载在桥台或挡土墙后填土上的破坏棱体上引起的土侧压力标准值，可按《公路桥涵设计通用规范》（JTG D60—2015）中有关规定计算。

7. 人群荷载

公路桥涵设置人行道时，应同时计入人群荷载。

（1）人群荷载标准值。当桥梁计算跨径小于或等于 50m 时，人群荷载标准值为 3.0kN/m^2；当桥梁计算跨径等于或大于 150m 时，人群荷载标准值为 2.5kN/m^2；当桥梁计算跨径在 50~150m 之间时，可由线性内插得到人群荷载标准值。对跨径不等的连续结构，以最大计算跨径为准；城镇郊区行人密集地区的公路桥梁，人群荷载标准值取上述规定值的 1.15 倍；专用人行桥梁，人群荷载标准值为 3.5kN/m^2。

（2）人群荷载的布设方法。人群荷载在横向应布置在人行道的净宽度内，在纵向施加于使结构产生最不利荷载效应的区段内。

8. 其他可变荷载

支座摩阻力：上部结构因温度变化引起的伸长或缩短以及受其他纵向力的作用，活动支座将产生一个方向相反的力，即支座摩阻力。支座摩阻力的大小取决于上部结构自重的大小、支座类型以及材料等因素。活动支座所承受的制动力、温度作用、混凝土的收缩作用等纵向力，不容许超过支座与混凝土或其他结构材料之间的摩阻力。

二、作用效应组合

结构上几种作用分别产生的效应的随机叠加称作用效应组合。地基与基础设计应考虑整个结构上可能同时出现的作用(如：除永久作用外，可能同时出现汽车荷载、人群荷载等可变作用)，按承载能力极限状态和正常使用极限状态进行作用效应组合，并取其最不利效应组合进行设计。最不利作用效应组合是指所有可能的作用效应中对结构或结构构件产生的总效应最不利的一组作用效应组合。

承载能力极限状态的作用效应组合按承载能力极限状态设计时，结构构件自身承载力及稳定性验算应采用作用效应基本组合和偶然组合。

基本组合为永久作用设计值效应与可变作用设计值效应相组合，其表达式如下：

$$S = \gamma_0 S_{ud} = \gamma_0\left(\sum_{i=1}^{m}\gamma_{Gi}S_{Gik} + \gamma_{Q1}S_{Q1k} + \psi_c\sum_{j=2}^{n}\gamma_{Qj}S_{QjK}\right)$$

式中：γ_0为结构重要性系数，根据设计安全等级采用，对应于设计安全等级一级、二级、三级分别取1.1、1.0、0.9；S_{ud}为承载能力极限状态下的作用效应基本组合设计值；S_{Gik}为第i个永久作用效应的标准值；γ_{Gi}为第i个永久作用效应的分项系数；S_{Q1k}为车荷载效应(含汽车冲击力、离心力)的标准值；γ_{Q1}为汽车荷载效应(含汽车冲击力、离心力)的分项系数，取1.4；S_{QjK}为除汽车荷载效应(含汽车冲击力、离心力)外的其他第j个可变作用效应的标准值；γ_{Qj}为除汽车荷载效应(含汽车冲击力、离心力)外的其他第j个可变作用效应的分项系数，风荷载取1.1，其他取1.4；ψ_c为除汽车荷载效应(含汽车冲击力、离心力)外的其他可变作用效应组合系数，当永久作用与汽车荷载和人群荷载(或其他一种可变作用)组合时，人群荷载(或其他一种可变作用)组合系数取0.80；除汽车荷载外尚有两种其他可变作用时，组合系数取0.70；尚有三种其他可变作用时，取0.60；尚有四种及多于四种的其他可变作用时，取0.50。

当进行稳定性验算时，上述各项系数均取1.0。设计弯桥时，当离心力与制动力同时参与组合时，制动力标准值或设计按70%取值。

第三节　截面设计与配筋验算

一、桥梁断面设计

在桥梁施工过程中，桥梁横断面设计和平面布置的选线是非常重要的一个环节，该任务是根据桥梁设计任务的性质，并根据视觉发展的需要，按照安全、适用、经济和适度美观的原则比较多个方案，最终确定设计和施工方案。

（一）桥梁设计方案

大型桥梁的设计一般包括三个阶段：规划设计、初步设计和施工图。公路桥梁的规划设计应遵循路线的规划原则，特别是当通过城市或郊区时，桥梁的建设将影响当地的政治。经济和国防都有一定的影响，那么桥梁的规划应该根据桥梁线路的主要交通性质、公交性质、城市交通或城市外部交通来预测不同性质的交通流量和增长率，同时考虑国家投资的经济效益，制定综合规划方案。

在调查、分析、比较制定的桥梁规划方案的基础上，经过讨论、审查，根据国家和地方建设规划的安排，制定项目，编制规划任务书。开发商(甲方)可通过招标方式进行初步设计。在此阶段，应在桥梁规划方案中确定桥梁位置。荷载等级等设计要求，如在竖向、水平、三维平面布置要求下，根据适用、经济、安全、施工方便、美观等桥梁方案设计原则，制定结构形式和主体结构尺寸，确定是否需要辅助结构，提出了建筑材料的主要数量指标。选择施工方案，编制工程概算、文字说明、图表资料等技术文件。建设单位邀请的评标委员会对各投标方案进行综合评价和比较。一般情况下，中标设计单位应承担施工图编制阶段的设计任务。

施工图阶段的主要任务是根据批准的初步设计方案进行结构设计计算，绘制施工详图，编制施工组织设计和施工预算。对于任务紧迫的桥梁建设项目，或技术要求简单的中小桥梁建设项目，也可以采用一阶段设计，即在扩大初步设计的基础上，纳入各阶段设计的主要内容。

（二）桥梁断面设计及平面布置

1. 桥梁纵断面设计

桥梁纵断面设计包括桥梁总跨径、桥槽高程、桥下净空、桥上及桥头纵坡位置。桥梁的总跨度通常根据水文条件计算和确定。由于桥墩、路堤和护坡压缩河床，桥下横截面减小，流速增加，河床冲刷条件改变。因此，桥梁的总跨度必须确保桥下有足够的泄洪面积，使河床不会产生过度冲刷。允许一定量的冲刷，以增加桥梁的总长度，使总跨度不太大。山区河流通常具有很高的河床流速，设计时应尽量减少或不压缩河床。虽然在平面宽的河岸河流中可以允许较大的压缩，但有必要注意回水对河岸堤岸、附近农田和建筑物的可能危害。确定桥梁总跨度后，有必要进行穿孔。对于较大的桥梁，应将其分为几个孔，每个孔的跨度应多大，有多少个桥墩，哪些是通航孔，这些问题应根据通航要求、地形地质情况、水文情况、技术经济和美学条件来确定。桥梁的副标题与桥梁的成本有关。跨度越大，孔的数量越少，上部结构的成本越大，桥墩的成本越小。因此，最经济的跨度是使上部结构、桥墩和桥台的总成本最小化的跨度。因此，当桥墩较高或地质条件较差时，基础工程更复杂，成本更高，必须选择较大的桥梁跨度；相反，当桥墩较短或基础较好时，可以选择较小的跨度。在实践中，可以通过对不同跨度布置的多个方案进行粗略比较来选择最经济的跨度和孔数。对于通航河流，当通航净宽大于经济成本确定的跨度时，通航桥孔跨度一般以通航净宽为准，其他桥孔跨度为经济跨度。对于过渡河流，考虑到河道可能发生的变化，有必要设置更多的通航孔。

有时还需要标准跨度，以便于维修和更换。有时由于工期紧，为了减少水下工程，有必要减少桥墩，增加跨度。在某些系统中，为了使结构合理和经济，在划分跨度时应考虑合理的跨度比。在某些情况下，为了避免在河流中架设脚手架和临时桥墩，可以特别延长悬臂施工方法。在山区修建桥梁时，通常使用大跨度桥梁跨越深谷，以避免建造中间桥墩。跨度的选择也与施工能力有关，应考虑现有的施工技术能力和机械设备。桥面标高在路线纵断面设计中规定，或由设计洪水位下桥下航行所需的净空确定。对于非通航河流，梁底应高于设计洪水位(包括回水和波高)不低于0.5m，高于最高水位0.75m，支架底部应高于设计洪水位不低于0.25m，高于最高冰水水位不低于0.5m。对于无铰拱桥，允许拱脚被设计洪水位淹没，但一般不超过拱圆矢高的2/3，拱底面至设计洪水位不小于0.1m。对于被漂流物和冰堵塞且容易淤积的河床，应适当提高桥下净空。当桥梁受两侧地形限制时，允许修建斜桥，但大中桥桥面纵坡不宜大于4%，在城镇混合交通繁忙的地方，桥面纵坡不宜大于3%，以保证行车畅通和桥面排水要求。

2. 桥梁横断面设计

桥梁横断面设计主要包括桥梁宽度的选择是否有人行道、非机动车道和路缘石高度的确定等。桥梁宽度取决于桥梁上的交通需求。汽车公路桥上无路面，但应有便道和安全护栏。一般公路桥上的路面和自行车道的设置应根据需要确定，并与前后路线的布局相配合。必要时，可在自行车和行车道之间设置适当的分隔设施。自行车道宽1.0m。自行车道的数量应根据自行车交通量确定。当设置独立的自行车道时，其宽度不得小于两条自行车道的宽度。

人行道宽度应为0.75m或2.0m，当其大于1.0m时，应增加0.5m的坡度。以超车拖拉机或人力车为主的慢车道宽度应根据当地拖拉机或人力车和交通量确定；当沿桥侧设置时，应不小于双向行驶的宽度要求。在没有人行道和自行车道的公路桥上，应安装栏杆和安全带。与路基宽度相同的小桥涵只能设置路缘石或栏杆。路缘石高度可为0.25~0.35m。

3. 平面布置

桥梁的平面布置中，桥梁的线型及桥头的引道要保持平顺，使车辆能平稳地通过。小桥涵的线型及其与公路的衔接，可按路线的要求布置。大、中桥梁的线型，多为直线，当桥面受到两岸地形限制时，允许修建曲线桥。曲线桥的各项指标应符合路线的要求，亦允许修建斜交桥，其斜度一般不大于45°，通航河流宜大于5°(桥墩沿水流方向的轴线与通航水位的主流方向交角)。

二、桥梁配筋验算

(1) 根据《公路桥涵设计通用规范》(JTG D60—2015)，公路桥涵结构的设计基准期为100年，市政桥涵据此采用设计基准期100年，各类主要构件及其使用材料应保证其设计基准期要求。

(2) 汽车荷载根据道路、公路等级分别采用公路-I级、公路-II级，特殊荷载根据业主要求确定。桥梁设计安全等级根据《公路桥涵设计通用规范》(JTG D60—2015)分为一级、二级、三级，重要性系数根据设计安全等级确定。设计中注意按照单孔跨径确定，对多孔不等跨径桥梁，以其中最大跨作为判断标准，同时在设计中结构重要性系数应大于等于1.0。

(3) 抗震设计标准：青岛市桥梁抗震设防烈度为6度，地震动峰值加速度为0.05g。其他地区及有特殊要求桥梁根据《建筑抗震设计规范》(GB 50011—2010)附录A规定的烈度和地震加速度，结合桥梁抗震规范和实施细则进行抗震设计。

(4) 环境类别根据《公路钢筋混凝土及预应力混凝土桥涵设计规范》(JTG 3362—2018)内的相应条例，并按照要求提出相应的耐久性的基本要求。

(5) 混凝土保护层厚度根据环境类别确定，根据《公路钢筋混凝土及预应力混凝土桥涵设计规范》(JTG D60—2015)，当受拉区主筋保护层厚度大于50mm时，应在保护层内设置直径不小于6mm，间距不大于100mm的钢筋网(主要用于承台下层)。

(6) 护栏防撞等级根据《公路交通安全设施设计规范》(JTG D81—2017)和《公路交通安全设施设计细则》(JTG/T D81—2017)确定，中央隔离墩预制长度4m。设计规范需要在桥梁设计说明依据中列出。

(7) 桥涵应进行承载能力极限状态和正常使用极限状态设计，其中正常使用极限状态不应遗漏挠度计算和预拱度设置。

(8) 预应力混凝土受弯构件应根据规范进行正截面和斜截面抗裂验算，并满足《公路钢筋混凝土及预应力混凝土桥涵设计规范》(JB/T 13362—2018)内的相关规定。

(9) 普通钢筋混凝土构件和B类预应力混凝土构件，在正常使用极限状态下的裂缝宽度，应按作用短期效应组合并考虑长期效应影响进行验算，其宽度限制根据环境类别确定，详见《公路钢筋混凝土及预应力混凝土桥涵设计规范》(JB/T 13362—2018)的相应条例。

(10) T形截面梁的翼缘有效宽度和箱形截面梁在腹板两侧上下翼缘的有效宽度应根据《公路钢筋混凝土及预应力混凝土桥涵设计规范》(JB/T 13362—2018)的规定进行断面折减。各类受力筋应布置在有效宽度范围内。

三、桥梁设计中普通钢筋应用要点

(1) 普通钢筋：除螺旋筋、吊环外，ϕ10mm及以上均采用HRB335级。

(2) 预应力箱梁纵向外侧点筋直径为16mm，内侧点筋直径为12mm，箍筋直径根据计算要求布置。

(3) 桥面混凝土铺装层钢筋采用直径不应小于8mm，间距不大于100mm的冷轧带肋钢筋网，钢筋距顶面的保护层厚度须根据环境类别，满足规范要求。

(4) 钢束架立钢筋按0.5m布置一根ϕ16mm来定位钢束。

(5) 普通钢筋的架立钢筋按每平方米布置一根ϕ16mm定位钢筋设置。

(6) 除特殊要求外，防崩钢筋采用ϕ20mm，间距100cm。

(7) 箱梁采用车辆荷载验算主梁顶板横向配筋。

(8) 钢筋混凝土T形截面梁或箱形截面梁的受力主钢筋，宜设于有效宽度内，有效宽度以外设置不小于超出部分截面面积0.4%的构造钢筋。预应力混凝土T形或箱形截面梁的预应力钢筋，须设于有效宽度内。

（9）预留孔洞构件需在两侧增加1.5倍的孔洞部分配筋。

（10）中支点底层两侧各1.5倍的梁高范围内设置加强钢筋。

第四节　行车道板预制与安装施工

一、施工流程

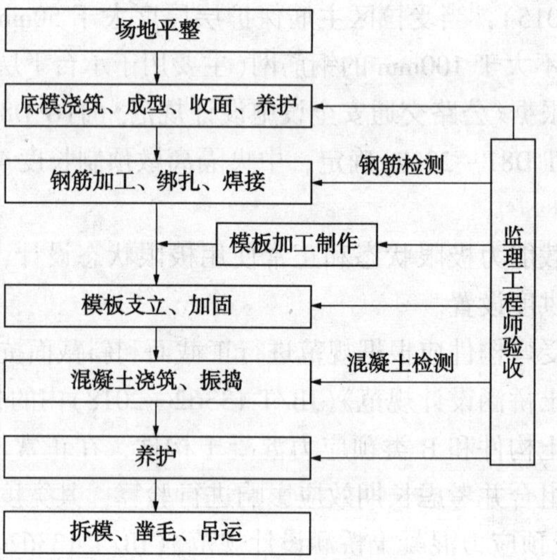

图4-2　施工流程图

模板制作、安装的一般要求：①模板必须保证工程结构和构件各部分形状尺寸和相互位置的正确。②模板和支架必须具有足够的承载能力，刚度和稳定性。能可靠地承受混凝土的自重和侧压力，以及施工过程中所产生的荷载。③模板的接缝应严密，不得漏浆，模板表面应清洁，不得有污物。④模板制作质量标准满足《公路工程质量检验评定标准 第一册 土建工程》(JTG F80/1—2017)因考虑到行车道板自重及厚度因素，故侧模采用木模作业，边板、中板侧模根据施工图中所给行车道板尺寸进行加工，对于木模接缝处用快凝胶水密封，模板外侧用厚木板沿长走向30cm每道进行加固。

（一）钢筋工序

1. 材料技术要求

钢筋在进场时，需具备出厂质量证明书。使用前，应按规定分批进行抽验，其各项性能指标应符合有关规范的规定，合格后方可使用。堆放钢筋的场地必须硬化，钢筋放在距地面30cm左右的砖垛或方木上，并用彩条布遮盖。

2. 钢筋加工

钢筋的焊接必须符合规范要求，焊工必须持证上岗，所用的焊条必须合格。焊接长度应符合规范要求，接头双面焊时焊接长度不应小于 $5d$(d 为钢筋直径)，单面焊时焊接长度不应小于 $10d$，焊接应密实饱满，无焊渣。

(1) 钢筋在加工成型前，应将表面、油渍、漆皮、鳞锈、泥土等清除干净。

(2) 钢筋在加工成型前应平直、无局部弯折，成盘的钢筋应作调直处理，采用冷拉方法调直钢筋时，Ⅰ型钢筋的冷拉率不宜大于 2%，Ⅱ级钢筋的冷拉率不宜大于 1%。

(3) 钢筋的弯制和末端的弯钩应符合设计要求。

(4) 钢筋加工后，应分类挂牌存放，且应架离地面，以防锈蚀。

(5) 井钢筋加工的允许偏差：受力钢筋顺长度方向加工后的全长：+5mm、−10mm；弯起钢筋各部分尺寸：±20mm；箍筋各部分尺寸：−5mm，+0。

3. 钢筋绑扎

(1) 空箱截面形式钢筋安装顺序：梁体底板→腹板→顶板。

(2) 钢筋安装方法：钢筋安装采用钢筋加工场加工，运至施工现场绑扎的方法。

(3) 钢筋安装要求

① 普通钢筋与预留孔道波纹管相碰时，可调整钢筋的位置。

② 钢筋的交叉点应用铁丝绑扎结实，必要时也可用点焊焊牢。

③ 在钢筋与模板间设置垫块，垫块应与钢筋扎紧，并相互错开。

④ 钢筋安装位置允许偏差：

两排以上受力钢筋的钢筋间距：±5mm；

同一排受力钢筋的钢筋间距：±10mm；

钢筋弯起点位置：±20mm；

箍筋、横向筋、拉筋间距：±20mm；

保护层厚度：±5mm。

(4) 注意在边板预制时预埋防撞栏钢筋 N2、N3、N4，防撞栏钢筋跟行车道板钢筋牢固焊接。

4. 钢筋保护层设置

钢筋保护层主要靠垫层来确保，钢筋保护层垫块采用成品垫块，下层采用 3cm 垫层，支垫密度为 4 个/m²，即间隔 50cm 支垫一个。可靠支垫在主筋上，边板下部采用 3.5cm 垫层，上部利用标高控制保护层厚度。

5. 模板支立

比如：车道板预制侧模采用木模，其中 450×25cm 半套边板 8 块、450×25cm 8 套中板，周转使用。底模采用混凝土预制台座，表面收光，找平。为防止木模因使用时间而变形，每次在拆模后都必须检查模板的顺直度与硬度，防止漏浆，底部、上部均以钢筋锚杆加固定位。底模每次使用前需清洗干净并涂刷脱模剂。①模板必须干净，不得有泥巴、砂浆黏附，表面平整度不得大于±5mm，板面侧挠度不大于±3mm。②安装后的模板允许偏差为±5mm，相邻板差±2mm，预留钢筋位置误差不大于 10mm。③模板表面绝不允许刷废机油，脏脱模剂。④预制边板时用外径 ϕ12cm PVC 管预留泄水孔道，四周用井字钢筋上、下固定在行车道板主筋上，PVC 管内填塞木屑，防止混凝土进入。待以上工序完成后请监理工程师检查验收，合格后方可进行下一道工序。

6. 混凝土浇筑

预制行车道板的采用 C40 高强混凝土浇筑，混凝土生产采用项目部搅拌站混凝土，混凝土配合比根据施工图纸及原材料试验资料进行设计，除满足设计强度、耐久性及施工要求外并尽量做到经济合理。混凝土坍落度及水灰比，根据施工部位特点、使用条件、施工方法进行选择。混凝土砂率采用值，应根据试验确定，以保证混凝土有良好的黏聚性、不易离析、不泌水等和易性指标。按照计算出的混凝土配比试验室进行试拌，校核混凝土的和易性、流动性及强度指标，调整得出施工配合比，并制作三组试块，测定 7 天、28 天强度，待工程师批准后开出施工配料单。混凝土采用混凝土运输车运送到现场直接浇筑，其中一组为同况养护，浇筑时人工配合以使模板内各边角的混凝土大概平齐，使模板受力均匀，浇筑中工人跟进振捣作业，在混凝土终凝前对板面拉毛，每块行车道板一次浇筑完成。

7. 混凝土养护

采取在混凝土表面覆盖土工布予以保温保湿和防风，减少内外温差，防止表面裂缝。采用流水喷淋养护的方式，使表面连续保持湿润状态，避免干湿不均，出现裂缝。在养护过程中待混凝土强度达到设计强度的 75%以上后开始拆模，拆模时必须注意防止道板边角及模板的损坏，拆模结束后人工进行凿毛处理。

吊点位置取距离行车道板边缘 0.5m 处为吊点，使用 25t 起重吊车用钢索穿过行车道板进行吊运。

8. 吊运

待混凝土强度达到设计强度的 80%且拆完模后用 25t 起重吊车进行转运至存板区，吊运时必须注意轻起轻放，防止道板因外力作用造成的破损。当存板区多层(不大于 5 层)垒放时要在下一层上放置枕木后放置上一层。存板区底层必须放置枕木。

9. 行车道板出运

行车道板从存放区用平板车倒运至河边后，用 25t 吊机转运至 300t 货船里，通过货船倒运至安装地点后，用 25t 浮吊进行安装。

10. 行车道板安装

行车道板安装前，在行车道板安装位置用墨线弹出安装控制线，后在搁置区域用水泥砂浆找平，水泥砂浆坐浆厚度约 1cm，安装时人用撬棍协助安装。进度安排行车道板预制从 4 月 5 日开始，陆续进行，每次预制 8 块板，周转时间约 1 周，约 10 月底完成预制，安装时间为 11 月份。其中安装桥跨中间段时需断航约 1 天。

(二) 质量保证体系、质量保证措施及安全保证措施

1. 质量保证体系

(1) 按由上而下顺序进行工程质量管理，建立完善的质量管理机构。

(2) 劳动组织、施工技术、落实责任，将质量责任分解、落到各部门。

(3) 项目经理部成立质量管理领导小组，项目经理为第一负责人，由项目总工程师和生产副经理任副组长，成员由项目经理部质检工程师、试验工程师、工区主任、工区值班

工程师、质检员等组成。

（4）经理部设专职质检工程师，保证施工作业始终在人员的严格监督下进行。质检工程师发现违背施工程序，不按设计图、施工规范及技术交底施工，使用材料及半成品不符合质量要求者，有权制止，必要时可下令停工，限期整改并有权进行处罚。

2. 质量管理制度

（1）建立以总工程师为首的技术责任制及技术复核制，使施工技术管理标准化、规范化、程序化。认真审查施工图纸，严格按照设计文件和图纸施工，彻底领会设计文件、施工规范和验收标准，施工人员严格掌握施工、质量检查及验收标准和工艺质量要求。

（2）严格执行工程监理制度，各项工序自检合格后及时通知监理工程师检查、签认。

（3）质量保证体系和措施不完善或没有落实的应停工整顿，达到要求后再继续施工。

（4）建立质量奖罚制度，明确奖罚标准做到奖罚分明，杜绝质量事故发生。

（5）建立抽检制，加强工程试验，建立各种试验台账和施工记录。

（6）严格把好工序质量关，上道工序不合格不能进行下道工序的施工。严格按技术交底步骤施工，使施工作业程序化。

第五节　桥梁支座的作用及布设原则

一、桥梁支座的作用和要求

支座设置在桥梁的上部结构与墩台之间，它的作用是：①传递上部结构的支承反力，包括恒载和活载引起的竖向力和水平力；②保证结构在活载，温度变化，混凝土收缩和徐变等因素作用下能自由变形，以使上、下部结构的实际受力情况符合结构的静力图式。

二、桥梁支座的分类

（1）按其变位的可能性：①固定支座；②活动支座。

固定支座传递竖向力和水平力，允许上部结构在支座处能自由转动但不能水平移动；活动支座则只传递竖向力，允许上部结构在支座处既能自由转动又能水平移动。活动支座又可分为多向活动支座（纵向，横向均可自由移动）和单向活动支座（仅一个方向可自由移动）。

（2）按材料分：①简易支座；②钢支座；③钢筋混凝土支座；④橡胶支座；⑤特种支座（如减震支座，拉力支座等）。

三、桥梁支座的布置原则

（1）对于有坡桥跨结构，易将固定支座布置在标高低的墩台上。

（2）对于连续梁桥及桥面连续的简支梁桥，为使全梁的纵向变形分散在梁的两端，宜将固定支座设置在靠近桥跨中心；但若中间支点的桥墩较高或因地基受力等原因，对承受水平力十分不利时，可根据具体情况将固定支座布置在靠边的其他墩台上。

（3）对于特别宽的梁桥，尚应设置沿纵向和横向均能移动的活动支座。对于弯桥则应考虑活动支座沿弧线方向移动的可能性。对于处在地震地区的梁桥，其支座构造还应考虑桥梁防震的设施，通常应确保由多个桥墩分担水平力。固定支座和活动支座的布置，应以有利于墩台传递纵向水平力为原则。

① 对于桥跨结构，最好使梁的下缘在水平力的作用下受压，从而能抵消一部分竖向荷载在梁下缘产生的拉应力。

② 对于桥墩，应尽可能使水平力的方向指向河岸，以使桥墩顶部在水平力作用下不是受拉。

③ 对于桥台，应尽可能使水平力的方向指向桥墩中心，以使桥台顶部受压，并能平衡一部分台后土压力。

四、桥梁支座布置注意事项

桥梁支座的布置方式，主要根据桥梁的结构形式及桥梁的宽度确定；简支梁桥一端设固定支座，另一端设活动支座；铁路桥梁由于桥宽较小，支座横向变位很小，一般只需设置单向活动支座(纵向活动支座)，公路T形梁桥由于桥面较宽，因而要考虑支座横桥向移动的可能性；即在固定墩上设置一个固定支座，相邻的支座设置为横向可动、纵向固定的单向活动支座，而在活动墩上设置一个纵向活动支座(与固定支座相对应)，其余均设置多向活动支座。

连续梁桥每联只设一个固定支座。为避免梁的活动端伸缩缝过大；固定支座宜置于每联的中间支点上。但若该处墩身较高，则应考虑避开或采取特殊措施，以避免该墩身承受水平力过大。曲线连续梁桥的支座布置会直接影响到梁的内力分布；同时，支座的布置应使其能充分适应曲梁的纵、横向自由转动和移动的可能性，通常宜采用球面支座，且为多向活动支座；此外，曲线箱梁中间常设单支点支座，仅在一联梁的端部(或桥台上)设置双支座，以承受扭矩，有意将曲梁支点向曲线外侧偏离，可调整曲梁的扭矩分布。

当桥梁位于坡道上时，固定支座应设在较低一端，以使梁体在竖向荷载沿坡度方向分力的作用下受压，以便能抵消一部分竖向荷载产生的梁下缘拉力，当桥梁位于平坡上时，固定支座宜设在主要行车方向的前端。桥梁的使用效果与支座能否准确地发挥其功能有着密切的关系，因此在安放支座时，应使上部结构的支座位置与下部结构的支座中线对中，但绝对的对中是很难做到的，因此要注意使可能的偏心在允许的范围内，不致影响支座的正常工作。正确地确定支座所承受的荷载和活动支座的位移量，关系到支座的使用寿命。一般而言，固定支座除承受竖向压力外，还必须能承受水平力，其中包括可能产生的制动力、风力、活动支座的摩阻力、主梁弹性挠曲对支座的拉力等，这些水平力总是应当偏大地取用，且要求支座伸至上、下部结构中进行锚固或销结。对于弯、斜和宽桥，支座的受力比较复杂，需要认真从三个坐标方向去研究，即使是在同一支座位置，不同的部位在受力上可能会有很大的差别。位移量的计算要考虑各种可能出现的工况。

（1）对温差产生的位移要有足够的估计。

（2）桥梁的挠曲，基础的不均匀沉降都会产生纵向位移，对于高桥墩，墩顶位移可通过活动支座上的挡块加以限制，它能使基底反力变化，并且阻止不均匀沉降；

(3) 由于一些不可估计的因素，通常计算的位移量宜乘以 1.3 左右的安全系数。梁桥支座的支承面一般是水平的。

五、桥梁支座的类型和构造

(一) 简易垫层支座

简易支座是指在梁底和墩台顶面之间设置垫层来支承上部结构。垫层可用油毛毡，石棉板或铅板等做成，利用这些材料比较柔软又具有一定强度的特性来适应梁端比较微小的转动与伸缩变形的要求，并承受支点荷载。固定的一端，加设套在铁管中的锚钉锚固。锚钉预埋在墩台帽内。简易支座仅适于跨度 10m 以下的公路桥和 4m 以下的铁路板桥。由于这种支座自由伸缩性差，为避免主梁端部和墩台混凝土拉裂，宜在支座部位的梁端和墩台顶面布设钢筋网加强。

(二) 钢支座

(1) 铸钢支座；

(2) 特殊钢支座。

钢支座是靠钢部件的滚动、摇动和滑动来完成支座的位移和转动的。特点：承载能力强，能适应桥梁的位移和转动的需要，目前仍广泛应用于铁路桥梁。钢支座常用的有铸钢支座和特种钢支座。

(三) 铸钢支座

(1) 平板支座；

(2) 弧形支座；

(3) 摇轴支座；

(4) 辊轴支座。

铸钢支座使用碳素钢或优质钢经过制模、翻砂、铸造、热处理、机械加工和表面处理制成，是一种传统形式的支座。各类支座基本上都由可以相对摆动的。所谓上、下摆组成．摇轴与辊轴支座还包括摇轴(可以看作下摆)，辊轴与底板。

六、钢筋混凝土支座

(一) 钢筋混凝摆柱式支座

钢筋混凝土摆柱式支座可用于跨径大于或等于 20m 的公路梁桥，或跨径大于 13m 的公路悬臂梁桥的挂孔。它的水平位移量较大，承载力为 5500kN 左右，摩阻系数为 0.05。钢筋混凝土摆柱放在梁底与支承垫石之间，它的上下两端各放弧形固定钢支座一座。摆柱由 40~50 号混凝土制成，柱体内一般按含筋率约为 0.5%左右配置竖向钢筋，同时要配置水平钢筋网，以承受支座受竖向压力时所产生的横向拉力。

(二) 混凝土铰

混凝土铰有各种类型。桥梁上常用弗莱西奈铰，它是利用颈缩部分混凝土的双向或三向应力状态而使其承压能力提高，并可沿铰竖向轴线作少量转动。混凝土铰是最简单，也是最便宜的中心可转动的支座。混凝土铰需要在铰颈上，下设置足以抵抗横向拉应力的钢筋，铰颈高度为铰颈宽度的1/2~1/3。铰颈部分应做成顺滑的抛物线形，铰颈两旁可用玛缔脂或沥青材料填塞。混凝土铰曾多次在大跨径桥梁中采用，支承反力可达10000kN。它的优点是支座高度小，构造简单，用钢量少；缺点是不能抵抗拉力，不能调整高度，转动量少，不便于更换和修理。

七、橡胶支座

橡胶支座与其他金属刚性支座相比，具有构造简单、加工方便、节省钢材、造价低、结构高度小、安装方便等一系列优点。此外，橡胶支座能方便地适应任意方向的变形，故对于宽桥，曲线桥和斜桥具有特别的适应性。橡胶的弹性还能消减上下部结构所受的动力作用，这对于抗震也十分有利。在桥梁工程中使用的橡胶支座大体上可分为两类，即板式橡胶支座和盆式橡胶支座。

板式橡胶支座是仅用一块橡胶板做成的适用于中，小跨度桥梁的一种简单橡胶支座，它的活动机理是：利用橡胶的不均匀弹性压缩实现转角，利用其剪切变形实现水平位移。因橡胶与钢或混凝土之间有足够大的摩阻力(摩擦系数0.25~0.40)橡胶板与梁底和墩台顶之间一般无须连接。在墩台顶部，需铺设一层砂浆，以保证支座放置平稳。采用橡胶支座可以不设固定支座，所有水平力由各个支座均匀分担，必要时也可采用不等高的橡胶板来调节各支座传递的水平力。无加劲层的纯橡胶支座，由于其容许压应力甚小，约为3000kPa，故只适合于小跨径桥梁。常用的板式橡胶支座都用几层薄钢板或钢丝网作为加劲层，由于橡胶片之间的加劲层能起阻止橡胶片侧向膨胀的作用，从而显著提高了橡胶片的抗压强度和支座的抗压刚度，其抗压容许应力可以达到8~10MPa，而加劲物对橡胶板的转动变形和剪切变形几乎没有影响。加劲板式橡胶支座的承载能力可达2000~8000kN，目前已广泛用于中、小跨度的公路及铁路桥梁。国内使用的橡胶以氯丁橡胶为主，也可采用天然橡胶。氯丁橡胶的使用温度不低于-25℃，天然橡胶不低于-40℃。盆式橡胶支座的一般构造当活动支座的位移量较大时，要使橡胶板产生相应较大的剪切变形，就必须增加橡胶板的厚度。这样一则多耗材料，再则支座不稳，而且相邻支座厚度可能不一，车辆驶过时会产生高差，行车不顺。为克服这一缺点，可在用作活动支座的橡胶板顶面贴一片聚四氟乙烯板，再在聚四氟乙烯板与梁底之间垫上一块光洁度很高的不锈钢薄板。由于聚四氟乙烯板与不锈钢板之间的摩阻力极小(摩擦系数小于橡胶支座0.04)故可利用它们之间的滑动来满足活动座位移的需要。

第六节　桥梁抗震概述

桥梁工程抗震研究是桥梁工程中的重中之重。抗震概念设计是指根据地震灾害和工程经验等获得的基本设计原则和设计思想，正确地解决结构总体方案、材料使用和细部构造，以达到合理抗震设计的目的。合理的抗震设计，要求设计出来的结构在强度、刚度和延性等指标上有最佳的组合，使结构能够地实现抗震设防的目标。这里主要探讨了桥梁工程抗震设计相关问题，为今后桥梁设计起到借鉴作用。

桥梁是交通生命线工程中的重要组成部分，震区桥梁的破坏不仅直接阻碍了及时救灾行动，使得次生灾害加重，导致生命财产以及间接经济损失巨大，而且给灾后的恢复与重建带来困难。在近30年的国内外大地震中，桥梁破坏均十分严重，桥梁震害及其带来的次生灾害均给桥梁抗震设计以深刻的启示。在以往地震中城市高架桥或公路上梁桥的墩柱的屈曲、开裂、混凝土剥落、压溃、剪断、钢筋裸露断裂等震害，桥梁防震越来越受到各国工程师的重视。

一、地震的成因

地震是地球内部发生的急剧破裂产生的震波，在一定范围内引起地面振动的现象。地震就是地球表层的快速振动，在古代又称为地动。它就像海啸、龙卷风、冰冻灾害一样，是地球上经常发生的一种自然灾害。大地震动是地震最直观、最普遍的表现。在海底或滨海地区发生的强烈地震，能引起巨大的波浪，称为海啸。地震是极其频繁的，全球每年发生地震约550万次。目前衡量地震规模的标准主要有震级和烈度两种。同样大小的地震，造成的破坏不一定是相同的；同一次地震，在不同的地方造成的破坏也不一样。为了衡量地震的破坏程度，科学家又“制作”了另一把“尺子”——地震烈度。在中国地震烈度表上，对人的感觉、一般房屋震害程度和其他现象作了描述，可以作为确定烈度的基本依据。影响烈度的因素有震级、震源深度、距震源的远近、地面状况和地层构造等。地震发生时，最基本的现象是地面的连续振动，主要特征是明显的晃动。地震分为天然地震和人工地震两大类。此外，某些特殊情况下也会产生地震，如大陨石冲击地面(陨石冲击地震)等。

引起地球表层振动的原因很多，根据地震的成因，可以把地震分为以下几种：

（1）构造地震。由于地下深处岩石破裂、错动把长期积累起来的能量急剧释放出来，以地震波的形式向四面八方传播出去，到地面引起的房摇地动称为构造地震。这类地震发生的次数最多，破坏力也最大，约占全世界地震的90%以上。

（2）火山地震。由于火山作用，如岩浆活动、气体爆炸等引起的地震称为火山地震。只有在火山活动区才可能发生火山地震，这类地震只占全世界地震的7%左右。

（3）塌陷地震。由于地下岩洞或矿井顶部塌陷而引起的地震称为塌陷地震。这类地震的规模比较小，次数也很少，即使有，也往往发生在溶洞密布的石灰岩地区或大规模地下开采的矿区。

（4）诱发地震。由于水库蓄水、油田注水等活动而引发的地震称为诱发地震。这类地震仅仅在某些特定的水库库区或油田地区发生。

（5）人工地震。地下核爆炸、炸药爆破等人为引起的地面振动称为人工地震。人工地震是由人为活动引起的地震。如工业爆破、地下核爆炸造成的振动；在深井中进行高压注水以及大水库蓄水后增加了地壳的压力，有时也会诱发地震。

二、桥梁震害分析

桥梁上部结构由于受到墩台、支座等的隔离作用，在地震中直接受惯性力作用而破坏的实例较少，由于下部结构破坏而导致上部结构破坏则是桥梁结构破坏的主要形式，下部结构常见的破坏形式有以下几种：

（一）落梁破坏

（1）以岷江百花大桥的坍塌为例进行分析：

桥梁结构特点：采用板式橡胶支座，梁体直接搁置在支座上的百花大桥位于岷江右岸，桥长 495. 55m，最大墩高 30. 87m。上部采用 4×25m（钢筋混凝土连续梁）+5×25m（钢筋混凝土连续梁）+50m（简支 T 梁）+3×25m（钢筋混凝土连续梁）+5×20m（钢筋混凝土连续梁）+2×20m（钢筋混凝土连续梁），平面位于 $R=150$m 的圆曲线（左偏）、$L=192.601$ 的直线及 $R=66$m 的圆曲线（右偏）上。在汶川地震中，第 5 联即 5～20m 连续梁整体倾覆、落梁，完全破坏。

（2）震害原因

① 支承连接部件失败：固定支座强度不足、活动支座位移量不够、橡胶支座梁底与支座底发生滑动，在地震力作用下支座破坏，致使梁体发生位移导致落梁。

② 墩台支承宽度不满足防震要求，防落梁措施设计不合理，在地震力作用下，梁、墩台间出现较大相对位移，导致落梁现象的发生。

③ 伸缩缝、挡块强度不足，在地震力作用下伸缩缝碰撞破坏挤压破坏、挡块剪切破坏，都起不到应有作用，导致落梁。

（3）抗震设计有效措施

① 采用板式橡胶支座的桥梁，盖梁挡块在地震中破坏，可以有效减少下部结构所受地震力，但对于这种类型的桥梁抗震设计的关键是怎样采用合理的梁体限位装置、设置足够的梁敦合理搭接长度使梁体位移控制在不发生落梁的范围内同时又不增加墩柱地震力。

② 在高烈度地震区尽可能采用整体性和规则性较好的桥梁结构体系，结构的布置力求几何尺寸、质量和刚度均匀、对称、规则，避免突变的出现；从几何线性上看，尽量选用直线桥梁。

③ 选择合理的连接形式对桥梁抗震性能十分重要。对于高墩桥梁，建议采用上部结构与下部结构有选择性的刚性连接（固结方式）；对于矮墩桥梁，上部结构和下部结构连接建议采用支座连接方式，并合理设置梁墩的搭接长度。

（二）墩柱、节点及桥台破坏

（1）破坏形式：此类破坏多发生在墩柱塑性铰处、墩柱与盖梁连接处，墩柱与系梁连接处，地震力作用下桥墩纵向受力筋被剪断，直接导致桥梁的倾覆。

（2）震害原因：①墩柱延性不足（抗弯破坏）：a. 横向约束箍筋配置不足；b. 构造缺陷：横向约束箍筋间距过大，搭接失效，纵筋过早切断，锚固长度不足；c. 箍筋端部没有弯钩等。②抗剪强度不足（剪切破坏）：横向箍筋配置不足。

（3）抗震设计有效措施：延性抗震设计：①结构延性定义：表示结构从屈服到破坏的后期变形能力，是结构能量耗散能力的主要度量。②延性抗震设计的分类：a. 上部、基础弹性，墩柱延性设计；b. 墩柱、基础弹性，上部结构延性（钢桥）；c. 墩柱、基础、上部结构弹性，支座弹缩性——减隔震设计。③墩柱结构构造措施墩柱潜在塑性铰区域内加密箍筋的配置：a. 加密区的长度：弯曲方向截面宽度的 1.0 倍，超过最大弯矩 80% 的范围；

b. 加密箍筋的最大间距：10cm 或 6ds 或 b/4；c. 箍筋的直径不应小于：10mm；d. 螺旋式箍筋的接头必须采用对接，矩形箍筋应有 135°的弯钩，并深入核心混凝土之内 6cm 以上；e. 加密区箍筋肢距：25cm；f. 墩柱的纵筋应尽可能延伸至盖梁或承台的另一侧面，塑性铰加密区域的箍筋应该延续到盖梁和承台内，延伸到盖梁和承台的距离不应小于墩柱长边尺寸的 1/2，并不小于 50cm。

（三）基础破坏、桩身破坏

（1）破坏形式及震害原因。桥位通过地震断裂破碎带，地震力作用下基础出现移位、沉降；桥位位于液化砂土地质中，基础出现不均匀沉降。

（2）抗震设计有效措施。基础尽可能建在岩石或坚硬冲积土上，软土和砂土易于放大结构的位移影响，且软土有震陷、饱和砂土有液化等地质地震灾害。

三、减隔震设计

地震力的作用是巨大的，我们在桥梁抗震设计中一般会采用两种途径去减轻桥梁震害：传统抗震设计和减隔震设计。传统抗震设计是增大构件断面及配筋致使结构刚度增大，达到减轻震害目的；而减隔震设计是采用柔性支承延长结构周期，减小结构地震反应；采用阻尼器装置耗散能量，限制结构位移；保证结构在正常使用荷载作用下具有足够的刚度，即俗称的以柔克刚。

减隔震技术随着科技的发展以及新材料的应用，越来越多地被应用在桥梁抗震设计中，但是只适用于以下条件：上部结构连续，下部结构刚度较大，结构基本振动周期比较短；桥梁下部结构高度变化不规则，刚度分配不均匀；场地条件比较好，预期地面运动特性具有较高的卓越频率。支座中出现负反力的情况下则不宜采用减隔震设计。

减隔震装置经常采用如下几种。整体型减隔震装置：铅芯橡胶支座、高阻尼橡胶支座、摩擦摆隔震支座；分离型减隔震装置：橡胶支座+金属阻尼器、橡胶支座+黏性材。

四、桥梁节点抗震解析

在桥梁结构中，节点构造形式与房屋框架结构中的节点相差较大，而且桥梁结构在横向地震作用下主要依靠墩柱的延性发生变形，而不是依靠盖梁的延性，因而不能套用房屋框架结构节点抗震设计。但是毫无疑问的是，桥梁节点部位属于能力保护构件，在地震作用下需要保持较高的强度和刚度。结合我国公路桥梁的特点，对影响极限强度的因素做了以下研究。

（一）桥梁节点受力特点

节点的受力机理受到多种因素的影响，包括：混凝土强度、钢筋屈服强度、核心区内箍筋的构造以及梁柱主筋的锚固状况等。在正常配筋的情况下，节点核心的受力过程，一般经历以下四个阶段。

（1）初裂：当加载使核心区出现第一条斜裂缝时，称为核心区初裂阶段。此时箍筋应力水平很低，节点可认为处于弹性工作阶段，节点剪力主要由混凝土承担。

（2）通裂：初裂后继续增加荷载，节点核心区中部陆续出现第二条、第三条斜裂缝，将核心区分割成若干小块，然后逐渐形成贯通节点核心对角线的主斜裂缝。通裂时节点内箍筋应力很快增加至屈服应力，节点进入弹塑性阶段，刚度明显降低。试验显示，通裂时的承载能力约为极限承载能力的80%左右。

(3) 极限：通裂后外荷载还可以继续增加，核心区裂缝宽度越来越宽，结构变形明显加大，核心区剪切变形成倍增长。混凝土保护层开始起壳、剥落。此时承载能力达到最大值，称为极限阶段。极限时节点内箍筋几乎全部屈服。

(4) 破损：虽然变形持续加大，但是节点承载能力开始降低，核心区混凝土大块剥落。破损时节点的承载能力约为极限时的80%~90%。

（二）加强节点强度

在地震作用下，希望塑性铰出现在梁端，这样就不会引起高层结构太大的侧向变形，避免了倒塌的后果。但是在桥梁结构中，如果梁端出现较大的转角，就会引起桥面系极大的破坏，甚至使桥梁结构完全丧失使用功能，这是人们所不愿看到的。因此在桥梁抗震设计中，一般选择塑性铰出现在桥墩中。由于桥梁结构都是单层或者双层，即使墩柱中出现塑性铰，在设计预期的地震作用下，只要墩柱的延性能力满足塑性铰转角的需求，都不会引起倒塌的后果。对于桥梁节点部位的抗震要求，则与建筑抗震规范一致。节点是连接桥墩和盖梁的传力构件，是保证整个结构良好工作的关键部位，属于能力保护构件，因此对其强度和刚度要求都较高。

在由桥墩和盖梁组成的框架结构中，在横向地震作用下，塑性铰可能出现在墩底截面、墩顶截面、节点、梁端截面。根据能力抗震设计思想，盖梁的极限强度一般要比桥墩截面大，如果盖梁中配有预应力筋，其极限强度会更大，因而一般不会称为结构的薄弱环节。在横向作用力增大的过程中，墩底截面弯矩最大，首先进入屈服状态。在墩底截面出现塑性铰以后，截面上的弯矩会保持平稳状态不再增长，而墩顶截面的弯矩会随框架变形的增加而持续增大，节点核心区域内的箍筋应力也会随之增加直至屈服。此时，节点区域的刚度出现退化，会削弱对墩顶截面的约束，甚至形成铰接约束，从而引起结构中的内力重分布，使结构侧向变形加速变大，对结构横向抗震性能是很不利的。节点核心区的箍筋如果在墩底截面的塑性铰出现以前就进入屈服，会削弱对墩顶截面的约束，甚至形成铰接约束，从而引起结构中的内力重分布，墩顶截面弯矩减小，墩底截面弯矩增大，使得墩底更快进入屈服状态，从而降低框架结构的横向抗震性能。

在不同的纵筋配筋率下，墩底截面总是首先进入屈服状态，梁端截面基本不屈服，在配筋率小于3%时，墩顶截面也会达到屈服，当配筋率超过3%时，墩顶截面并未达到屈服状态。这说明在不同的配筋率下，节点部位并不是保持相同的刚度。当节点部位出现刚度软化以后，对墩顶截面的约束减弱，从而导致墩顶截面弯矩减小。

节点区域的配箍率对结构的横向抗推极限承载能力影响并不大，这是因为计算中假定梁柱中延伸入节点区域的主筋和混凝土黏结良好，核心区混凝土所承受的剪力都能完全传递到主筋中去。这样梁柱的主筋就承担了节点核心区中的剪力，因而箍筋的作用体现不明显。事实上在混凝土开裂以后，随着裂缝的发展，主筋与混凝土之间的黏结恶化导致滑移的产生，混凝土中的剪力就不能完全传递到主筋，此时就需要依靠节点中的箍筋承担抗剪作用。如果箍筋配置过少，节点就无法将上部结构的惯性力传递到桥墩中去，节点核心区出现脆性剪切破坏，对结构抗震非常不利。节点核心区内的竖向箍筋始终应力很大，其主要原因，是因为靠近节点外侧承托附近的竖向箍筋，为了要平衡小斜压杆中的压力，内力很大，很容易就达到屈服，在设计中需要给予重视。节点核心区中配置适量的箍筋，除了能起到约束混凝土，提高混凝土强度的作用以外，在混凝土开裂后能箍筋直接参与受力，是保证节点裂缝不会充分开展，刚度不出现急剧退化的有效措施。

在桥梁结构中，如果桥墩和盖梁刚度比较接近，则在地震作用下，结构受到侧向赓性力作用，节点核心区箍筋受力很大，容易出现节点刚度退化。一方面会导致节点核心区混凝土剪切破坏，另一方面又会导致桥墩内力重分布，墩底截面弯矩加大，更快达到屈服状态，降低桥梁结构横桥向整体的抗震能力。而在盖梁和桥墩抗弯刚度相差较大时，在地震横桥向作用下，墩底和墩顶部位的塑性铰更容易形成，节点部位相对更加安全，符合能力抗震设计思想。

五、桥梁抗震的设计原则

合理的抗震设计，要求设计出来的结构在强度、刚度和延性等指标上有最佳的组合，使结构能够经济的实现抗震设防的目标。要达到这个要求，就需要设计工程师深入了解对结构地震反应有重要影响的基本因素，并具有丰富的经验和创造力，而不仅仅是按规范的规定执行。以下为抗震设计应尽可能遵循的一些基本原则，这些原则基于历次的桥梁震害教训和当前公认的理论认识。

（1）场地选择。除了根据地震危险性分析尽可能选择比较安全的厂址之外，还要考虑一个地区内的场地选择。选择的原则是：避免地震时可能发生地基失效的松软场地，选择坚硬场地。

（2）体系的整体性和规则性。桥梁的整体性要好，上部结构应尽可能是连续的。较好的整体性可防止结构构件及非结构构件在地震时被震散掉落，同时它也是结构发挥空间作用的基本条件。无论是在平面还是在立面上，结构的布置都要力求使几何尺寸、质量和刚度均匀、对称、规整，避免突然变化。

（3）提高结构和构件的强度和延性。桥梁结构的地震破坏源于地震动引起的结构振动，因此抗震设计要力图使从地基传入结构的振动能量为最小，并使结构具有适当的强度、刚度和延性，以防止不能容忍的破坏。在不增加重量、不改变刚度的前提下，提高总体强度和延性是两个有效的抗震途径。刚度的选择有助于控制结构变形；强度与延性则是决定结构抗震能力的两个重要参数。由于地震动可造成结构和构件周期反复变形，使其刚度与强度逐渐退化，因此，只重视强度而忽视延性绝对不是良好的抗震设计。

（4）能力设计原则。能力设计思想强调强度安全度差异，即在不同构件（延性构件和能力保护构件——不适宜发生非弹性变形的构件统称为能力保护构件）和不同破坏模式（延性破坏和脆性破坏模式）之间确立不同的强度安全度。通过强度安全度差异，确保结构在大地震下以延性形式反应，不发生脆性的破坏模式。在我国以前的建筑抗震设计中，普遍采用“强柱弱梁，强剪弱弯，强节点弱构件”的设计思想。

（5）多道抗震防线。应尽量使桥梁成为具有多道抵抗地震侧向力的体系，则在强地震动过程中，一道防线破坏后尚有第二道防线可以支撑结构，避免倒塌。因此，超静定结构优于同种类型的静定结构。但相对于建筑结构，桥梁在这方面可利用的余地通常并不大。

六、桥梁抗震设计注意事项

（1）尽量将桥轴线设计成直线，曲线桥使结构地震反应复杂化；尽可能使桥台和桥墩与轴线垂直，斜交会引起转动响应而增大位移。

（2）沿纵、横桥向的桥墩刚度尽可能一致，刚度变化太大，地震时刚性大的桥墩易产生破坏。

（3）塑性铰不应设计在盖梁、主梁、水中或地下的桩顶处，应设计在墩柱上，易于观察与修复。

（4）材料和结构形式的选择应遵循如下的原则：质轻高强；变形能力大；强度和刚度衰减小；结构整体性好。单从材料的抗震性能优劣来划分依次为：钢结构，钢混凝土组合结构，木结构，现浇钢筋混凝土，预制钢筋混凝土，预应力混凝土，砌体。

（5）设置多道抗震防线，尽可能用超静定结构，少采用静定结构。

（6）防止脆性与失稳破坏，增加结构延性。常见的脆性破坏：砖、石、素混凝土的开裂；钢筋混凝土的剪切破坏常见的失稳破坏：斜撑和柱的失稳；柱中纵向钢筋在箍筋不足时的压屈。

七、关于桥梁抗震设计的建议

（1）由于地震的不确定性，导致桥梁结构抗震计算的失真。地震运动是由震源—传播介质体—场地地质体一系列变化的因素综合形成，它是极为复杂的和不确定的模糊事件。桥梁结构的抗震计算严格来说是近似仿真计算，与实际的震害有一定的差距。抗震计算与抗震概念设计、结构体系的选择、抗震构造设计相比较，后三者更显重要。

（2）重视桥墩及其基础的延性设计。

（3）重视桥梁的减隔震设计，采用新技术新材料实现桥梁的抗震设计，比如减隔震支座：双曲面(球面)支座，铅芯橡胶支座，阻尼器等。

第七节　桥梁设计的作用及发展

优秀的工程源于透彻的前期研究和优秀的设计。工程项目前期的质量控制对整个工程质量是极其重要的一环。工程项目的质量目标和水平，通过设计得到具体化；施工图是施工的依据，设计工作的好坏，直接影响施工项目的功能、使用价值和结构安全。设计阶段的微小差错，就会给施工带来很大的麻烦，甚至出现质量事故。因此，要关注桥梁设计在整个工程中的重要作用。

一、我国桥梁作用及现状

我国幅员辽阔，大小山脉和湖泊纵横全国。作为交通枢纽工程的桥梁在建设四通八达的现代交通网，大力发展交通事业，对于发展国民经济，促进全国各族人民的团结，促进文化交流和巩固国防等方面都具有非常重要的作用。

改革开放以来，我国的桥梁建设事业迅猛发展，已建成了 22.4 万座公路桥梁，桥梁本身已经成为遍布城乡的一道风景线。另外，跨越大江、海峡的桥梁也相继修建，一般公路和高等级公路上的中桥、小桥、立交桥，形式多样，工程质量不断提高，为运输公路、铁路、高速公路等运输提供了安全、舒适的服务。

二、国内现行规范对桥梁设计的要求

国内现行规范对桥梁设计提出的要求是适用、经济、安全、美观，这些要求基本上包含了人们关心的所有重要问题。具体的设计过程按承载能力和正常使用两种极限状态来进行。设计的首要任务是选择经济合理的结构方案，其次是结构分析与构件和连接的设计，并取用规范规定的安全系数或可靠性指标以保证结构的安全性。

三、桥梁设计上存在的隐患

许多设计人员往往只满足于规范对结构强度计算上的安全度需要，而忽视从结构体系、结构构造、结构材料、结构维护、结构耐久性以及从设计、施工到使用全过程中经常出现的人为错误等方面去加强和保证结构的安全性。不少桥梁，虽然满足了设计规范的强度要求，但仅用了 5~10 年就因为耐久性出了问题影响结构安全。结构耐久性不足解决这一隐患已成为最现实的一个安全问题，设计时要从构造、材料等角度采取措施加强结构耐久性。

四、桥梁安全性、耐久性差的主要原因

（一）施工和管理水平低

国内外多座桥梁的突然破坏与倒塌，已使工程界对桥梁安全性问题倍加关注。一般的看法认为当前的工程事故主要是野蛮施工和管理腐败所导致。对于短期内发生的诸如突然破坏与倒塌，多是由于施工质量没有达到规范和设计要求，典型的问题包括材料强度不足和施工工艺不合格等；也有个别桥梁存在诸如偷工减料、以次充好等严重的管理问题，更是对桥梁安全造成致命的损害。而大量的桥梁在远没有达到预期使用寿命时，出现了影响正常使用的病害与劣化；特别是一些桥梁在只使用了几年、甚至刚建成不久就出现严重的耐久性不足的问题，这也与施工质量低下有重要关系，典型的问题有钢筋保护层不足及目前广泛存在于施工现场的严重的构件开裂问题（主要原因包括：水泥选用、混凝土配合比、振捣、养护不当及预应力施加不合理等）。这些施工上的缺陷虽然短期不会对桥梁的正常使用产生明显的影响，但却会对结构的长期耐久性产生非常不利的危害。

（二）设计理论和结构构造体系不够完善

在承认施工存在问题的同时，也不可否认，在桥梁设计领域，特别是关于桥梁施工和使用期安全性的问题还有许多可以改进的地方。结构设计的首要任务是选择经济合理的结构方案，其次是结构分析与构件和连接的设计，并取用规范规定的安全系数或可靠性指标以保证结构的安全性。许多设计人员往往只满足于规范对结构强度计算上的安全度需要，而忽视从结构体系、结构构造、结构材料、结构维护、结构耐久性以及从设计、施工到使

用全过程中经常出现的人为错误等方面去加强和保证结构的安全性。不同的环境和使用条件、不同的设计对象都会对结构体系提出不同的布局和构造等方面的要求。规范再详细也不能包罗本应由设计人员解决的各种问题、规范更新得再快也适应不了新认识、新技术、新材料快速发展对结构提出的各种新的要求。因此，合理可靠的结构设计除了满足规范的要求外，还要求设计人员具有对结构本性的正确认识、丰富的经验和准确的判断。

五、需要改进和努力的方向

（一）应该更加重视结构的耐久性问题

桥梁在建造和使用过程中，一定会受到环境、有害化学物质的侵蚀，并要承受车辆、风、地震、疲劳、超载、人为因素等外来作用，同时桥梁所采用材料的自身性能也会不断退化，从而导致结构各部分不同程度的损伤和劣化。在大跨桥梁领域，国内从 20 世纪 80 年代以来，修建了大量的斜拉桥，虽然迄今为止出现倒塌或严重损害的例子很少，但已经有多座桥梁因为拉索的耐久性问题而不得不提前换索，既影响了使用又增大了经济损失。

国外的桥梁设计有鉴于耐久性不足导致的严重损失，近年来十分重视提高结构物的耐久性并将其作为重要的设计原则，统一考虑合理的结构布局和构造细节，强调使结构易于检查、维修，以保证桥梁的安全使用、尽可能地减少维修费用，取得了较好的综合经济效益。实际上，国内外的研究和实践都表明，结构耐久性对于桥梁的安全运营和经济性起着决定性作用。

（二）重视对疲劳损伤的研究

桥梁结构所承受的车辆荷载和风荷载都是动荷载，会在结构内产生循环变化的应力，不但会引起结构的振动，还会引起结构的累积疲劳损伤。由于桥梁所采用的材料并非是均匀和连续的，实际上存在许多微小的缺陷，在循环荷载作用下，这些微缺陷会逐渐发展、合并形成损伤，并逐步在材料中形成宏观裂纹。如果宏观裂纹不得到有效控制，极有可能会引起材料、结构的脆性断裂。早期疲劳损伤往往不易被检测到，但其带来的后果往往是灾难性的。

（三）充分重视桥梁的超载问题

汽车超载主要有三种情况：其一是早期修建的老桥超龄负载运营；其二是桥梁通行的车流量超过原设计；另一种是车辆违规超载。前两种产生的原因主要是设计荷载的变化和交通量的增加；后者是车辆使用者违法超载营运，后两种超载现象在我国公路运输中较为普遍。桥梁的超载一方面可能引发疲劳问题。超载会使桥梁疲劳应力幅度加大、损伤加剧，甚至会出现一些超载引发的结构破坏事故。另一方面，由于超载造成的桥梁内部损伤不能恢复，将使得桥梁在正常荷载下的工作状态发生变化，从而可能危害桥梁的安全性和耐久性。

我们在桥梁工程设计中，桥梁存在的隐患是十分关键的，必须根据具体的桥梁做具体的工程设计，还应该注意桥梁在建造和使用过程中，一定会受到环境、有害化学物质的侵蚀，并要承受车辆、风、地震、疲劳、超载、人为因素等外来作用，同时桥梁所采用材料的自身性能也会不断退化，从而导致结构各部分不同程度的损伤和劣化。然而，影响结构耐久性的决定性因素是来自构造上(也即设计上)的缺陷却往往被人们忽视。所以，桥梁存在的隐患已成为迫切需要解决的问题，要积极借鉴成功的经验和做法，除了加强施工质量管理外，要从桥梁设计理念、结构体系和构造的角度做好防患设计。只有这样才能解决桥梁存在的隐患，保证桥的持久和耐用性。

第八节　桥梁施工组织管理

一、桥梁施工准备工作的任务和基本内容

桥梁施工准备工作的任务，主要是通过对桥梁工程项目的特点及其所处施工外部环境深入细致的了解，从技术、物资、人力和组织等方面为工程项目的施工创造一切必要的条件，对整个施工过程运筹帷幄，合理部署施工力量，选择最佳的施工方案，使工程的进度及质量满足合同要求，并取得较好的经济和社会效益。桥梁工程的施工准备工作按工作性质，可以分为技术准备、现场准备、物资准备、组织及后勤准备四个方面的工作。

二、桥梁施工的技术准备

(一) 技术经济调查

与投标时的技术经济调查相比较，施工前的技术经济调查，是为桥梁工程项目的正式展开和顺利施工创造良好的准备条件，从其深度和广度方面均比投标时的调查要求更高。通过调查研究，收集资料，可以编制切合实际、科学合理的桥梁工程的施工组织设计，保证工程顺利地进行施工。施工前的技术经济调查的具体内容如下：

(1) 施工地区的自然条件：①地形、地貌；②工程地质及水文；③气象条件。

(2) 施工地区技术经济条件：①交通运输状况；②水、电及其他能源供应条件；③地材供应情况；④地方相关企业情况；⑤施工地区的劳务供应和生活设施情况。

(3) 熟悉施工图及相关资料

① 施工图是否完全符合国家有关的技术政策、标准、规范和批准的设计文件精神；②施工图是否齐全、完整、清楚、明确，本身及相互有无错误和矛盾，有无含糊不清之处，有无修改设计方面的建议，图纸和说明书是否一致，能否满足施工的要求；③掌握施工图的设计内容及技术条件，明确桥梁工程项目的设计规模、结构形式、特点和质量要求等；④熟悉相关的水文、气象、地质、工程地质资料，检查地基处理和基础设计，了解设计中考虑采用的施工方法。

(二) 施工图审查

① 施工图自审；②施工图会审；③编写会议纪要；④施工单位的技术交底。

(三) 编制桥梁施工组织设计

桥梁工程的施工组织设计是指导一个桥梁工程进行施工的全过程中各项活动的技术、经济和组织的综合性文件，必须仔细研究工程项目的自身特点和外部环境，从施工的全局

和技术经济的角度，遵循施工工艺的要求，对桥梁施工整个过程的空间和时间进行科学的安排，合理组织协调各项物资的供应和消耗，将施工中各个部门及其他协作部门的工作、各施工阶段之间的关系更好地协调一致。施工组织设计是施工准备工作的中心内容，通过施工组织设计，在桥梁工程施工前，对整个施工过程进行统一部署、统筹安排，使桥梁工程项目的实际施工过程中，经济、技术等各方面得到良好的控制，使工程项目的施工得以顺利进行。

（四）编制桥梁施工预算

桥梁工程施工预算是施工准备的一项重要工作，是施工企业根据施工图纸和施工定额等资料编制的施工计划文件，用以控制各项消耗和施工中成本支出，并为施工中的计划及经济管理工作做好准备。施工项目管理部门可以通过施工预算，计算出工程的分部、分项的工程量和定额工料机用量，对工程的进度计划及所需各项物资数量进行总体上的安排，并据此对班组下达任务单，实行限额领料及基层经济核算，以加强对工程施工成本的管理。

三、桥梁施工的现场准备

点交桩志和施工测量，四通一平："四通一平"是通路、通水、通电、通讯、平整场地，临时设施的准备，桥梁工程施工所需的临时设施，一般包括临时生产设施和临时生活设施。

四、桥梁施工的物资准备

在桥梁的施工前要做好物资准备，以保证工程施工的连续性。工程施工所需要的物资包括大量的、种类繁多的原材料、成品、半成品、工具和规格型号复杂机械设备。物资准备的工作内容一般可以归为以下几类：

（1）物资准备：根据施工图、工程进度计划、施工预算及采用的施工方法，确定物资(机具、设备、各种材料、构件)的种类、数量、规格，并编制各种物资需要量计划；根据需要量计划编制物资的采购(包括租赁)、运输计划及方案，在运输计划中要进行运输量的计算、运输方式的选择、运力的确定等工作。

（2）特殊时期及项目施工的物资准备：特殊时期：对于冬季、雨季、风沙、台风、潮汐、高温以及农忙季节安排的施工项目，必须提出保证质量和安全的切实可行的技术、组织措施，并做好相应的施工物资准备工作。

五、桥梁施工组织及后勤准备

（一）建立桥梁施工组织管理机构

现场施工组织管理机构是指为完成工程项目施工任务而负责现场指挥、管理和协调工作的组织机构。一个工程项目的施工管理机构，不论部门、层次、岗位的设置，上下、左右关系的安排，都必须与项目的规模相适应，并力求提高管理的效能和效率。由于桥梁工程项目规模大，管理工作和技术业务很复杂，故一般实行分级管理，既保证集中统一领导，又能充分调动各级组织和全体施工人员的积极性。一般桥梁工程施工项目的组织管理机构可以分为三层：一是项目的决策层，掌握生产要素的调配权、劳动力的分配权；二是项目施工的具体管理层，即各类专业技术人员，主要对施工过程中的技术、质量、进度、经济等方面进行管理；三是劳务作业层，包括部分技术工人，以及担任具体的操作及劳务工作的人员。

（二）现场施工力量及后勤准备

确立健全现场组织管理机构，根据工程进度计划编制劳动力需要量计划，根据劳动力需要量计划并适当参照工程施工的实际情况，按计划分阶段安排行政、管理、技术人员和各种技工、普工进场；对职工进行计划、技术、安全生产的交底；对特殊工种和缺门工种的培训工作；施工班组要做好作业条件的施工准备工作；组织部分施工机械、设备进场。

六、桥梁施工组织设计

桥梁施工组织设计是以工程项目、单项工程或单位工程为对象编制的。编制时，要将整个工程项目分解为各单项工程，将各单项工程分解为单位工程，将单位工程分解为各分部工程，将分部工程分解为各分项工程并进一步分解为各道工序。施工组织设计就是把这许许多多道，工序定义用一定的技术作业链(工艺关系和组织关系)连接起来，合理确定完成各道工序所需的工料机及施工方法及顺序，使整个工程项目完成合同规定的质量、工期要求，并达到优质、低耗的最佳的技术经济效果。

（一）桥梁施工组织设计的编制原则

由于桥梁工程的施工所需要的各类人员、各种物资极为繁多，工程项目施工所处外部环境各不相同，工程施工过程中牵涉到的部门繁多，业务包罗万象，影响工程项目施工的因素十分广泛、复杂。为使工程项目的施工能够顺利进行，避免施工过程的盲目性和施工现场出现混乱现象；同时为了确保工程按合同规定的质量、工期完成，并达到较好的技术经济效益，必须在施工前对施工的全过程进行全面的谋划、组织和安排，做好工程施工的施工组织设计工作。编制桥梁的施工组织设计，必须体现桥梁施工过程的规律性和组织管理的科学性、技术的先进性，在具体的编制过程中要遵循以下原则：①合理协调时间与空间；②合理安排劳动力资源；③设备与工艺配套的优选原则；④协调供应与消耗的关系；⑤专业化分工与紧密协作相结合；⑥最佳技术经济决策。

（二）桥梁施工组织设计的内容

桥梁施工组织设计是为实现合同对工程项目工期、质量及投资的要求，而在施工准备阶段就对工程项目的全部施工过程预先进行的谋划与组织，其具体内容如下：

（1）确定开工前必须完成的各项准备工作。

（2）选择经济合理的施工方案，做好施工的准备和部署

（3）编制切实可行、逻辑关系严密的工程进度计划，确定施工速度。

（4）编制资源(包括劳力、材料、机具设备、资金等)需要量计划，制订相应的采购、运输计划。

（5）布置施工现场总平面图和重点项目的局部平面图。

（6）季节性施工的技术组织保证措施(如冬季、雨季、风沙、台风、潮汐、高原以及农忙季节的施工)，保证全年不间断施工；提出切实可行、技术先进、经济合理的施工技术措

施、组织措施、安全文明施工措施和质量组织保证措施，并对施工的环境保护与水土保持提出切实可行的保证措施。

(7) 合理组织工程项目的施工，并对施工方案进行技术经济评价。

(三) 施工组织设计的编制依据

桥梁工程项目的施工组织设计是在充分调查、仔细分析不同的桥梁工程和其所处的环境条件、施工条件等主客观因素的基础上编制的。不同的桥梁工程项目的施工组织设计的编制依据有共同的地方，也因具体情况的不同而存在显著的差异。其相同的编制依据的主要内容有：①国家的有关规定、规程和规范及上级的有关指示。②计划和设计文件包括已批准的计划任务书、初步设计、技术设计和施工图设计。③建设地区的技术经济资料，包括地形资料、工程地质资料、水文气象资料；地方相关企业、交通运输、资源供应情况等。④施工单位可能配备给该工程项目的人力、机械设备，当地可利用的施工企业的施工力量、技术水平和施工经验等。⑤其他的有关合同规定。

七、桥梁施工组织设计的分类

(一) 编制桥梁施工组织设计根据项目本身的规模、特点和工程项目的不同实施阶段，可以划分为不同的类型，一般有以下几种划分方式。

(1) 按工程项目的规模、特点划分：桥梁施工组织总设计，单位工程施工组织设计，分部、分项工程施工方案或技术措施。

(2) 按工程项目实施阶段划分：规划性施工组织设计，指导性施工组织设计，实施性桥梁施工组织设计。

(二) 实施性桥梁施工组织设计的主要内容有：

(1) 由于实施性施工组织设计是基层单位用来直接指挥施工的计划，必须根据工程规模和实际需要，编制出具体详细、可操作的、所需单位时间的施工进度计划。

(2) 根据施工进度计划，具体计划出劳力、机具、材料等单位时间的需要量，并规定班组及机械在作业过程中的移动路线及日程。

(3) 结合具体情况，确定具体的施工方法及其工序、劳动组织及机具配备。

(4) 编制计划时要有调剂的余地。桥梁工程施工所处的环境复杂，影响工程计划的因素繁多，在编制计划时，对此应有充分的考虑，对计划的安排留有调剂的余地，以减小或消除这些影响，尽可能地保证整个计划的正常进行。

八、桥梁施工组织设计的编制

这里介绍的是用来指导桥梁施工的指导性施工组织设计和单位工程施工组织设计，二者的内容和编制方法相同，其他类型的施工组织设计一般是在此基础上的进一步简化或深化。分别有编制依据和工程概况，工程概况又包括工程项目特点，技术经济条件。

确定桥梁施工方案制订战略部署：编制桥梁施工组织设计首先是选择和制订桥梁施工方案，桥梁施工方案是桥梁施工组织设计的核心，也在很大程度上决定了施工组织设计本身水平的高低，并直接关系到工程的成本、工期和施工质量。确定桥梁工程的施工方案，首先要切实可行，其次要做到技术先进、施工安全、经济合理。如果有多个可选择的施工方案，则应通过对不同的施工方案进行的技术经济分析，选择技术经济效益好的施工方案，以提高工程的投资效益。桥梁施工方案的内容包括：施工流向及顺序的确定、施工方法、施工机械的选择、施工段组织和流水作业的安排，施工力量的部署等。

1. 确定桥梁施工流向及顺序

首先确定桥梁施工流向，之后确定桥梁施工顺序。

2. 选择施工方法

桥梁工程项目的施工方法是根据桥梁施工方案的基本要求，为桥梁各分部、分项工程在具体施工条件下拟订的战术措施，对工程的实施具有决定作用，是施工方案的核心内容。桥梁工程的各分部、分项工程可以采用多种不同的施工方法，使用多种不同的施工机械进行施工。每一种方法都适用一定条件，具有其各自的优缺点，完成同一工程项目需要的工期和成本均不相同。

3. 桥梁施工机械的选择

桥梁工程的建设施工需要消耗巨大的社会劳动，在大型桥梁施工中，大量的运输装卸工程量、大型钢筋混凝土和钢构件的预制和安装等繁重的施工过程，必须采用机械化的施工，才能有利于改善劳动条件、减轻劳动强度、提高劳动生产率，体现社会生产力的不断发展和文明程度的提高。现代的桥梁工程施工中，随着科技的进步，机械化程度越来越高，机械化施工已经成为现代化施工的重要标志，施工中采用的机械设备的数量、种类、型号也越来越多。施工机械的选择，也成为桥梁施工方法选择的中心环节，是制订桥梁施工方案时需要解决的又一重要问题。

4. 尽量组织平行、流水作业，缩短工期

流水作业是一种科学的施工组织和管理方法。对于规模大的桥梁工程，一般都尽可能采用流水作业法。流水作业法是现代化施工的先进作业方法，它是建立在专业化、紧密协作和大批量生产的基础之上，工人重复工作、技术熟练；工作效率高、质量有保证；施工安全可靠，施工现场有条不紊，呈现出连续、均衡、有节奏的施工；资料需要量连续、均衡，产品完成有节奏，消除了顺序施工中时断时续、平行施工中过分集中的现象；工作面得到充分、合理的利用，工人连续施工，无窝工、窝机现象，工作效率较高。

5. 施工方案的技术经济分析

施工方案的分析有定性及定量分析及综合指标分析法①定性分析法是结合施工实际经验，对多个施工方案的优点、缺点进行分析、比较，如施工操作上的难易程度及可靠性；方案可否为后续工序提供有利条件，能否体现文明施工等。②定量分析法是通过对各方案工期、成本、效益等一系列单个技术经济指标进行计算对比，从而确定最优施工方案。

6. 施工力量布置

施工力量布置是进一步完善施工方案的战略举措，是为实现桥梁工程施工目标所做的具体安排。通过施工力量的布置，为估算施工速度和进一步制订工程进度计划、资源需要量计划、物资的采购和运输计划、施工总平面图的设计等提供了物质条件。施工力量的布置与施工速度估算是反复比较进行的，要满足合同规定的工期指标或上级的指令工期。

第五章

梁桥的横隔梁设计

第一节　横隔梁的可变作用计算

梁式桥中，箱形截面为常见的一种，为了保证箱梁的横向刚度，箱梁的腹板之间要设横向连接，横向连接通常在梁端或连续梁中支点截面处，当在墩台截面时称为横隔梁，在墩台截面以外其他截面时称为横隔板。横隔梁的厚度一般为1.0~2.5m，横隔板的厚度一般为0.3~0.6m。横隔梁按其下部墩台有无盖梁分为两种，一种为墩台有盖梁，横隔梁受力通过支座先传给墩台盖梁，再由盖梁传给立柱基础；一种为墩台无盖梁，立柱通过支座直接支撑在横隔梁上，横隔梁既是箱梁的横梁，又是墩台的盖梁。前者主要应用于桥下空间不受限制的地区，桥墩立柱可以设置为多柱，横隔梁内力计算的理论和方法比较成熟，本文不做讨论。后一种为无盖梁横隔梁，主要应用于城市道路高架桥，桥墩立柱设置必须考虑桥下车道，不能设置太多，一般2~4柱，高架桥下要通行车辆，不设盖梁可以降低桥高，使结构物轻巧，既增加桥下有效空间，又改善车道的通视性。

（一）计算模式

（1）把横隔梁截出来作为脱离体，横向宽度按经验取横隔梁厚度以外向两侧各6倍箱梁顶板厚度，作为受力分析的对象。

（2）将横隔梁看作支承在立柱支座上的简支梁（两柱）或连续梁（多柱）（如图5-1所示）。

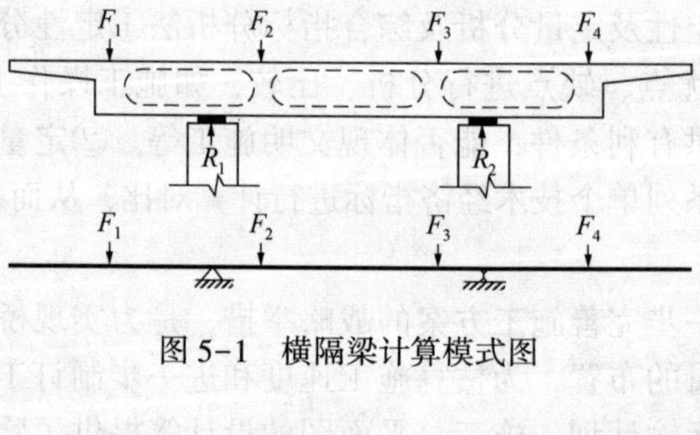

图5-1　横隔梁计算模式图

（二）受力分析

墩台受到的竖向力，是通过箱梁的腹板传来的，如果把横隔梁（连同前后各一部分上下底板）截取出来作为脱离体，作用在脱离体的每个腹板上的竖向力（它来自每个腹板前后截面上的剪力)之和应与墩台对它的竖向反力相平衡，即：

$$\sum_{F_i} = \sum_{R_i}$$

无论恒载、活载都应该满足这个平衡条件。

(1) 由腹板传到横梁的恒载分配对于恒载来说，整个桥的分布是均匀的，如果箱梁的各腹板间距相等，各个腹板承受的竖向力虽然可能不完全相等，但其分布一定是均匀的，因此，可以考虑把横隔梁所受的恒载竖向力均分于各个腹板，这样假定虽然有一些误差，但是对于设计计算来说是在允许范围之内。

(2) 由腹板传到横梁的活载分配桥上作用汽车荷载时，汽车荷载通过桥面板传到腹板，再通过腹板传到横隔梁。当横隔梁处支座的活载反力最大时，汽车活载一定在所计算横隔梁的附近，且汽车活载此时在桥梁的纵向布置一定是使横隔梁受到竖向力最大时的汽车活载最不利位置，因此活载反力最大值等于作用在横隔梁上的车列活载竖向力之和。汽车荷载传到横隔梁腹板位置处的竖向力同样满足相关计算条件。但是汽车荷载传到各个腹板上的竖向力怎样分配比较复杂。

(三) 案例分析

已知：4×30m 直线连续箱梁，桥面宽度 19m，横截面为一箱三室，腹板间距 4.0m，翼缘悬臂长度 3.5m，中横隔梁厚度 2.0m，下部结构为双柱，无盖梁及系梁，双柱间距 7.7m，设计荷载：城-A。

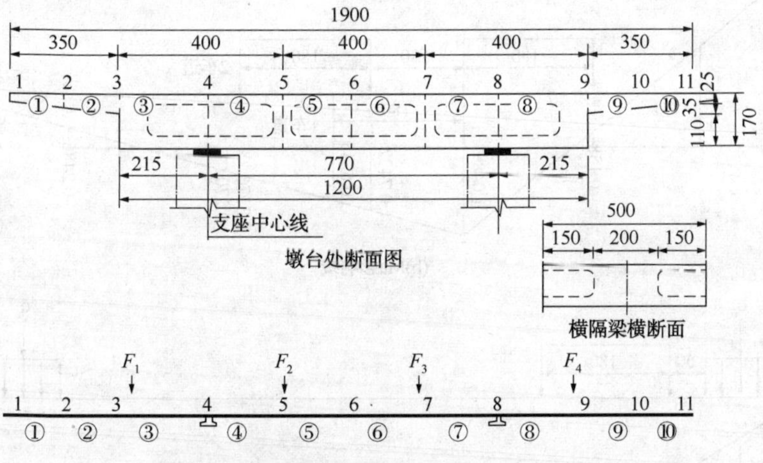

图 5-2　横隔梁恒载计算简图(单位：cm)

通过箱梁纵向分析计算已经求得中横隔梁的竖向恒载支座反力 $F_{井}=13870\text{kN}$，竖向活载支座反力 $F_{井}=1328\text{kN}$(单列车)，要求对横隔梁进行结构内力计算(本例仅计算弯距)。

(1) 计算模式及单元划分：把横隔梁看作支承在墩柱上的简支梁，并对其划分单元。

(2) 作用在横隔梁每一个腹板位置处的竖向恒载：由桥面板传到腹板上的恒载：边腹板小，中腹板大。现假定中腹板是边腹板的 1.2 倍。

$$F_1 = F_4 = 13870/4.4 = 3152\text{kN}$$

$$F_2 = F_3 = 3152 \times 1.2 = 3782\text{kN}$$

（3）作用在横隔梁上的汽车荷载：桥面横向最多可布四列车，对横隔梁产生最不利荷载效应的横向布载方式有两种可能，即：两列车居中、两列车靠边。

第二节 跨中横隔梁的作用效应影响线计算

一般横隔梁弯矩在靠近桥中线的截面较大，而剪力则在靠近两侧边缘处的截面较大。因此在跨中横梁取 AA(2，3 号梁的中点)，BB(靠近 3 号主梁)两个截面计算横梁的弯矩；取 1 号主梁右侧的 CC-截面和 2 号主梁右侧 DD-截面计算剪力。采用修正的刚性横梁法计算横梁的作用效应，首先作出相应作用效应的影响线如图 5-3 所示。

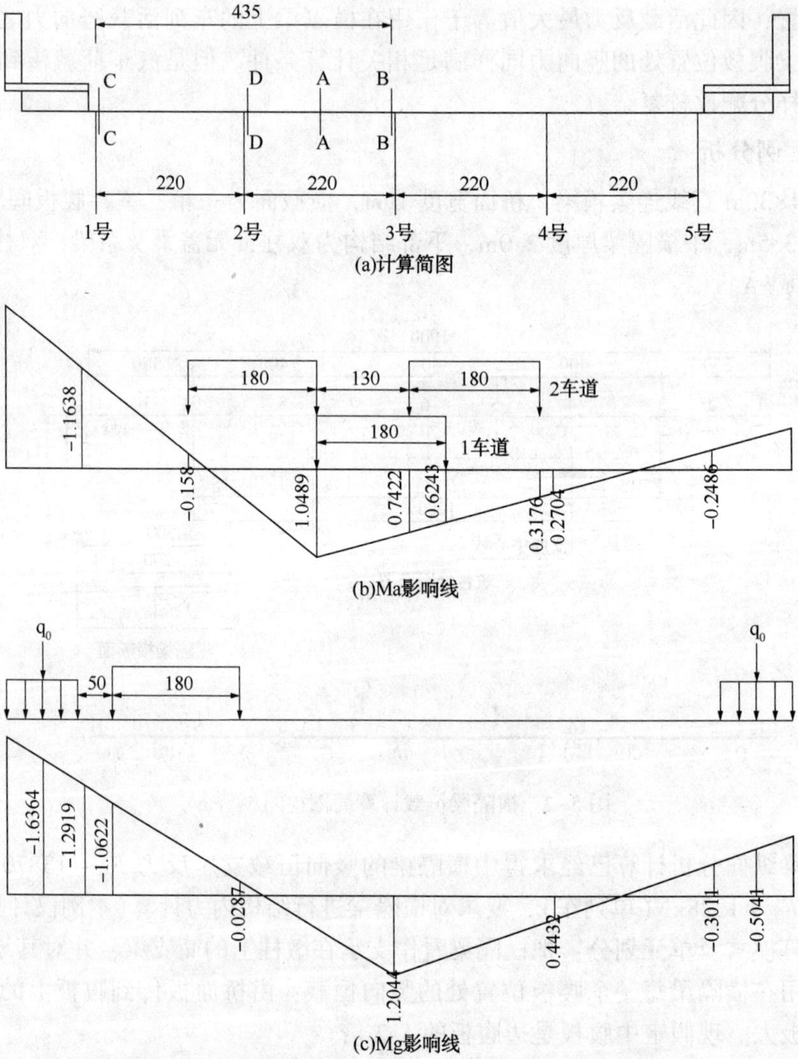

图 5-3 跨中横隔梁作用效应影响线图式(尺寸单位：cm)

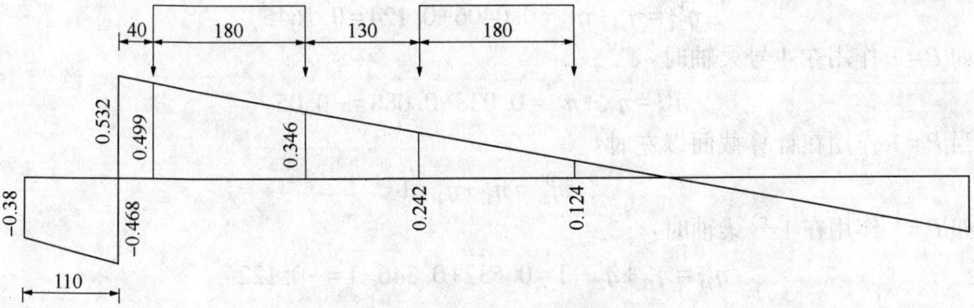

(d)1号梁右侧截面剪力影响线

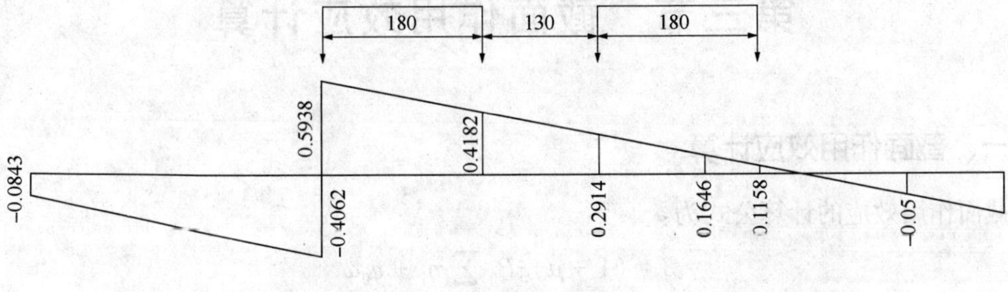

(e)2号梁右侧截面剪力影响线

图 5-3　跨中横隔梁作用效应影响线图式(尺寸单位：cm)(续)

一、弯矩影响线

在桥跨中，当单位荷载 $P=1$ 作用在 j 号梁轴上时，i 号梁轴所受的作用为竖向力 n(考虑主梁抗扭)。于是由平衡条件就可以写出 A 截面的弯矩计算公式：

当 $P_{井}=1$ 作用在截面 A—A 的左侧时：

$$M_{A,j}=\eta_{1j}b_{1A}+\eta_{2j}b_{2A}-1\times e_A=\eta_{A,j}$$

$$\eta_{A,j}=\eta_{1j}b_{1A}+\eta_{2j}b_{2A}-e_A$$

式中，b_{iA}为 j 号梁轴到 A—A 截面的距离；E_a为单位荷载 $P=1$ 作用位置到 A-A 截面的距离。

当 $P_{井}=1$ 作用在截面 A—A 的右侧时，同理可得：

$$\eta_{A,j}=\eta_{1j}b_{1A}+\eta_{2j}b_{2A}$$

二、剪力影响线

1 号主梁右截面的剪力 $V_1^{右}$ 影响线计算

当 $P=1$ 作用在计算截面以右时：

$$\eta_{1i}^{V_1}=\eta_{1i}-1$$

2 号主梁右截面的剪力 $V_2^{右}$ 影响线计算：

当 $P=1$ 作用在计算截面以右时：

$$\eta_{2i}^{V_2}=\eta_{1i}+\eta_{2i}$$

如 $P=1$ 作用在 4 号梁轴时：

$$\eta_{24}^{V_2}=\eta_{14}+\eta_{24}=0.0406+0.124=0.1646$$

如 $P=1$ 作用在 4 号梁轴时：

$$\eta_{25}^{V_2}=\eta_{15}+\eta_{25}=0.038-0.088=-0.05$$

当 $P=1$ 作用在计算截面以左时：

$$\eta_{2i}^{V_2}=\eta_{1i}+\eta_{2i}-1$$

如 $P=1$ 作用在 1 号梁轴时：

$$\eta_{21}^{V_2}=\eta_{11}+\eta_{21}-1=0.532+0.346-1=-0.122$$

第三节 截面作用效应计算

一、截面作用效应计算

截面作用效应的计算公式为：

$$S=(1+\mu)\xi P_0\sum\eta_i+q_0\omega$$

式中，μ 为横梁冲击系数，取为 0.3，则 $1+\mu=1.3$；ξ 为车道折减系数，两车道为 1.0；P_0为汽车对于跨中横梁的计算荷载；q_0为人群对于跨中横梁的计算荷载；η_i为与计算荷载 P_0相对应的横梁作用效应影响线的竖向坐标值；Ω 为人群荷载相对应的影响线面积。

二、横隔梁截面配筋与验算

（一）正弯矩配筋

把铺装层折算 5cm 计入截面，则横梁高度为 1250mm，横梁翼缘板有效宽度为计算跨径的 1/3：$\frac{8800}{3}\text{mm}=2933\text{mm}$

相邻两横梁的平均间距：5540mm

$$b=12h'_f=[20+12\times(25+2)]\text{mm}=3800\text{mm}$$

式中，h'_f 为受压区翼缘悬出板的平均厚度，含 5cm 铺装层厚度。

横隔梁翼缘板有效宽度应取上述三者中的较小值，即 $b'_f=2933\text{mm}$。

设 $a_s=50\text{mm}$，则横隔梁的有效宽度 $h_0=h-a_s=(1250-50)\text{mm}=1200\text{mm}$

假设中性轴位于上翼缘板内，则：$\gamma_0M_{d,A\max}=f_cb'_fx\left(h_0-\frac{x}{2}\right)$，即：$1.0\times434.163\times10^6=23.1\times2933x\left(1200-\frac{x}{2}\right)$

整理得：$x^2-2400x+12816.19=0$

$x=5.35\text{mm}<h'_f=250\text{mm}$，故假设正确。

由 $f_sA_s=f_cb'_fx$ 可得 $A_s=\frac{f_cb'_fx}{f_s}=\frac{23.1\times2933\times5.35}{300}=1208\text{mm}^2$

选用 $4\Phi20HRB335$ 钢筋，$A_s=1256\text{mm}^2$，钢筋布置如图 5-4 所示。

此时 $a_s=(40+22.7)\text{mm}=62.7\text{mm}$，则

$$x=\frac{f_sA_s}{f_cb'_f}=\frac{300\times1256}{23.1\times2933}=5.56\text{mm}$$

$$h_0=h-a_s=(1250-62.7)\text{mm}=1187.3\text{mm}$$

而 $x=5.56\text{mm}<x_b=\xi_bh_0=0.56\times1187.3\text{mm}=664.9\text{mm}$

故不是超筋梁。

又 $\rho=\frac{A_s}{bh_0}=\frac{1256}{200\times1187.3}=0.53\%>\left\{0.2\%,\ 0.45\frac{f_t}{f_y}=0.45\times\frac{1.89}{300}=0.28\%\right\}_{max}$

故不是少筋梁，满足规范要求。

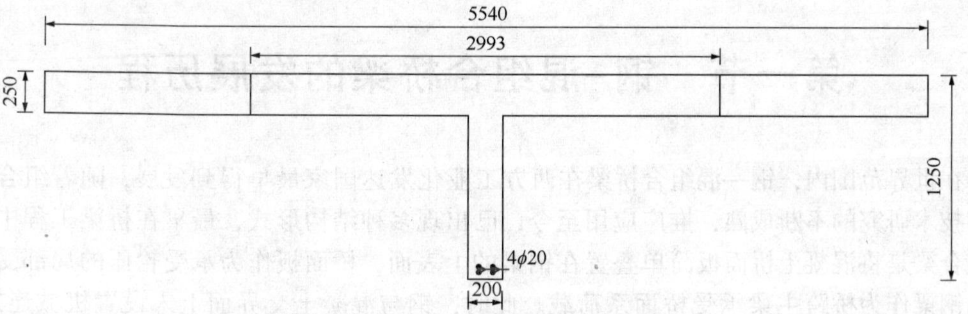

图 5-4　正弯矩配筋及计算截面（尺寸单位：mm）

（二）验算截面抗弯承载力

$$\gamma_0M_d=f_cb'_fx\left(h_0-\frac{x}{2}\right)$$

$$=23.1\times2933\times5.56\times\left(1187.3\times\frac{5.56}{2}\right)$$

$$=446.21\text{kN}\cdot\text{m}>M_{A,max}=434.163\text{kN}\cdot\text{m}$$

从主梁和横隔梁的截面尺寸拟定到内力计算与组合，从主梁和横隔梁的截面配筋到截面验算，从理论计算到最终结构施工图的绘制，这一系列的成果形成一个有机的整体充分融合了简支 T 型桥梁设计的思想和方法。在依照现行《公路钢筋混凝土及预应力混凝土桥涵设计规范》（JTG 3362—2018）和《公路桥涵设计通用规范》（JTG D60—2015）进行设计的前提下，其内力计算采用了极限状态法，主梁荷载横向分布系数计算采用比拟正交异性板法（G-M 法）及杠杆原理法，横隔梁荷载横向分布系数采用修正的偏心受压法，结构配筋及验算依据现行的《混凝土结构设计规范》（GB 50010—2010）进行计算。

第六章

装配式钢-混组合箱梁桥的构造与标准跨设计

第一节　钢-混组合桥梁的发展历程

在世界范围内，钢—混组合桥梁在西方工业化发达国家最早得到发展，随着组合梁理论和技术研究的不断成熟，推广应用至今，已出现多种结构形式，最早在桥梁工程中应用的组合梁是将混凝土桥面板简单叠置在钢梁的上表面，桥面板作为承受轮压的局部受力构件，钢梁作为桥跨主梁承受桥面系荷载。此时，钢与混凝土交界面上未设置机械连接件。随着组合梁的应用和发展，组合梁桥面板也出现多种形式。常用形式主要包括：在钢梁上现浇混凝土面板的结构，通过钢梁上翼缘满布栓钉传递剪力，但由于混凝土的早期收缩，容易引起桥面板开裂。

预制—现浇叠层桥面板结构，施工现场仍存在较多的混凝土浇筑作业。全高预制混凝土桥面板形式，将钢梁与预制桥面板通过预留的剪力槽孔进行连接。此时，预制桥面板与钢梁叠合受力。该组合结构形式可以减少施工现场的模板及混凝土浇筑作业，大大缩短了桥梁建设时间，充分展现出桥梁工业化技术的突出优势。

随着机械化水平的提高、新材料及新型管理模式的研究和利用，全高预制混凝土桥面板组合结构体系以其快速施工并保障结构质量，尤其受到美国桥梁界的广泛推崇。2004 年，美国俄亥俄州 I-75 公路 WestSandusky 桥的桥面板更换工程，为了减小对交通的干扰，采用全高预制混凝土桥面板组合梁结构体系，桥跨长 170ft，桥面宽 41ft。横向布置 4 片钢板梁，预制板上剪力件槽孔间距为 2ft。为了防止混凝土板在吊装过程开裂，设置了横向预应力，并通过纵向预应力增强桥面板的纵向连接强度向。

2004 年，韩国首尔周边城镇进行了交通扩建工程，为减小施工对环境的不利影响，建造 1560m 引桥时，采用钢—全高预制混凝土桥面板组合结构桥梁。板梁组合构造采用簇钉群剪力连接件，栓钉直径 25mm，并采用抗压强度 50MPa 的无收缩水泥砂浆填充剪力槽孔。

2007 年，美国威斯康星 I-90 州际公路 Door Creek 桥采用全高预制混凝土桥面板进行改建，该桥桥面宽 18. 6m，首次采用了纵向板缝设计。并通过模型试验研究，将预制板剪力件槽孔间距放大到 1. 2m 满足桥梁的受力要求 14。全高预制桥面板技术的使用大大加快了桥梁建造速度，减小对交通的干扰，实现了较大的社会效益。

2010 年，Vic H. Perry 等对板缝浇筑材料进行了研究，利用高性能混凝土作为板缝浇筑材料，可以使预制板具有较好的整体性能。

全高预制混凝土桥面板在美国新建和改建桥梁中有着大量应用，相比之下国内的应用还处于起步阶段，随着我国工业化水平的提高以及劳动力成本的上升，全高预制混凝土板组合梁结构体系逐渐被工程界认可，并开始在实际工程中有所应用。在建的港珠澳大桥浅水区非通航孔桥采用 85m 连续组合钢箱梁。主梁为单箱单室分幅组合梁，梁高 4. 3m。组合梁下部为开口钢箱梁，上部为 19 块全高预制混凝土桥面板，通过簇钉群剪力件和预应力束组合起来，簇钉群中心间距为 1m。

江苏常州平陵大桥采用了预制混凝土桥面板组合梁体系，该桥为 71m+110m+71m 三跨连续钢—混凝土组合箱形梁，左右分幅，桥宽 33. 5m。主梁由预应力混凝土桥面板与槽形钢梁组合而成，每幅为双箱单室结构，单幅预应力混凝土桥面板宽 16. 75m。每个钉群有(纵向×横向)4×5 = 20 根中 22×200 栓钉，槽孔内栓钉间距 110mm×80mm，簇钉群中心间距 1m。

全高预制混凝土桥面板是美国快速桥梁施工中的主要结构体系，尤其在中小跨度桥梁的改建和桥面板更换中得到广泛应用，支撑梁多以工字型钢主梁和混凝土主梁，随着我国机械化水平的提高，预制混凝土板组合结构体系在我国逐步得到重视，并开展了相关的研究与应用，目前全高预制混凝土桥面板在我国的应用主要集中在大跨桥梁建设中，中小跨度桥梁的研究较少。

为促进全高预制混凝土板组合结构体系的推广应用，自 2000 年以来，国内外研究者开始进行了全高预制混凝土板组合结构的试验研究和理论探讨。

2001 年，韩国首尔国立大学 Hyung-Keun Ryu，Chang-Su Shim 和 Sung Pil Chang 通过推出试验对全高式预制混凝土桥面板组合梁的剪力连接件受力性能进行研究，推出试件制作采用预制混凝土板后浇剪力槽孔进行连接，变化槽孔内栓钉直径和后浇材料，考察剪力连接件的强度、刚度和荷载滑移特性，研究表明，预制混凝土板内的栓钉剪力件变形大于现浇混凝土板内栓钉变形。在此基础上，制作跨径 8m 的简支足尺试验梁进行疲劳试验研究，研究剪力连接件的受力性能及其对组合梁的抗弯承载力影响。试验结果发现疲劳荷载引起的残余滑移使组合梁剪跨区段内剪力连接件产生应力重分布，可假定连接件是以均匀剪切破坏，剪跨区段内的剪力连接件可以均匀布置。

2004 年，韩国首尔国立大学 Hyung-Keun Ryu，Chang-Su Shim 等对预制混凝土板组合钢箱梁进行了试验研究，试验梁为 2×10m 的两跨连续组合梁，采用预制混凝土板进行拼装，并在混凝土板内施加纵向预应力。研究表明，纵向预应力可以有效抑制疲劳荷载的作用，阻止混凝土板沿板缝处开裂。

2007 年，美国 Mohsen A. Issa，Ralph Anderson，Thomas Domagalski 等人开展了钢-全高预制混凝土桥面板组合连续梁桥的足尺模型试验，试验梁为 2×12. 5m 两跨连续梁，桥宽 5. 5m，横向布置三片钢梁，通过剪力槽孔和簇钉群剪力连接件与全高预制混凝土桥面板连接起来，全高预制混凝土桥面板组合试验梁加载布置现场。试验模拟全高预制混凝土桥面板桥梁体系施工过程，包括桥面板预制组拼、浇筑横向板缝、张拉纵向预应力、浇筑剪力槽孔等。研究表明该桥梁体系具备实用性和可施工性，纵向预应力作用下负弯矩区横向板缝未发生开裂现象。

2007 年，美国弗吉尼亚州立大学通过试验研究全高式预制桥面板的可施工性能，分析了桥面板混凝土收缩、徐变特性，横向接头强度以及疲劳性能等。同年，威斯康星大学麦迪逊分校通过试验和理论分析了全高式预制桥面板的失效模式和抗疲劳性能，并进行了一系列预制桥面板试验，分析其受力性能。

2009 年，美国犹他州立大学联合犹他州交通运输部对该桥梁体系的试验，研究了预制全高式桥面板的弯曲和剪切性能，分析桥面板横向连接处的开裂机理，同时利用有限元模拟分析了板间横向连接的受力过程并与试验结果进行对比，认为板间横向连接使用弯曲螺栓是一种较好的方式。

2010 年，美国 Sameh S. Badie，Amgad F. Morgan Girgis 等通过美国 NCHRP12-65 项目开展的扩大簇钉间距的研究，将现有规范规定的栓钉间距 2ft，扩大到 4ft，并对簇钉群剪力连接件的抗剪承载力和疲劳性能进行推出试验研究，研究表明：簇钉周围箍筋可有效防止槽孔内部开裂，提高簇钉剪力连接件的极限承载力。

2011 年，美国 Sameh S. Badie，Amgad F. MorganGirgis 等通过足尺梁模型的疲劳和承载力试验研究放大簇钉间距的可行性 1，试验梁采用工字型钢梁和预制混凝土板组合桥梁，试验梁 1 槽孔间距为 600mm，试验梁 2 槽孔间距为 1200mm，在试验梁左右两侧槽孔位置分别设置闭合箍筋和钢盒。试验结果研究表明，将剪力槽孔放大到 1200mm，可以保证混凝土板和钢梁的组合效应，剪力槽孔设置闭合箍筋或钢盒都能满足槽孔局部受力要求，其中闭合箍筋设置应靠近栓钉根部。

近年来，钢—混凝土组合梁桥在我国发展迅速，桥梁跨度越来越大，应用范围越来越广，理论研究也取得了许多重要成果。

2007 年，同济大学吴冲、廖崇庆等人通过 2 组 7 个推出试验，模拟了群钉连接件的施工工艺，得到了群钉连接件的力学性能指标，并分析比较了群钉连接件与普通设置的栓钉连接件的受力性能。2010 年，中南大学的叶梅新等以芜湖长江大桥为工程背景，进行 5 组群钉试验来探究群钉连接件中栓钉承载力的折减情况和不同加载方法对群钉承载力的影响，通过有限元分析发现群钉试件中栓钉剪力分布不均匀，上下方向按马鞍形分布，两边大于中间；左右方向也呈马鞍形，中间大于两边。群钉剪力件中各根栓钉受力的不均匀程度不仅与栓钉个数、栓钉排列有关，还与荷载分布、荷载大小有关。荷载分布较均匀时，栓钉受力也较均匀，越接近于极限荷载，栓钉受力越趋于平均。群钉试件的每根栓钉的抗剪极限承载力与普通单钉抗剪极限承载力相比，有 5%~18%的下降。

2011 年，重庆交通大学开展了装配式钢箱预应力混凝土组合连续刚构桥的试验和理论研究，根据装配式钢箱预应力混凝土连续刚构桥的施工和结构特点，探讨了剪力键的选型，具体构造了剪力键的结构形式，设计推出试验，研究剪力键的传力机制及结构性能等。

2012 年，武汉理工大学毛玉东等，进行了港珠澳大桥组合连续箱梁模型试验研究，按照相似理论以应力相似为指标，选取横截面缩尺比例为 1∶5，纵向缩尺比例为 1∶10，设计制作了 2×8.5m 两跨组合连续箱梁试验模型，模拟了港珠澳大桥组合连续箱梁大节段整孔吊装、简支变连续体系转换、中支点顶升与回落、中支点纵向预应力张拉等施工过程，并对试验模型按照运营荷载的 25%、50%、75%、100%、125%、150%进行加载试验。

2012 年，同济大学针的苏庆田，杨国涛，吴冲等对钢～混凝土连续组合梁负弯矩混凝土开裂问题提出了预制预应力混凝土板组合梁结构形式。为了对比和分析预制预应力混凝土板连续组合梁与常规连续组合梁力学性能的异同，进行了 2 根连续组合箱梁的静力试验。测试了在不同荷载作用下组合梁的变形、不同截面上构件的应变分布、混凝土的裂缝、钢与混凝土之间的相对滑移以及极限承载力等。由试验测试结果可得预制预应力混凝土板连续组合箱梁的初始开裂荷载和正常使用状态的极限荷载分别是普通连续组合梁的 3.16 倍和 2.61 倍。通过计算分析得到在相同预应力情况下的预制预应力混凝土板连续组合梁的开裂弯矩是常规预应力组合梁的 1.54 倍。

第二节　公路桥梁装配式钢-混组合箱梁桥基本设计参数

为了适应快速施工，保证力学性能，研究了新型装配式钢混箱梁桥的合理结构体系和结构，提出了跨径为 20～35m 的简支梁桥。单层桥面宽度的设计标准为两车道或三车道。新型预制钢～混合组合箱梁桥采用束钉组剪力板将开口钢箱梁与高预制混凝土桥连接在一起，桥梁结构体系主要包括整体高预制混凝土板、钢箱梁桥和簇式剪力连接件，各部分的基本设计参数如表 6-1 所示，并总结了该体系桥梁的施工方法。

表 6-1　新型装配式钢温组合箱梁桥设计基本参数

部　　件	参　　数
预制桥面板构造	桥面板划分、板厚、桥面板配筋、纵向板缝、横向板缝、桥面板纵向预应力
钢箱梁构造	梁高(高跨比)、主梁间距、横向联结系、横隔板和横撑
剪力连接件构造	剪力槽孔间距、剪力槽孔加强构造、栓钉选择、槽孔后浇材料
施工方法	施工步骤、施工阶段临时措施

一、全高预制混凝土桥面

(一) 桥面板划分

全高预制混凝土桥面板的划分主要考虑以下几点：

1. 保证桥面在吊装过程中的稳定性，保证桥面在混凝土自重作用下的应力不超过极限；

2. 运输尺寸、运输重量和运输设备的规定；

3. 考虑预制场和桥梁施工现场的起重能力。跨桥面划分：当桥面宽度不超过 12m(两车道)时，可根据桥面宽度或沿横向将桥面分为两块板进行预制；当桥面宽度大于 12m(多车道)时，应沿横向分割和预制桥面。桥面由多块预制桥面板组成，可有效防止单板受力，提高桥梁整体力学性能。纵向桥梁至桥面的划分：桥面板的预制宽度一般为 2～3m，梁端伸缩缝对应的桥面板应单独考虑。日前，根据父通部发布的《超限运输车辆行驶公路管理规定》，车辆和货物总宽度超过 2.5m 的视为超限运输。因此，在划分桥面宽度时，应充分考虑相关政策法规。

(二) 板材厚度

在钢—混凝土组合桥梁中，桥面直接承受车轮的压力和冲击，容易产生疲劳破坏。如果桥面过薄，桥面的刚度就会低，不利于桥面铺装的保护。因此，有必要限制组合桥面的最小厚度。

美国 AASHTO 桥梁设计规范提供了第 9 条和设计建议：

(1) AASHTO 桥梁设计规范中建议的最小板厚为 7 英寸(178mm)，不包括因磨损或开槽而削弱的表面高度。

(2) 最小桥面板厚度由最小混凝土保护层的要求控制。AASHTO 标准和 LRFD 规范规定了混凝土板上表面保护层的最小厚度—每个 2 英寸(50mm)，底面 1 英寸(25mm)。因此，最小板厚度不应小于 7.5 英寸(190mm)，以满足最低混凝土涂层要求，并确保足够的钢间隙，尤其是在安装纵向预应力钢筋时。

(3) 板厚为 7.5 英寸(190mm)，可满足主梁间距 11ft(3.4m)的要求。

一般来说，在满足弯曲要求的前提下，考虑尽可能减少主梁数量，而不是减少板厚，更为经济。此外，发现 10 至 12 英尺(3.1 至 3.7m)的梁间距是板梁桥的最经济组合。根据《钢–混凝土组合桥梁设计规范》(GB 50917—2013)，混凝土桥面板的厚度不应小于 180mm，可根据需要进行设计和支撑。《钢—混凝土组合桥梁设计规范》(GB 50917—2013)规定，混凝土板的最小厚度不应小于 220mm，组合桥面板的厚度不应小于 250mm。根据日本路桥规范，钢桥钢筋混凝土桥面板的最小厚度必须满足表 6–2 的要求，行车道桥面板不得小于 160mm，L 为板的计算跨度。

表 6–2　行车道部分钢筋混凝土桥面板最小厚度(单位：mm)

桥面板类型		桥面板的跨度方向	
		垂直于行车方向	平行于行车方向
简支板		40*L*+I10	65*L*+I30
连续板		30*L*+110	50*L*+130
悬臂板	0<*L*≤0.25m	280*L*+160	240*L*+I30
	L>0.25m	80*L*+210	

当全高预制桥面板设置纵向预应力时，建议桥面板最小板厚不小于 220mm；当桥面板不设置纵向预应力时，桥面板板厚不应小于 180mm.

(三) 桥面板配筋

桥面板纵向钢筋为受压钢筋，按构造进行配置，留有足够的锚固长度。桥面板横向钢筋在施工阶段承担桥面板吊装过程中的混凝土自重作用，成桥后横向钢筋承担水平剪力引起的纵向劈裂效应。劈裂力可按下式进行计算：

$$T_{\mathrm{burst}}=0.25P\left(1-\frac{b_{\mathrm{c}}}{b_{\mathrm{e}}}\right)$$

式中，P 为簇钉群水平分力，竖向力相对较小可以忽略，P 可以按簇钉承载力进行计算；b_{c}为剪力槽孔宽度；b_{e}为混凝土板有效宽度。混凝土板单位长度内横向钢筋面积为：

$$A_{st} = \frac{T_{burst}}{df_y}$$

式中，d 为剪力槽孔中心间距，f_y 为横向钢筋屈服应力，A_{st} 为相邻剪力槽孔间距。

除此之外，预制桥面板在两侧通常预埋护栏钢筋，待全高预制混凝土桥面板与钢主梁组合完成后，再现浇护栏。梁端位置考虑后浇伸缩缝，梁端桥面板也预埋外露钢筋与伸缩缝装置进行后浇处理，如图 6-1 所示。

图 6-1　桥面板预埋钢筋

(四) 横向板缝

全高预制混凝土桥面板的横向板接头包括舌板接头和剪力键板接头，如图 6-2 所示。剪力键接缝在接缝配合面涂抹环氧树脂胶，未设置预应力，在实际工程中发现由于预制桥面板生产施工招标控制错误，高剪力键很难完全匹配阴阳面板接缝位置，经常出现开裂错位等问题，难以保证钢桥面板的耐久性。因此，目前板缝连接的结构形式大多是榫槽连接，在板缝浇注微膨胀砂浆或高强混凝土等后，同时进行钢筋连接。钢筋连接结构包括：在浇筑板接头后，通过拉应力进行预应力，并与普通钢筋和嵌入式连接器连接。

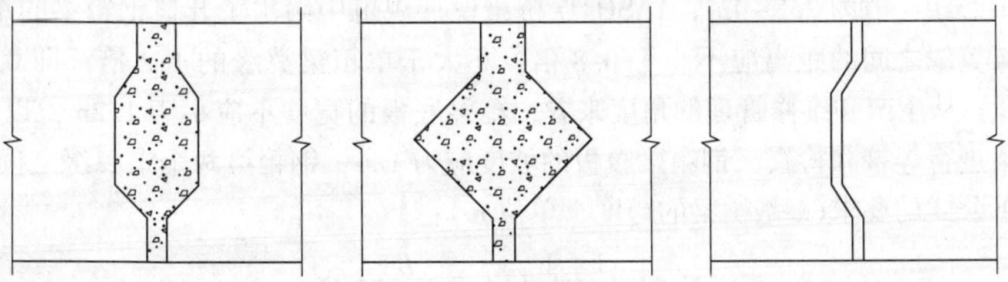

图 6-2　板缝构造类型

(五) 连接结构特点

全高预制混凝土桥面板接缝是实现桥面连续性、保证结构耐久性的重要结构部位。

(1) 在剪力键板接缝形式中，在板接缝配合面上涂抹环氧树脂，以省略后浇板接缝过程，但板接缝配合面要求更高的施工精度。水泥板接缝容易开裂和错位，不利于结构的耐久性。

（2）通过对槽缝施加预压应力，槽位具有一定的压应力储备，从而更好地控制板缝的裂缝问题，提高结构的耐久性。张拉预应力增加了桥面板预制和施工过程中的工作量，以及板的接缝位置需要连接大量预应力管道。另一方面，由于生产和施工中的误差，在拉伸过程中预应力损失很大，因此很难确定接头位置的有效预应力。

（3）榫槽接头通过普通钢筋连接，普通钢筋穿过两侧相邻的桥面板，实现桥面板受力的连续性。此外，在接缝处预埋钢板，并将钢筋与两侧钢板焊接，以达到接缝下边缘的密封效果，但接缝处缺乏压应力储备，容易开裂，结构的耐久性无法得到有效保证。

（六）纵向预应力

为了加强预制板的整体性能，可以设置纵向预应力，使横向板接缝处于压缩状态，这有利于防止板接缝因荷载和收缩而产生裂缝。预应力钢绞线在板接缝完成后张拉，然后浇筑剪切构件中开槽的混凝土，以便将预应力有效应用于桥面。纵向预应力的大小适合桥面产生 1.5~2.5MPa 的纵向压应力。此外，施加横向预应力可以减少混凝土板的厚度，减少运输和吊装过程中混凝土板造成的损坏。

二、开口钢箱梁结构

（一）梁高度

钢主梁应满足足够的强度和刚度，截面应力控制设计中使用的钢量应小于刚度控制设计中使用的钢量。为了充分发挥钢材性能，减少钢材数量，主梁设计应尽量按截面应力控制。确定钢箱梁的宽度，必须考虑钢箱梁的受力、生产、维护管理、架设和安装等，从受力角度来看，钢箱梁的高宽比过大，箱梁的横向稳定性较差；纵横比过大或过小都会影响箱梁的变形和翘曲。根据实际工程，钢—混凝土简支组合梁的跨度范围一般为 20~50M，主梁高度可为跨度的 1/18~1/30。对于简支开口钢箱梁，梁高度的最小经验值为跨度的 1/25。

（二）主梁间距

主梁中心距一般为 2.5~4m。AASHTO 桥梁设计规范中给出了开口钢箱梁的距离范围。相邻钢箱梁翼缘之间的距离应不小于 0.8 倍，不大于单箱梁翼缘的 1.2 倍，即 $0.8s \leqslant D \leqslant 1.2s$。此外，从生产和维修管理的角度来看，箱梁底板的宽度不应小于 1.2m，以便工作人员进入箱梁进行焊接和检查。钢箱梁腹板的坡度应为 1/4，钢箱梁两个上翼缘之间的距离 S 应满足以下公式的要求（L 是桥梁的跨度，单位 m）：

$$S \geqslant 2 \times \frac{1}{4} \times \frac{1}{25} L + 1.2 = \frac{L}{50} + 1.2$$

（三）横向连接系统

钢箱梁之间设置横向连接系统，为主梁提供横向约束，确保钢主梁在施工过程中具有足够的稳定性。同时，横向连接系统还起到了荷载横向分布的作用，增强了桥面结构的完整性，从而提高了钢箱梁在架设桥面过程中的协同变形能力。末端交联采用实腹交联，中间交联采用桁架交联。由于钢箱梁具有更好的抗扭性，中间交叉连接可以通过设置在三点或跨中来满足要求。

(四) 隔板和支架

钢箱梁顶面设有斜扁连杆，以提高开口钢箱梁上翼缘的稳定性。平连杆可通过角钢与钢梁上翼缘连接。斜拉杆与钢梁纵向中心线之间的角度 A 最好为 45°，且不应小于 35°。为了提高箱梁截面的稳定性，沿纵向按恒定间距布置 K 形支架。梁端设置实心腹式横隔梁，承受强大的支撑力。

三、簇钉群剪力连接件

(一) 剪力连接件布置间距

剪力连接件采用簇钉群剪力连接件，借鉴美国 NCHRP12-65 相关研究，簇钉群最大间距不宜超过 1200mm，并确保剪力连接度不应小于 0.7，剪力连接度可按下式计算。剪力槽孔布置还应综合考虑预制桥面板宽度进行选择。

$$r=\frac{n}{n_{\mathrm{f}}}=\frac{(L/d_{\mathrm{s}}+1)\times 2n_0/2}{n_{\mathrm{f}}}=\frac{(L/d_{\mathrm{s}}+1)\times n_0}{\dfrac{\min\{A_{\mathrm{s}}f_{\mathrm{y}},\ A_{\mathrm{c}}f_{\mathrm{c}}\}}{N_{\mathrm{v}}^{\mathrm{c}}}}\geqslant 0.7$$

(二) 螺柱

目前，桥梁中大多使用直径为 22mm 的 ML15 或 ML15AL 螺栓，通过使用更大间距的剪切槽很容易减少螺栓组梁的剪力连接，此外，槽中布置了过多的螺栓，以增加螺栓的焊接工作量，因此对于螺栓组剪力连接件建议使用大直径螺柱。

(三) 槽后浇材料

槽后浇材料是保证剪力连接件有效工作的前提。后浇材料应为早强、无收缩的高强度材料。可以使用高强度混凝土或高强度砂浆。

(四) 剪力槽加固结构

剪切切口承受簇状钉的较大压力，容易塌陷。槽口周围可设置封闭箍筋或钢箱，以加强槽口。下部闭合箍筋应布置在螺柱根部附近。

四、新型预制钢箱梁桥施工方法

(一) 新型装配式钢-混凝土组合箱梁桥施工步骤

如图 6-3 所示，预制混凝土板和钢箱梁在工厂完成。为了减少收缩和徐变对结构的影响，应确保混凝土板有足够的货架时间。桥梁下部结构完工后，钢箱梁安装到位，钢箱梁之间横向连接施工，钢箱梁上翼缘设置橡胶密封条，然后吊装组装好的预制桥面板，通过标高调整螺栓调整桥面板的标高，使相邻桥面板平齐，建造桥面板的横向板接头，并张拉桥面板的纵向预应力钢筋束，直到后浇材料达到强度要求。纵向预应力筋可以有效地应用于桥面板，使板接头处于压缩状态。然后浇筑带剪切槽的混凝土(高强砂浆)，进一步完成桥面铺装及附属设施施工。与全高预制混凝土板现浇组合桥相比，新型全高预制混凝土板预制钢—混凝土组合箱梁桥可以显著提高桥梁的施工速度，有效消除混凝土收缩引起的桥面板开裂，节省浇筑混凝土的模板，降低桥梁后期维护成本。

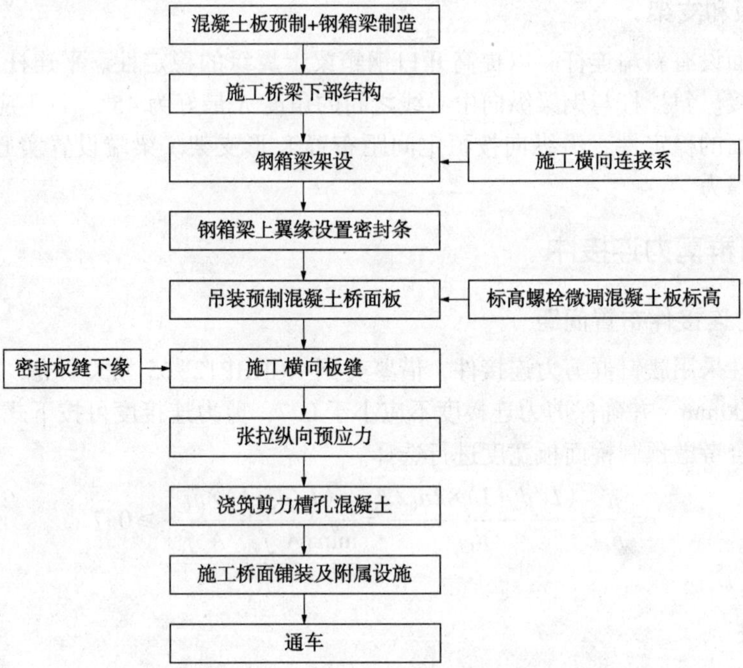

图 6-3　装配式钢—混凝土组合箱梁桥施工步骤

（二）施工控制参数和临时结构措施

施工阶段的主要控制因素包括：钢箱梁的变形、桥面板的标高等。在吊装预制桥面板之前，应在主梁翼缘两侧设置橡胶密封条或焊接角钢，作为浇筑板支架的模板。研究表明，可浇铸板支架的高度应至少为 25mm，以使预制板和支撑梁之间的对齐重合，并确保板支架有足够的空间来浇铸密集工件。

在预制板吊装到位后，通过标高调节装置，调整预制板的标高，使相邻预制板平整对齐，标高调节装置如图 6-4 所示，在预制板两侧即槽孔外侧对应位置进行布置。标高调节装置在整个过程应做好防锈处理，螺杆在后浇板托达到强度要求后可以拆除。另外相邻预制板可通过局部压平装置作为参照，调节并检测桥面板是否对齐。

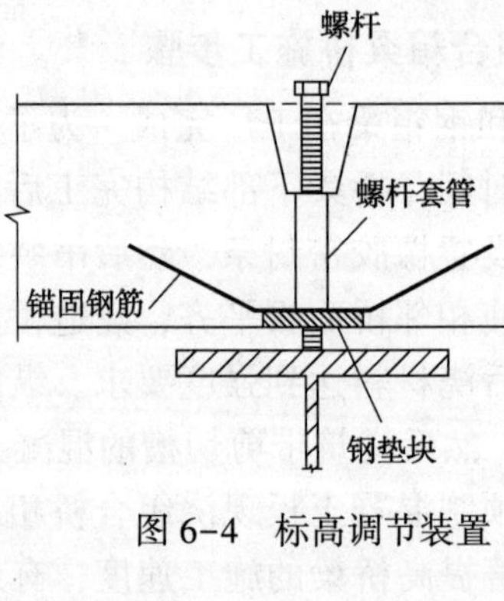

图 6-4　标高调节装置

第三节　公路桥梁装配式钢–混组合箱梁桥的标准跨径设计

一、装配式钢—混组合箱梁桥标准跨径设计参数

进行装配式钢箱梁桥和混合标准设计模型，包括 20m、25m 和 30m 以及 35m 跨度四种标准，根据桥面宽度两车道和三车道宽度的布置，设计等级、安全等级为汽车荷载等级道路一级，模型的基本设计参数如表 6-3 所示，钢箱梁按高跨比 1/25 设计。

表 6-3　装配式钢—混组合箱梁桥标准跨径设计参数

参　数	跨径			
	20m	25m	30m	35m
桥面板板厚/m	0.22	0.22	0.22	0.22
桥面板宽度/m	3	3	3	3
钢箱梁梁高/m	0，8	1	1.2	1.4
主梁个数(两车道/三车道)	4/5	4/5	4/5	4/5
主梁间距/m	3.2	3.2	3.2	3.2
横向联结系	跨中	跨中	三分点	四分点+跨中
剪力槽孔间距/m	1	1	1	1
栓钉直径及数量	ϕ22(2×3)	ϕ22(2×3)	ϕ22(2×3)	ϕ22(2×3)
纵向预应力/MPa	1.5	1.5	1.5	1.5
后浇材料	高强砂浆	高强砂浆	高强砂浆	高强砂浆

以三车道 35m 预制钢混结合箱梁桥为例，横向布置 5 块钢材，钢箱梁中心相邻间距为 3.2m，在设置实腹横向连接时，跨桁架式横向和横向连接之间的支座位置设置在四分之一跨和四分之一跨中，钢箱梁顶部平联，提高钢箱梁的稳定性。由于桥面较宽，桥梁水平分为两块板，两块板由纵向缝隙连接。

二、主要材料

装配式钢—混组合箱梁桥的材料主要包括：钢材、混凝土、预应力筋及普通钢筋。

（一）钢材

（1）钢板：主体结构、横向联接采用 Q345D 低合金钢，应符合《低合金高强度结构钢》(GB/T 1591—2018)的相关要求。

（2）角钢：主要用于 K 形撑及梁间横向联接系的焊接耳板，横向使用<80×10、<100×10 的等边角钢。

（3）栓钉：采用 ML1SAL 圆柱头焊钉，焊钉规格为 ϕ22×180，符合《电弧螺柱焊用圆柱头焊钉》(GB/T 10433—2002)的相关要求。

(4) 焊接材料：焊接材料应采用与母材相匹配的焊条、焊剂、焊丝，工艺简单、焊接变形小。焊接材料应符合《非合金钢及细晶粒钢焊条》(GB/T 5117—2012)、《熔化极气体保护电弧焊用非合金钢及细晶粒钢实心焊丝》(GB/T 8110—2020)、《非合金钢及细晶粒钢药芯焊丝》(GB/T 10045—2018)、《埋弧焊用非合金钢及细晶粒钢实心焊丝、药芯焊丝和焊丝-焊剂组合分类要求》(GB/T 5293—2018)的技术规定。

(5) 高强度螺栓：高强度螺栓、螺母、垫圈应符合现行国家标准《钢结构用高强度大六角头螺栓、大六角螺母、垫圈技术条件》(GB/T 1231—2006)或《钢结构用扭剪型高强度螺栓连接副》(GB/T 3632—2008)的规定。

(二) 混凝土

预制桥面板混凝土采用C50混凝土；桥面铺装采用沥青混凝土。剪力件槽孔后浇材料采用微膨胀高强砂浆，其技术措施、材料要求和质量控制均应符合《预拌砂浆技术规程》(DB13/T 2311—2015)、《预拌砂浆应用技术规程》(JGT/T 223—2010)的有关规定。

(三) 普通钢筋

普通钢筋采用HRB400级钢筋，钢筋应符合《钢筋混凝土用钢 第1部分：热轧光圆钢筋》(GB 1499.1—2008)和《钢筋混凝土用钢 第2部分：热轧带肋钢筋》(GB 1499.2—2007)的规定。外露钢筋采用环氧树脂涂层钢筋，防止存板期钢筋锈蚀。

(四) 预应力钢筋

预应力钢绞线采用抗拉强度标准值 $f_{pk}=1860\text{MPa}$、公称直径 $d=15.2\text{mm}$ 的低松弛高强度钢绞线，其力学性能指标应符合《预应力混凝土用钢绞线》(GB/T 5224—2014)的规定。

(五) 其他材料

(1) 锚具：预制混凝土板采用BM15-3的扁形锚具及其配套的配件，预应力管道采用扁形金属波纹管。

(2) 支座：采用板式橡胶支座，其材料和力学性能均应符合现行国家和行业标准的规定。

三、装配式钢-混组合箱梁桥计算分析

装配式钢混凝土组合箱梁桥采用无支架施工即以钢主梁为支架承担预制桥面板荷载，主要分为以下两个受力阶段：

(1) 第一受力阶段，钢箱梁受力钢箱梁下面不设临时支撑，利用钢箱梁作为施工支撑浇筑混凝土板，此时钢箱梁和混凝土板未形成组合截面，钢箱梁单独承受其自身重量、预制混凝土重、后浇板缝及剪力槽孔混凝土重、机具设备等施工荷载。该阶段主要验算钢箱梁变形。

(2) 第二受力阶段，组合梁受力：①待后浇剪力槽孔混凝土达到设计强度后，钢梁与混凝土板形成组合截面，共同承担后续施加的。②荷载，主要包括：桥面铺装、护栏等恒载以及活荷载。

四种跨径的装配式钢混组合箱梁桥抗弯承载力计算如表6-4所示，均满足承载力要求。

表 6-4　装配式钢—混组合箱梁桥承载力计算(单位：mm)

跨　径	$\gamma_0 M_d$/kN·m	抗弯承载能力/kN·m
20m	4142	12755
25m	6204	18016
30m	8602	21709
35m	11487	27571

正常使用阶段组合梁挠度计算结果如表 6-5 所示，挠度验算满足要求。

表 6-5　装配式钢—混组合箱梁桥正常使用阶段挠度验算(单位：mm)

跨　径	挠　度	L/800
20m	13	25
25m	15	31
30m	17	37.5
35m	19	43.5

除以上验算外，还应进行承载能力极限状态的抗剪承载能力和整体稳定性验算；正常使用极限状态的应力和局部稳定性验算。同时应对桥面板和剪力连接件的受力进行验算。

四、预制钢箱梁桥制作要点

(一) 预制桥面板

(1) 准确定位预应力管道的位置，并使用钢模板，以确保预制模板的支撑尺寸和横向坡度设计要求。

(2) 预制板吊装扣定位准确，保证其充分抗拉强度。桥面板预制完成后，应及时清理预应力管道，防止堵塞。

(二) 钢箱梁制造

(1) 一般要求：钢箱梁的材料、结构、焊接和涂装应符合《钢-混凝土组合桥梁设计规范》(GB 50917—2013)的相关规定。

(2) 钢箱梁在厂内焊接，严格保证质量，钢箱梁上翼缘设 2% 横坡，在翼缘规定位置焊接束钉。

(3) 板材下料：设计图中尺寸均为箱梁的内部轮廓尺寸。钢箱梁制造、验收和施工现场使用的计量器具，必须经计量单位检定合格后方可使用，并按有关规定操作。

(4) 板组焊：钢箱梁的组焊顺序为：底板→底部纵肋→腹板→屋面→横向加劲肋→箱隔板。底板和腹板单元应预留适当的切割长度，以满足梁预装配的要求。钢箱梁预拱度应按设计要求设置。在保证焊接质量的前提下，尽量采用焊接变形小、焊缝收缩小的焊接工艺。焊接各类焊缝前应进行焊接工艺评定试验，并编制完善的焊接工艺评定试验报告。角焊缝端部应围成网格，焊脚尺寸一般不小于 $3t/4$(t 是两个焊缝较厚部分的厚度)。

钢箱梁腹板、上翼缘和底板的接头焊缝为熔透焊缝。

(5) 钢箱梁涂装施工顺序：表面处理→二次表面处理→底漆→中间涂层→表面涂层。

(6) 焊缝无损检测要求。采用超声波无损检测技术对钢箱梁焊接质量进行检测。1 级焊缝应进行 100%检验，合格等级为《焊缝无损检测 超声检测 技术、检测等级和评定》(GB/T 11345—2013) B 级及以上。二次焊缝应抽检，抽检比例不低于 20%；合格等级为《焊缝无损检测 超声检测 技术、检测等级和评定》(GB/T 11345—2013) 中 B 级试验二级及以上。

(7) 剪钉焊接注意事项：焊接期间，螺柱应无腐蚀坑、氧化皮、油脂、水分或其他会对焊接工作造成有害影响的物质。

焊接前，型材不应涂油漆或其他涂层，表面不应有氧化皮、铁锈、水分或其他有害物质，以实现良好的焊接。应使用钢丝刷、喷丸、冲击或研磨进行清洁。

护弧罩或护弧环应保持干燥，任何因雾、雨和护弧环表面潮湿，应在使用前 2h 放置在 120℃烘箱中烘烤。焊钉和钢板应保持垂直。

当焊接钢结构的温度低于-5℃或表面非常潮湿或有雨雪落在表面时，严禁施工。

焊钉弯曲试验评定要求：焊钉从其原轴弯曲 90°进行焊钉弯曲试验。在 90°弯曲后，如果钢板或钉子柱而不是焊缝上发生断裂，则认为钉子应用合格。拉伸试验：如果焊缝上没有出现断裂，则认为钉子合格。

(三) 钢梁存放

在制造、储存和运输过程中，应注意防止钢板变形，确保钢箱梁的平衡和稳定。不允许出现偏载、翘曲现象。

(四) 钢箱梁安装

(1) 安装方法：钢箱梁运至施工现场后，用起重机吊至相应位置；调整后，放在支架上。

(2) 注意事项：钢箱梁的位置必须经仪器确认后方可放置(误差在规定范围内)；吊装过程中，施工现场有合理的安全防护措施；起吊前，应严格检查钢箱吊点的位置，以确保吊点的可靠性。

(五) 预应力技术

(1) 预应力管道的位置必须严格按照坐标和定位钢筋固定，定位钢筋与箱梁腹板箍筋点焊连接，严格防止错位和管道下垂，如果管道与钢筋碰撞，应确保管道位置相同，且仅适用于移动钢筋位置。浇筑前，检查波纹管是否密封，以防止浇筑混凝土时堵塞管道。

(2) 在完成所有板接头并达到设计中规定的强度后，张拉预应力钢束，并确定锚下的控制应力 $0.75f_{pk}=1395\text{MPa}$。

(3) 浇筑剪力槽口，浇筑材料要满足指定要求，预应力孔道压浆采用 C50 水泥浆，要求压浆饱满。

第七章

簇钉群连接下组合箱梁桥设计

一、群钉连接的钢—混凝土组合梁概述

与满布栓钉连接的常规组合梁桥相比，新型装配式钢-混凝土组合箱梁桥的主要特点是采用簇钉群剪力连接。目前对于剪力槽孔的合理布置间距还缺乏系统的试验和理论研究，从快速施工的角度，希望加大簇钉群(即剪力槽孔)的布置间距，从而减少现浇工作量。然而为保证组合梁受力性能的要求，剪力槽孔不宜过大；另一方面，与满布栓钉组合梁相比，簇钉群连接件受到集中剪力在桥面板扩散过程中引起的劈裂效应更加明显，簇钉群连接组合梁传力示意，如图 7-1 所示。

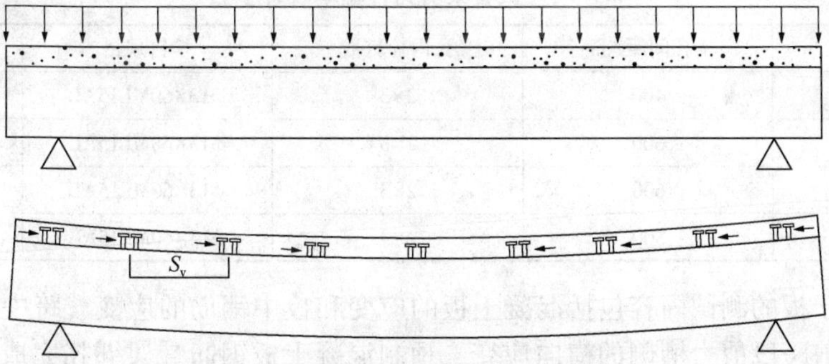

图 7-1　簇钉群连接组合梁传力示意

进行钢—混凝土组合梁的单梁试验，试验目标主要包括：

(1) 研究了不同抗剪连接程度的丛钉布置方案对组合梁强度、刚度和破坏模式的影响，验证了丛钉布置的合理参数范围。逐步提出了用群钉连接的钢-混凝土组合梁的承载力和挠度的简化计算方法。

(2) 研究预制混凝土板的力学性能，簇钉群在水平剪力传递机理、劈裂效应中的作用，逐步研究预制混凝土板的力学性能混凝土板的钢筋设计。

(3) 研究了组合栓钉的荷载—滑移关系，分析了栓钉滑移量对组合梁力学性能的影响。

在新型装配式钢组合箱梁桥的设计中，群钉剪力构件的布置将直接影响组合梁的力学性能和施工的方便性。簇钉剪切件布置方案的影响因素主要包括剪切槽的间距和槽内螺栓的布置形式(螺栓的直径和数量)。

目前，对剪切槽的最小间距仍有异议。美国 AASHTO 桥梁设计规范要求剪切槽之间的最小间距不得大于 2ft（约 610mm）；然而，研究表明，剪切槽间距可以放宽到 4ft（约 1220mm）。在桥梁工程中，桥梁的使用阶段大多处于材料弹性工作阶段。增加槽间距可以有效减少槽数，有利于桥面板施工的预制和拼装。钢-混凝土组合梁的界面力传递是通过抗剪连接件实现的。目前对其界面抗滑移程度常用剪力连接度 r 表达：

$$r=n/n_{f}$$

式中，n 为剪跨内实际布置栓钉个数；n_{f}为保证桥面板或钢梁进入全截面塑性的栓钉个数。当 $r<1$ 时，称为部分剪力连接；当 $r\geqslant1$ 时，称为完全剪力连接。剪力连接度并不直接反映钢混界面抗滑移能力，但可较简洁地反映截面的剪力连接程度。

试验中的主要参数是组合梁的剪切连接度。四个试验梁的跨度和截面尺寸相同，其变化是剪切槽的间距和孔中螺栓的数量。研究了剪力连接度对组合梁力学性能的影响，以验证在实际桥梁设计中加宽剪力缝间距的可行性。

为反映组合梁的实际力学特性，以 30m 跨度标准预制梁为原型，根据等效刚度和中性轴的相对位置、缩尺模型试验设计不变的原则，试验梁的截面尺寸除考虑分布规律外，还可以考虑构件，而结构的最小尺寸要求，试验梁的截面尺寸应为 1/4 比例的单梁模型，试验梁的跨度应为 4. 8m，按 1/6. 25 比例。试验梁基本设计参数如表 7-1 所示。

表 7-1　试验梁剪力件基本设计参数

试件编号	槽孔间距/mm	孔内栓钉数	栓钉规格	剪力连接程度 r
试验梁 A	400	2×3	ϕ13×60ML15AL	1. 22
试验梁 B	600	2×3	ϕ13×60ML15AL	0. 98
试验梁 C	600	2×3	ϕ13×60ML15AL	0. 65
试验梁 D	800	2×3	ϕ13×60ML15AL	0. 74

预制混凝土板的测试内容包括混凝土板的应变和板中钢筋的应变、跨中纯弯段混凝土板的压应变和剪跨段剪力槽侧的横向应变。预制混凝土板钢筋骨架绑扎完成后，用磨光机在钢筋的指定位置粘贴并打磨钢筋应变片。用 502 胶黏剂将钢筋应变计粘贴在处理后的钢筋表面，然后用浸有环氧胶黏剂的纱布包裹保护。确保钢筋应变计连接有足够的长度，对应变计进行编号，并将接线组装到混凝土侧，以便随后浇筑混凝土。

粘贴混凝土板应变计时，应使用抛光机将混凝土表面打磨光滑，并用酒精擦拭干净。擦拭处干燥后，用 502 胶将混凝土应变计粘贴到规定位置，然后表面涂环氧胶进行保护处理。环氧树脂胶需要一天才能硬化。

二、循环加载测试梁的力学性能分析

在加载过程中，通过分阶段的循环加载测试梁的力学性能，包括两个弹性阶段、两个塑性阶段和两个破坏阶段。主要考虑循环荷载下试验梁的应力特性，在有限的试验条件下获得更多的试验数据。在弹性阶段观察试验梁的弹性恢复能力，在塑性阶段研究试验梁的塑性变形特性，在最终失效阶段研究试验梁的挠度变形、裂纹发展、应变和最终失效模式。

（1）在弹性加载阶段，试验梁 B、C 和 D 的荷载位移曲线基本一致，而试验梁 A 的加载速率相对较慢。因此，最终荷载-位移曲线略滞后于其他三根梁，但荷载-位移曲线的斜率基本为负值。弹性循环加载后，各试验梁的荷载-位移曲线具有高度一致性，表明试样处于正常的弹性工作阶段，不会产生塑性变形。

（2）弹塑性加载和卸载阶段的荷载-位移曲线基本一致，卸载后试验梁 A 的变形稍大。当前荷载小于 450kN 时，四个试验梁的荷载位移曲线基本为负值，表明增加对应于不同剪力连接度的剪力槽间距对预制钢组合箱梁在使用阶段的整体刚度没有很大影响。

（3）试验梁 C 的剪力连接度最低。当荷载大于 450kN 时，试验梁 C 的整体刚度开始显著下降，当荷载持续到 480kN 时，达到最大承载力。相比之下，其他三个试验梁的整体刚度下降缓慢，基本相同，表明增加剪切槽之间的距离对极限状态下组合梁的整体刚度影响不大。当加载至 520kN 时，试验梁的 D 位移不断增加，最终达到 523kN 的极限承载力。

第一节　簇钉群连接钢-混凝土组合箱梁的承载力计算方法

装配式钢—混凝土组合箱梁桥以不同间距的簇钉群剪力连接件进行连接，与传统均布剪力件的组合梁受力特性存在一定差异，从整个加载过程来看，当荷载较小时，截面处于弹性工作，应力沿截面高度呈线性分布。当荷载继续增加，对应不同剪力连接度的试验梁极限承载力和破坏模式又有所不同，完全剪力连接组合梁整个加载过程表现出较好的组合性能，加载到极限荷载表现为钢梁屈服和混凝土板压溃；对于部分剪力连接组合梁，随着荷载增加，剪跨段栓钉剪断，抗剪连接件数量减少，钢梁和混凝土板协同工作程度下降，导致钢梁和混凝土板的交界面产生较大的滑移变形，进一步导致剪力件破坏，钢梁的塑性不能充分发挥，以致抗弯极限承载力下降。

一、剪力连接度对组合梁破坏模式的影响

四片组合试验梁具有不同的剪力连接程度，剪力连接程度 r 为剪跨内实际布置栓钉个数 n 与完全剪力连接所需栓钉个数 n_f 的比值，即 $r=n/n_{f}$。位于正弯矩区段的剪跨，钢梁和混凝土板交界面的纵向剪力 V_s，完全剪力连接剪跨内布置栓钉个数按下式计算。

$$V_s=\min\{Af,\ b_e h_{c1} f_c\}$$

$$n_f=\frac{V_s}{N_v^c}$$

式中，A，f 分别为钢梁的截面积和屈服强度；b_e 为混凝土板的有效宽度；h_{c1} 为混凝土板厚，不含板托高度；f_c 为混凝土抗压强度。

若剪力槽孔内布置相同数量的同一型号栓钉，放大槽孔间距势必导致组合梁剪力连接度降低，由试验可知，不同剪力连接度对应组合梁的破坏模式有所不同。合理的剪力连接度可以充分发挥组合梁的受力性能，破坏过程也表现为延性破坏。基于本文的试验研究结果，可根据剪力连接度的大小，将组合梁划分为：少剪组合梁、适剪组合梁和超剪组合梁。

（1）剪力连接度小于 0.7 为少剪组合梁，随着荷载的增加，剪力连接件首先破坏，随

着荷载继续增加，剪力连接件大量破坏，组合效应丧失，组合梁承载能力下降；对于簇钉群剪力连接件，应避免少剪组合梁设计，由于栓钉是集中布置在剪力槽孔内，单个槽孔承担较大的剪力作用，通常整个槽孔内栓钉全部剪断，组合梁剪力连接急剧下降，造成板梁分离。

(2) 剪力连接度在 0.7~1.1 之间的为适剪组合梁，受力过程表现出较好的延性，破坏由栓钉剪断开始，接近下限时破坏过程容易由适剪向少剪组合梁转移。

(3) 剪力连接度大于 1.1 为超剪组合梁，超剪组合梁受力过程表现出较好的组合性能，层间滑移较小；破坏模式表现为混凝土板压溃，发生脆性破坏。

二、部分剪力连接组合梁承载力计算方法

随着剪力槽孔间距的增大，剪力连接件数量减少，组合梁变为部分剪力连接，钢梁和混凝土翼缘协同工作程度下降，导致钢梁和混凝土翼缘交界面相对滑移变形增大，钢梁的塑性不能充分发挥，以致受弯极限承载力随剪力连接程度的降低而减小。对于簇钉群剪力连接组合梁，目前尚无考虑部分剪力连接影响的受弯承载力计算方法。下面，借鉴和总结了针对满布栓钉的部分剪力连接组合梁受弯承载力经验公式：

(一) 插值法

R. P. Johnson 提出在计算部分剪力连接组合梁受弯极限承载力的经验公式：

$$M_{up}=M_s+\frac{n}{n_f}(M_{uf}-M_s)$$

式中，M_{uf} 表示完全剪力连接组合梁的受弯极限承载力，M_s 表示钢梁的受弯极限承载力。

(二) 修正插值法

由于试验结果与计算结果的差值随着剪力连接程度的降低而加剧。Johnson 通过对试验结果的回归分析并兼顾到实用上的方便，对部分剪力连接组合梁受弯极限承载力计算公式修正如下式：

$$M_{up}^{*}=M_s+\left(\frac{n}{n_f}\right)^{\frac{1}{2}}(M_{uf}-M_s)$$

(三) 极限平衡法

清华大学聂建国教授等采用极限平衡法建立部分剪力连接组合梁的极限承载力计算公式并假定：①剪力连接件在受力过程中可以充分发挥塑性变形能力；②临界截面的应力呈矩形应力分布，混凝土翼缘板中的压应力达到抗压强度及钢梁的拉压应力分别达到屈服强度；③混凝土板的压力等于剪力连接件所传递的纵向剪力之和；④不考虑混凝土受拉。部分剪力连接组合梁的极限承载力计算公式如下式。

$$M'_{up}=0.85\left(\frac{n_f}{n}\right)^{1/3}M_u$$

$$M_u=M_s+T_z$$

式中，T 表示假设钢梁处于受弯极限状态时需要在钢梁截面上迭加的拉力，$T=\sum V_u$（V_u 表示单根栓钉的极限抗剪承载力）；z 表示钢梁截面迭加的拉应力形心到混凝土受压矩

形应力块形心之间的距离。为校验上述组合梁受弯承载力计算方法对于簇钉群剪力连接组合梁的适用性，理论方法和试验结果对比分析如下。首先计算试验梁截面在完全剪力连接组合箱梁极限承载力：

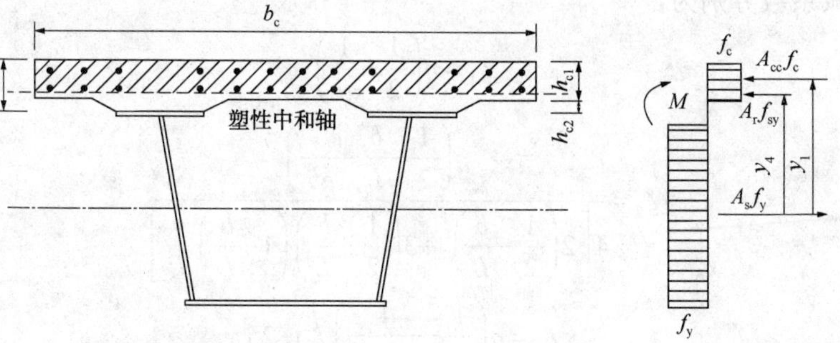

图 7-2　组合箱梁塑性中和轴在混凝土板内承载力计算图示

第二节　簇钉群连接钢-混凝土组合箱梁的挠度计算方法

通过试验梁的荷载位移曲线可知，不同剪力槽孔间距的簇钉群剪力连接组合钢箱梁在弹性工作阶段，变形特性基本一致，截面抗弯刚度基本不受剪力连接程度的影响；进入塑性工作阶段，剪力连接度降低层间滑移明显加大，组合梁抗弯刚度有所降低。

（1）加载至 300kN 之前，即挠跨比小于 1/240 时，荷载位移曲线基本呈线性变化，组合试验梁表现为弹性工作作态。该受力阶段交界面上的水平剪力与相对滑移量成正比，跨中截面应变符合平截面假定，可以近似将组合梁作为弹性体考虑，忽略钢箱梁和混凝土板的竖向掀起作用，假定两者的竖向位移一致。

（2）加载超过 300kN，组合梁刚度逐渐下降，加载超过 400kN，试验梁 C 的刚度较其余三片试验梁下降明显，挠度快速增长；加载至 520kN 以后，试验梁 D 的刚度较试验梁 A、B 出现下降，并迅速达到极限荷载。

针对装配式钢混组合箱梁特有的连接特点，开展挠度变形计算研究。簇钉群剪力连接件将混凝土板和钢箱梁近似看作点连接的形式进行组合，单个剪力槽孔位置具有较大的剪力连接刚度。弹性加载阶段，组合梁层间滑移较小，组合梁挠度基本不受剪力连接度影响。因此，在保证有效剪力连接的前提下，部分剪力连接的装配式钢-混组合箱梁可按完全剪力连接组合梁进行挠度计算。为了考虑混凝土板和钢梁之间的滑移效应，清华大学聂建国教授等在建立相对滑移微分方程的基础上，得到不同荷载工况下组合梁因滑移引起的附加变形计算公式，该挠度计算公式为：

$$\delta=\delta_e+\Delta\delta_i$$

组合梁考虑滑移效应的折减刚度 B，可按下式计算：

$$B=\frac{E_1}{1+\zeta_i}$$

式中，δ_e为根据弹性换算截面计算的挠度值；$\Delta\delta_i$ 为由滑移效应引起的附加挠度值；ζ_i为刚度折减系数，与荷载作用形式有关。

分别考虑跨中集中荷载作用、两点对称荷载作用、满跨均布荷载等 3 种荷载作用形式下的刚度折减系数分别为：

$$\zeta_1=\eta\left(\frac{1}{2}-\frac{1}{aL}\right)$$

$$\zeta_2=\frac{\eta\left(\frac{1}{2}-\frac{b}{L}-\frac{e^{-ab}}{ab}\right)}{4\left[2\left(\frac{1}{2}-\frac{b}{L}\right)^3+3\left(\frac{1}{2}-\frac{b}{L}\right)\left(1-\frac{b}{L}\right)\frac{b}{L}\right]}$$

$$\zeta_3=\eta\left(\frac{1}{2}-\frac{4}{(aL)^2}\right)\Big/1.25$$

$$a^2=\frac{KA_1}{E_sA_0P}$$

$$\eta=24\frac{E_sd_cpA_0}{KhL^2}$$

$$A_1=\frac{I_0}{A_0}+d_c^2$$

$$\frac{1}{A_0}=\frac{1}{A_s}+\frac{a_E}{A_c}$$

$$I_0=I_s=\frac{I_c}{a_E}$$

式中，A_s和A_c分别表示钢梁和混凝土板的截面积；b 为集中荷载到跨中的距离；d_c为钢梁形心到混凝土板形心的距离；K 为栓钉连接刚度；h 为组合梁高度；L 为组合梁跨径；a_E为钢和混凝土的弹性模量比。经过进一步简化并从满足工程应用的角度出发，刚度折减系数简化为：

$$\zeta=\eta\left[0.4-\frac{3}{(aL)^2}\right]$$

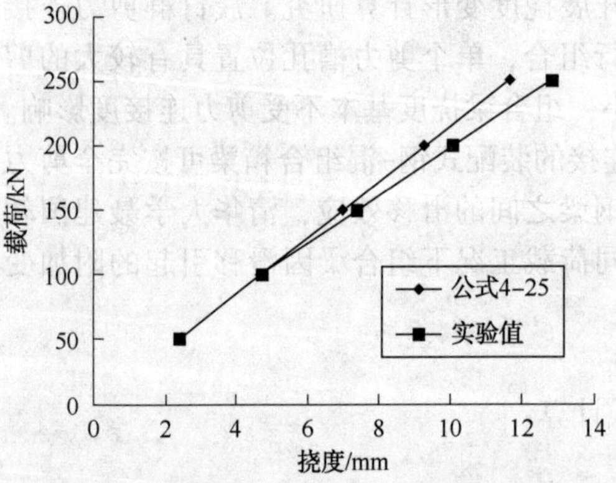

图 7-3　弹性加我阶段试验和计算跨中挠度对比

从而考虑滑移效应的挠度计算公式为：

$$\delta=\delta_e(1+\zeta)$$

上述方法计算组合梁挠度是针对满布剪力连接件组合梁，而簇钉群剪力连接件将栓钉集中布置在剪力槽孔内，对此将簇钉群剪力连接件槽孔内的栓钉均匀布置整个梁跨，再利用上述公式方法计算组合试验梁跨中挠度，并与试验实测结果进行对比，如图 7-3 所示。

由上图可知，当荷载较小时，折减刚度法计算组合梁挠度与试验值吻合较好。但是，随着荷载增加，试验梁实测跨中挠度比计算值偏大。为此，通过试验结果对满布栓钉连接组合梁的刚度折减系数进行修正，得到簇钉群连接组合梁的折减刚度系数。

第三节 簇钉群连接组合梁的有限元仿真分析

有限元模型模拟试验梁加载过程中受力状况，分别对荷载位移特性、组合梁界面滑移、跨中截面应变分布、栓钉受力以及钢箱梁受力进行对比分析。模型采用荷载步进行加载，在达到极限承载力后荷载不再增加。

试验梁 A：极限承载力和对应挠度计算结果较试验结果偏小，极限承载力偏差为4.7%；弹性加载节段，有限元模型计算的荷载位移曲线在弹性阶段与试验结果基本吻合，进入塑性阶段，刚度下降慢于试验结果，塑性变形明显小于试验结果。

试验梁 B：极限承载力计算结果较试验结果基本一致，挠度较试验结果偏小；弹性加载阶段，有限元模型计算荷载位移曲线与试验结果吻合较好，进入塑性阶段，刚度下降略快于试验结果。

试验梁 C：极限承载力和对应挠度计算结果与试验结果基本一致；有限元模型计算的荷载位移曲线在弹性阶段与试验结果吻合较好，进入塑性阶段，刚度下降快于试验结果。

试验梁 D：极限承载能力计算结果较试验结果降低了 6.5%，对应挠度计算结果较试验结果偏小，有限元模型荷载位移曲线与试验结果基本吻合，塑性加载阶段，刚度下降快于试验结果。

提取跨中截面混凝土板和钢箱梁节点应变，分析跨中截面应变分布规律，由图 7-4 可知。

(1) 在弹性工作阶段，加载至 200kN 时，跨中截面应变沿梁高呈线性变化，应变分布较好的符合平截面假定，在钢混界面出现较小的应变错动，层间滑移较小。

(2) 加载至 400kN 时，钢混界面应变错动加大，组合梁进入塑性受力阶段。

(3) 随着剪力连接度降低，钢混交界面处的应变错动明显变大，这是由于剪力连接度降低导致层间滑移增大，致使层间发生较大应变错动。

有限元模型分析各片梁半跨范围内各剪力槽孔内栓钉剪力的分布，由于槽孔内栓钉剪力基本一致，这里以槽孔内栓钉剪力平均值代表对应槽孔内单根栓钉剪力，栓钉剪力分布如图 7-4 所示。

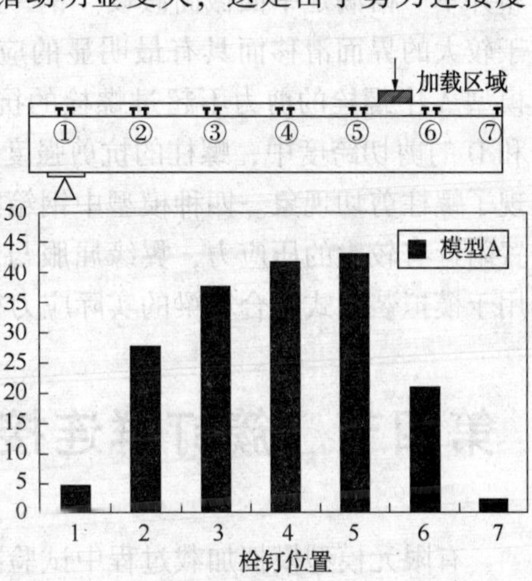

图 7-4 试验梁栓钉剪力分布

(1) 剪跨范围内栓钉剪力较大，支点和跨中纯弯段剪力较小，符合剪力分布。随着剪力连接度降低支点位置的栓钉剪力不断增大，分摊更多剪力。

(2) 单根栓钉的抗剪承载力为 50kN，在极限荷载作用下，模型 A 计算最大栓钉剪力为 44kN，未达到栓钉抗剪极限承载力，与试验过程中试验梁 A 的栓钉未发生剪断吻合；试验梁 B、C 和 D 剪跨段内均有栓钉剪力达到极限承载力，发生剪切破坏。

分析组合梁应力分布情况，提取极限承载力对应钢箱梁应力、混凝土板纵向和横向应力可知：

(1) 加载至极限荷载时，钢箱梁底板跨中区段超过钢材屈服应力 320MPa，该区段钢梁底板大范围屈服，钢梁腹板靠近下缘位置也出现较大拉应力，跨中钢梁上翼缘出现较大压应力，且在加载区域出现压应力集中，模型 A 钢箱梁上翼缘未达到屈服应力，模型 B、C、D 均达到屈服应力，试验梁 C 由于剪力连接度最低，栓钉最先被剪断，跨中钢箱梁上翼缘的压应力超过 360MPa。

(2) 模型 B、C、D 在加载区域混凝土板下缘出现较大纵向拉应力，试验中该位置出现塑性铰，混凝土板从下缘开裂。

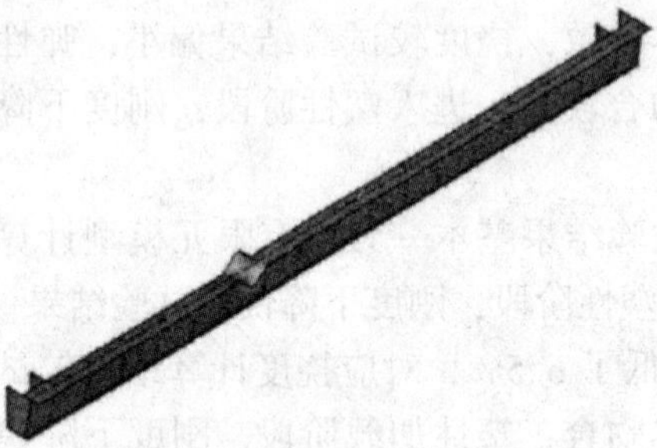

图 7-5　试验梁 C 钢箱梁翼缘一阶屈曲变形

(3) 混凝土板的剪力槽孔位置出现较大的横向拉应力，与实测混凝土板在槽孔位置出现纵向裂缝相吻合，这是由于剪力槽孔位置受到较大的纵向剪力作用，剪力沿纵向向前传递引起的劈裂应力，实际工程中应做好剪力槽孔位置的抗裂设计。

(4) 钢箱梁—阶屈曲变形发生在加载位置附近钢箱梁翼缘发生屈曲，如图 7-5 所示，与试验结果相吻合。

有限元模型计算的荷载-位移曲线与实测结果基本一致，极限承载力与实测结果的最大偏差在 6.5%以内，满足精度要求。有限元模型较好地反映了结构的实际应力过程。通过提取各试验梁模型半跨范围内 200kN 和 400kN 对应的滑移量，滑移结果符合剪力分布，滑移量随剪力连接度的降低而显著增加。在弹性加载阶段，跨中截面的正应变分布符合平面截面假设，但在极限荷载下，跨中截面的应变分布并不严格满足平面截面假设。钢—混凝土界面处存在应变突变。剪力连接最小的 C 梁由于较大的界面滑移而具有最明显的应变突变。螺栓的力与剪切分布一致。在极限荷载下，模型 A 中螺栓的剪力不超过螺栓的抗剪承载力，这与试验结果一致。在对应于模型 B、C 和 D 的剪切跨度中，螺柱的抗剪强度超过了螺柱的抗剪能力，并且在试验加载过程中也出现了螺柱剪切现象。四种模型中钢箱梁的底板应力均超过屈服应力，钢箱梁翼缘在加载位置附近有较大的压应力，翼缘屈服与试验结果一致。因此，本节采用的有限元分析模型可用于模拟装配式组合箱梁的实际应力行为。

第四节　簇钉群连接组合梁有限元模型的试验校核

有限元模型模拟加载过程中试验梁的应力。对比分析了组合梁的荷载位移特性、界面滑移、跨中截面应变分布、螺栓应力和钢箱梁应力。

将有限元模型的荷载—位移曲线与实测结果进行了比较。荷载步长用于加载模型，在达到极限承载力后，荷载不会增加。

试验梁 A：极限承载力和相应挠度的计算结果小于试验结果，极限承载力偏差为 4.7%。在弹性加载段，有限元模型计算的荷载-位移曲线与弹性阶段的试验结果基本一致，而在塑性阶段，刚度下降速度慢于试验结果，塑性变形明显小于试验结果。

试验梁 B：极限承载力计算结果比试验结果更基本，挠度比试验结果小。在弹性加载阶段，有限元模型计算的荷载-位移曲线与试验结果吻合良好，在塑性阶段，刚度下降略快于试验结果。

试验梁 C：极限承载力和相应挠度的计算结果与试验结果基本一致。在弹性阶段，有限元模型计算的载荷—位移曲线与实验结果吻合良好，刚度下降速度快于塑性阶段的实验结果。

试验梁 D：极限承载力降低 6.5%，相应挠度小于试验结果。有限元模型的荷载-位移曲线与试验结果基本一致。在塑性加载阶段，刚度的下降速度比测试结果快。

提取跨中截面混凝土板和钢箱梁节点应变，分析跨中截面应变分布规律。

（1）在弹性工作阶段，加载至 200kN 时，跨中截面应变沿梁高呈线性变化，应变分布较好的符合平截面假定，在钢混界面出现较小的应变错动，层间滑移较小。

（2）加载至 400kN 时，钢混界面应变错动加大，组合梁进入塑性受力阶段。

（3）随着剪力连接度降低，钢混交界面处的应变错动明显变大，这是由于剪力连接度降低导致层间滑移增大，致使层间发生较大应变错动。

有限元模型分析各片梁半跨范围内各剪力槽孔内栓钉剪力的分布，由于槽孔内栓钉剪力基本一致，这里以槽孔内栓钉剪力平均值代表对应槽孔内单根栓钉剪力，栓钉剪力分布如图 7-6 所示。

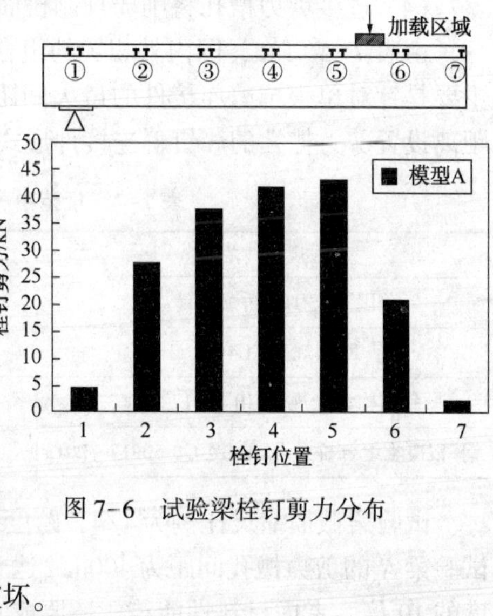

图 7-6　试验梁栓钉剪力分布

（1）剪跨范围内栓钉剪力较大，支点和跨中纯弯段剪力较小，符合剪力分布。随着剪力连接度降低支点位置的栓钉剪力不断增大，分摊更多剪力。

（2）单根栓钉的抗剪承载力为 50kN，在极限荷载作用下，模型 A 计算最大栓钉剪力为 44kN，未达到栓钉抗剪极限承载力，与试验过程中试验梁 A 的栓钉未发生剪断吻合；试验梁 B、C 和 D 剪跨段内均有栓钉剪力达到极限承载力，发生剪切破坏。

分析组合梁应力分布情况，提取极限承载力对应钢箱梁应力、混凝土板纵向和横向应力可知：

（1）加载至极限荷载时，钢箱梁底板跨中区段超过钢材屈服应力 320MPa，该区段钢梁底板大范围屈服，钢梁腹板靠近下缘位置也出现较大拉应力；跨中钢梁上翼缘出现较大压应力，且在加载区域出现压应力集中，模型 A 钢箱梁上翼缘未达到屈服应力，模型 B、C、

D 均达到屈服应力，试验梁 C 由于剪力连接度最低，栓钉最先被剪断，跨中钢箱梁上翼缘的压应力超过 360MPa。

(2) 模型 B、C、D 在加载区域混凝土板下缘出现较大纵向拉应力，试验中该位置出现塑性铰，混凝土板从下缘开裂。

(3) 混凝土板的剪力槽孔位置出现较大的横向拉应力，与实测混凝土板在槽孔位置出现纵向裂缝相吻合，这是由于剪力槽孔位置受到较大的纵向剪力作用，剪力沿纵向向前传递引起的劈裂应力，实际工程中应做好剪力槽孔位置的抗裂设计。

(4) 钢箱梁一阶屈曲变形发生在加载位置附近钢箱梁翼缘发生屈曲，与试验结果相吻合。

第五节　簇钉群剪力件的合理布置建议

在实际工程中，希望尽可能减少剪力槽孔数量或加大剪力槽孔的布置间距，以简化桥面板预制过程和现场拼装的工作量，实现桥梁的快速施工，主要是基于以下几点考虑：

(1) 简化并加快预制桥面板的制造过程，过多剪力槽孔大大降低了预制混凝土板的制造效率，同时增加了制造成本；

(2) 减小现场后浇混凝土工作量，提高桥梁施工速度；

(3) 减小剪力槽孔处漏水和开裂的风险，提高结构耐久性；

(4) 过多剪力槽孔将削弱预制桥面板的截面刚度，不利于桥面板横向钢筋的布置。

由表 7-2 可知，国内外相关的组合梁设计规范对抗剪连接件纵桥向最大间距作出规定，主要是针对单根抗剪连接件的最大间距，对于将剪力件集中布置在剪力槽孔内，并按一定距离设置剪力槽孔的簇钉群连接件形式，合理的剪力件布置形式并未给出。

表 7-2　规范中剪力件沿梁跨度方向最大间距规定

规　范	剪力件沿梁跨度方向最大间距 4	备注
美国 AASHTO 桥梁设计规范	d_s ≤2ft(610mm)	开展放宽至 4ft 的研究
欧洲规范 EC4-part2	d_s ≤4 倍混凝土板厚且 ds≤800mm	通过计算可适当放宽间距
钢结构设计规范 GB 50017—2003	d_s ≤4 倍混凝土翼缘(含承托)且 ds≤400mm	针对单独剪力连接件
钢-混凝土组合桥梁设计规范 GB 50917—2013	d_s ≤4 倍混凝土其缘(含承托)且 ds≤400mm	针对单独剪力连接件

试验梁截面缩尺比例为 1/4，跨度缩尺比例为 1/6. 25，表 7-3 为试验梁槽孔间距参数，试验梁 A 的剪力槽孔间距为 400mm 达到 5 倍桥面板厚度，槽孔间距达到 800mm 为桥面板厚度的 10 倍。考虑材料性能等，还原成实际工程不能简单地将槽孔间距放大 4 倍。

表 7-3　试验梁剪力槽孔间距

编号	剪力槽孔间距/mm	板厚倍数(板厚 80mm)	剪力连接件间距限制
试验梁 A	400	5	国内规范上限
试验梁 B	600	7.5	超过国内规范，AASHTO 规范上限

续表

编号	剪力槽孔间距/mm	板厚倍数(板厚 80mm)	剪力连接件间距限制
试验梁 C	600	7.5	超过国内规范，AASHTO 规范上限
试驶梁 D	800	10	欧洲规范上限

剪跨段单个剪力槽孔承受剪力随槽孔间距成线性增长关系，为了防止槽孔内栓钉变形过大，放大剪力槽孔布置间距，应保证剪力槽孔具备足够的抗剪承载力即保证剪力连接度不小于 0.7。提高单个槽孔抗剪承载力可通过增加槽孔内栓钉个数和采用大直径栓钉。试验梁加载到 400kN 之前，4 片组合梁荷载位移曲线基本重合，预制桥面板剪力槽孔间距变化并未影响组合梁的弹性工作性能。随着剪力连接度的降低，组合梁极限承载力下降，剪力槽孔间距为 800mm 的组合梁，其极限承载力与相同剪力连接度下满布栓钉的组合梁极限承载力基本一致，因此在保证组合梁可靠剪力连接的前提下，剪力槽孔间距对组合梁极限承载力影响不大。

为了验证剪力槽孔间距对簇钉群剪力连接组合梁极限承载力的影响，在试验梁有限元模型基础上，将模型跨径增大到 7.2m，探究将槽孔间距进一步放大对组合梁承载力的影响。组合梁模型跨高比为 19，钢箱梁跨高比为 24，与实桥跨高比相当，计算模型在跨中采用集中力加载，模型参数见表 7-4，梁跨内剪力槽孔布置，如图 7-7 所示。

表 7-4 计算模型参数

模型编号	槽孔间距/mm	单个槽孔内栓钉个数	每个剪跨段栓钉个数	剪力连接度
模型 E	300	2	48	0.96
模型 F	600	4	48	0.96
模型 G	900	6	48	0.96
模型 H	1200	8	48	0.96

当挠跨比小于 1/240 时，组合梁处于弹性受力阶段，四种槽孔间距组合梁对应荷载挠度曲线基本重合。模型的剪力连接度一致，槽孔间距 300mm 对应极限承载力为 479kN · m，槽孔间距 600mm、900mm 和 1200mm 的组合梁对应极限承载力分别为 484kN · m、473kN · m 和 465kN · m。增大剪力槽孔间距，对应组合梁极限承载力影响不大，将槽孔间距由 600mm 放大到 1200mm，极限承载力下降小于 5%，参数模型的极限承载力为截面抗弯承载力的 0.9 倍，可见未充分发挥截面的抗弯承载能力。因此，在保证剪力连接程度的前提下，将剪力槽孔间距放大到 1200mm，可以满足组合梁承载力要求。

适剪组合梁的剪力连接度范围为 0.7~1.1，处于该剪力连接范围的组合梁可以较好的满足截面的组合受力特性。由于增大剪力槽孔容易导致组合梁剪力连接度降低，为满足组合梁按适剪连接进行设计，对 20~35 等四种标准跨径的装配式钢—混组合箱梁桥极限承载力和对应剪力槽孔间距进行计算。

因此，为确保剪力连接度不小于 0.7，槽内采用不同的螺栓布置形式，剪力槽间距预计扩大至 2m。然而，对于实际的桥梁工程，在汽车等活荷载作用下的正常使用阶段，应进一步研究增加剪切缝对组合梁动力和疲劳性能的影响。美国 NCHRp12-65 进行了全尺寸装配式钢—混凝土组合梁的疲劳和承载力试验。结合相关研究，可以将剪切槽间距扩大到 1.2m。

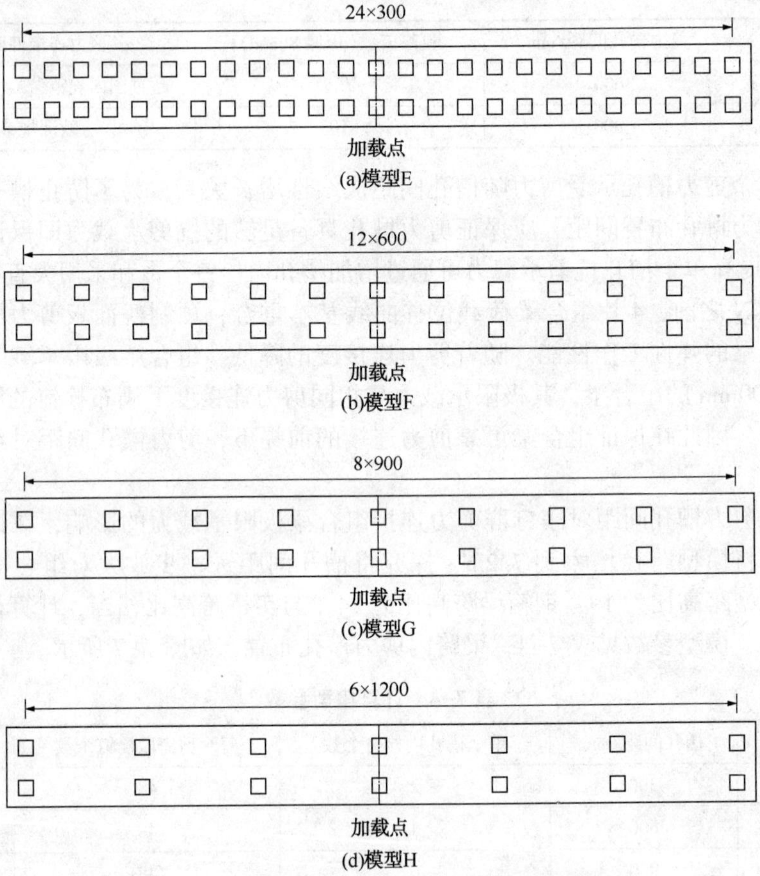

图 7-7　计算模型槽孔布量示意图(单位：mm)

预制钢组合箱梁桥首先由钢箱梁支撑，然后与桥面板组装。组合截面的剪力连接件是为了参与力而形成的，剪力连接件主要承受双恒定荷载和汽车荷载的影响。剪切跨度除以最大力矩和零力矩。

建立了装配式钢组合箱梁桥的有限元模型，并与试验结果进行比较，分析了组合梁的力学特性。将部分剪力连接组合梁的承载力和挠度计算公式与试验结果进行了比较，提出了群钉组合梁极限承载力和挠度的计算方法。提出了合理布置群钉和抗剪连接件的建议。主要结论如下：

(1) 有限元模型计算的荷载-位移曲线与实测结果基本一致，极限承载力与实测结果的最大偏差在 6.5%以内，满足精度要求；模型计算的跨中截面应变分布和层间滑移与实测结果基本一致，能够很好地反映结构的实际应力行为。

(2) 根据剪力连接尺寸的不同，组合梁可分为低剪力组合梁(剪力连接度小于 0.7)、剪力组合梁(剪力连接度介于 0.7 和 1.1 之间)、超剪力组合梁(剪力连接度大于 1.1)。随着荷载的增加，组合梁的抗剪连接件首先破坏。具有适当剪力的组合梁的应力过程显示出良好的延性，失效始于螺栓剪力，当接近下限时，失效过程很容易从具有适当剪力的组合梁转移到剪力较小的组合梁。超剪切组合梁在应力过程中表现出良好的组合性能和较小的层间滑移。破坏模式为混凝土板坍塌并发生脆性破坏。

（3）相同剪力连接度的栓钉和均布剪力连接件组合梁的承载力基本相同，栓钉的剪力连接形式对组合梁的承载力影响不大。

（4）在弹性工作阶段，丛钉组合梁的剪力连接度不小于0.7，剪力连接度对组合梁的挠度没有影响；当剪切槽之间的距离从400mm增加到800mm时，组合梁的挠度几乎不受影响。在计算带束钉组合梁的挠度时，束钉的剪切跨度均匀分布，组合梁的挠度通过刚度折减法计算。

（5）为保证剪力连接的一致性，通过比较缝间距为300mm、600mm、900mm和1200mm的组合梁模型，四缝间距组合梁的荷载-位移曲线基本为负，剪力缝间距的增加对组合梁的极限承载力影响不大。

（6）装配式钢混组合箱梁桥保证剪力连接度不小于0.7，剪力槽孔间距有望放大到2m。正常使用阶段受到汽车等活荷载作用，增大剪力槽孔对组合梁动力及疲劳受力性能的影响有待进一步研究。结合美国NCHRP12-65相关研究，认为剪力槽孔间距可放大至1.2m。

第八章

钉群连接钢-混组合箱梁试验研究

进行钢—混凝土组合梁的单梁试验，试验目标主要包括：

（1）研究了不同抗剪连接程度的丛钉布置方案对组合梁强度、刚度和破坏模式的影响，验证了丛钉布置的合理参数范围。提出了一种用钉簇连接的钢-混凝土组合梁承载力和挠度的简化计算方法。

（2）研究预制混凝土板的力学性能、水平剪力传递机制中的簇钉、劈裂效应，并进一步研究预制混凝土板的配筋设计。

（3）研究了组合栓钉的荷载—滑移关系，分析了栓钉滑移量对组合梁力学性能的影响。

第一节　试验模型设计及制作

一、试验模型的制作

钢箱梁制作过程严格按照设计及施工技术规范要求。混凝土板的立模以及钢筋绑扎也都满足精度控制要求，试验梁 A 的制作过程见图 8-1。

(a)钢箱梁焊接　(b)栓钉位置打磨

(c)钢箱梁制作完成　(d)混凝土板立模及钢筋绑扎

图 8-1　试验梁制作过程

(e)布设钢筋应变片

(f)浇筑混凝土板

(g)混凝土振捣

(h)混凝土板洒水养护

(i)预制混凝土板和钢箱梁进行组装

(j)浇筑剪力槽孔

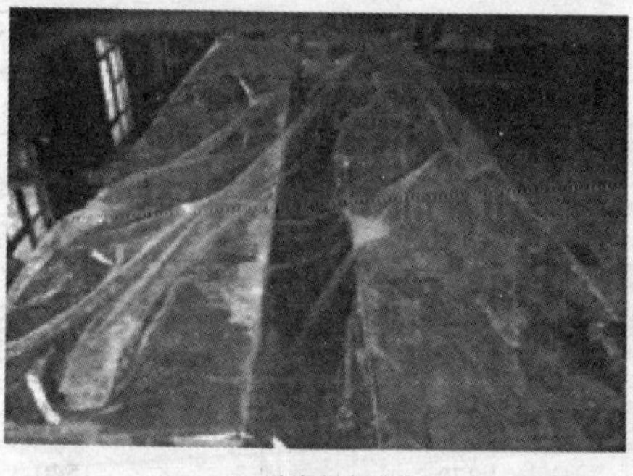

(k)后浇材料养护

(l)试验梁吊装就位

图 8-1　试验梁制作过程(续)

试验梁 B、C、D 的钢箱梁构造和截面尺寸与试验梁 A 相同，此处不再赘述，试验梁 B 和试验梁 C 的混凝土板剪力槽孔中心间距为 600mm，试验梁 D 为 800mm。

（一）混凝土

试验梁预制混凝土板采用 C50 细骨料混凝土，进行了混凝土立方体抗压强度测试，测试结果如表 8-1 所示，混凝土抗压强度为 60. 9MPa。

表 8-1　混凝土抗压强度

测试龄期/天	试件编号	实测值/MPa	平均值/MPa
28	1	61. 97	60. 90
	2	58. 59	
	3	62. 15	
试验当天	1	59. 24	60. 94
	2	60. 30	
	3	63. 28	

（二）灌浆料

剪力槽孔的后浇材料采用 CGM-1 灌浆料，采用 70. 7mm×70. 7mm×70. 7mm 砂浆试块进行强度试验，测试结果如表 8-2 所示。灌浆料弹性模量为 3. 15×104MPa。

表 8-2　灌浆料抗压强

测试龄期/天	试件编号	实测值/MPa	平均值/MPa
28	1	61. 24	61. 27
	2	59. 72	
	3	62. 86	

（三）钢筋

预制混凝：土板纵向钢筋采用直径 8mm 的 HRB400 钢筋，横向箍筋采用直径 6mm 的 HPB300 光圆钢筋。对两种规格的钢筋进行拉伸强度测试，测试结果如表 8-3 所示。

表 8-3　钢筋基本力学性能

钢筋规格	试件编号	屈服强度 f_t/MPa	抗拉强度 f_t/MPa
ϕ8（HRB400）	1	470	657
	2	453	664
	3	463	686
平均值		462	669
ϕ6（HRB300）	1	365	535
	2	360	545
	3	370	540
平均值		365	540

（四）钢板

钢梁板材材质为 Q235B 钢材，上翼缘、腹板及竖向加劲肋板厚为 6mm，底板和段隔板板厚 8mm。钢材材性试验依照 GB/T 228—2002《金属材料室温拉伸试验方法》，进行钢材屈服强度和极限强度测试。测试结果见表 8-4。

表 8-4　试验梁钢板基本力学性能

板厚	应用部位	试件编号	屈服强度 f_y/MPa	抗拉强度 f/MPa
8mm	底板端隔板	1	319	403
		2	317	397
		3	327	409
		平均值	321	403
6mm	翼缘腹板竖向加劲肋	1	313	399
		2	322	395
		3	316	409
		平均值	317	401

（五）栓钉

试验梁采用 ML15AL 圆柱头焊钉，焊钉规格为 $\phi13\times60$，符合（GB/T 10433—2002）《电弧螺柱焊用圆柱头焊钉》的相关要求，栓钉抗拉强度采用拉力试验进行测试，测试结果如表 8-5 所示。试验梁栓钉焊接完成后，进行弯曲试验，检测栓钉焊接质量。

表 8-5　栓钉基本力学性能

试件编号	极限拉伸强度 f_t/MPa	屈服强度 f_y/MPa
1	528	403
2	317	397
3	327	409
平均值	321	403

二、试验测试及加载

试验内容主要包括：试验荷载、试验梁的挠度变形、钢梁与混凝土板之间的滑移、混凝土板的应变、混凝土板中钢筋的应变、钢梁顶部、底部和腹板的应变等。试验梁的挠度试验由布置在中跨的位移计测量，第 14 节和支点节。钢梁和混凝土板的滑移用百分表测量，并按对称布置在试验梁的一侧。

预制混凝土板的试验内容包括混凝土板应变和钢筋应变、混凝土板应变测点布置、跨中纯弯段混凝土板压应变和剪跨段剪力槽侧横向应变。布置钢筋应变测点，以测试纯弯曲截面的纵向钢筋压缩应变和剪切跨截面的横向钢筋应变。预制混凝土：土板钢筋骨架捆扎后，用抛光机在钢筋的指定位置粘贴钢筋应变片并抛光。用 502 黏合剂将钢筋应变计粘贴到处理过的钢筋表面，然后用浸有环氧黏合剂的纱布包裹。确保钢筋应变计连接有足够的长度，对应变计进行编号，并将接线组装到混凝土侧，以便随后浇筑混凝土。粘贴混凝土板应变计时，应使用抛光机将混凝土表面打磨光滑，并用酒精擦拭干净。擦拭处干燥后，用502胶将混凝土应变计粘贴到规定位置，然后表面涂环氧胶保护。环氧黏合剂需要一天时间才能干燥。

装载设备采用100T伺服装载系统。分布梁下放置两块T形厚钢板，实现两点对称加载。一侧装载区域为15×60cm，装载点间距为1.2m。

在加载过程中，通过分阶段的循环加载测试梁的力学性能，包括两个弹性阶段、两个塑性阶段和两个破坏阶段。主要考虑循环荷载下试验梁的应力特性，在有限的试验条件下获得更多的试验数据。在弹性阶段，观察了试验梁的弹性恢复能力；在塑性阶段，研究了试验梁的塑性变形特性；在最终破坏阶段，研究了试验梁的挠度变形、裂纹发展、应变和最终破坏模式。表8-6显示了加载步骤。

表8-6　试验梁加载工况

加载阶段	加载量值/kN	卸载量值/kN
弹性阶段	0→25→50→75→100→125→150→175→200→225→250	250→225→200→175→150→125→100→75→50→25→0
	0→25→50→75→100→125→150→175→200→225→250	250→225→200→175→150→125→100→75→50→25→0
弹塑阶段	0→40→80→120→160→200→240→280→320→360→400	400→360→320→280→240→200→160→120→80→40→0
	0→40→80→120→160→200→240→280→320→360→400	400→360→320→280→240→200→160→120→80→40→0
破坏阶段	0→40→80→120→160→200→240→280→320→360→400→(500→520→560→580→600)	

三、试验结果及分析

（1）弹性加载试验梁B、C和D的阶段与加载速率相对较慢的试验梁的荷载-位移曲线基本吻合，导致极限荷载—位移曲线与其余三根梁相比略有滞后，但边坡的荷载-位移曲线、循环加载后的弹性，每块试梁的荷载—位移曲线的接触比都很高，表明试件处于正常的弹性工作阶段，没有塑性变形。

（2）弹塑性加载和卸载阶段的荷载—位移曲线基本一致，卸载后试验梁A的变形稍大。当荷载小于450kN时，四个试验梁的荷载-位移曲线基本相同，表明增加剪力槽间距和相应的不同剪力连接度对预制钢组合箱梁在使用阶段的整体刚度影响不大。

（3）试验梁C的剪力连接度最低。当荷载大于450kN时，试验梁C的整体刚度开始显著下降，当荷载持续到480kN时，达到最大承载力。相比之下，其他三个试验梁的整体刚度下降缓慢，基本相同，表明增加剪切槽之间的距离对极限状态下组合梁的整体刚度影响不大。当加载至520kN时，试验梁的D位移不断增加，最终达到523kN的极限承载力。

混凝土应变测量主要包括跨中纯弯段混凝土的纵向应变和剪跨段剪槽前后的横向应变。通过测试混凝土板应变计，收集效果良好，测试梁C只有一个横向混凝土应变计失效。

（1）试验梁的纵向应变大致分布在两条虚线中。加载至400kN前，纵向压缩应变增长缓慢，四根试验梁的应变增长基本相同。超过400kN后，试验梁进入塑性阶段，跨中纯弯曲段的压缩应变迅速增加。

（2）当试验梁A加载到560kN的极限载荷时，纵向最大压缩应变达到2400με；当试验梁B加载到575kN的极限载荷时，纵向最大压缩应变达到2600με。当试验梁C加载至480kN的极限载荷时，纵向最大压缩应变达到1600με。当试验梁D加载至520kN的极限载荷时，纵向最大压缩应变达到1900με。

（3）试验梁左侧剪跨的横向拉应变增长明显快于右侧，左侧的最大拉应变也高于右侧。由于左侧横向钢筋间距较大，右侧横向钢筋间距较小，在槽上集中剪力的作用下，横向钢筋承受大量横向劈裂应力。

（4）试验梁A和B的极限承载力较大。当达到极限承载力时，荷载区附近的横向拉应变大大增加，相应位置的桥面也出现明显开裂。桥面横向钢筋应变测量主要检测混凝土板上剪切槽的横向劈裂效应。以跨度为分界线，桥面板左侧相邻剪力槽之间的横向钢筋间距为200mm，右侧相邻剪力槽之间的横向钢筋间距为100mm。左横向钢筋的应变增加明显快于右横向钢筋，左横向钢筋的最大应变也大于右横向钢筋。当拉应变超过150με时，混凝土开裂，混凝土释放的张力由钢筋承担，钢筋应变开始快速增加。

钢箱梁应变测点主要包括上翼缘、腹板和底板。上部法兰测量点布置在跨度中间，以监测加载过程中的法兰应力。在跨度左侧和右侧400mm处分别布置三组腹板测量点。楼层测点布置在中间楼层下边缘和楼层左右400mm处，接近梁高度的一倍。根据钢材基本力学性能试验结果，钢材弹性模量为2.1×10^5MPa，钢箱梁上翼缘和腹板屈服应变为1510με，底板屈服应变为1529με，判定钢梁屈服。

试验梁A和B上翼缘的压缩应变随荷载先增大后减小，并沿相反方向拉伸，当达到极限荷载时，压缩应变突变为较大的压缩应变。屈曲位置主要集中在剪切切口附近。

剪力槽间距(剪力连接度)对组合梁力学性能的影响总结如下：

（1）在不同的剪切连接下，试验梁在弹性应力阶段的横截面应变分布符合平截面假设；随着荷载继续增加，界面滑移增加，组合梁进入塑性应力阶段。在加载过程中，剪力连接度对中性轴位置有一定的影响。对于部分剪切连接度的试验梁，剪切连接度越高，中性轴位置越高。

（2）部分剪力连接对簇状推覆组合梁的抗弯性能有一定的影响。与试验梁B($n/N_j=1$)相比，试验梁C($n/N_j=0.65$)和试验梁D($n/N_j=0.74$)的抗弯承载力分别降低了17%和9%。

（3）当$R\geqslant0.65$时，部分剪力连接对弹性阶段带丛生钉的组合梁的力学性能影响不大。

（4）集束钉水平剪切扩散引起的桥面横向劈裂效应明显。因此，有必要在桥面设计中加强普通钢筋的横向布置，以抑制桥面的纵向裂缝。

（5）随着剪力连接度的降低，试验梁的层间滑移显著增加。从支座到跨中的滑移分布减小，剪切跨中的滑移分布相对稳定。

（6）抗剪连接件的故障都是由螺栓剪切引起的。剪切槽中的后浇材料与簇状钉剪切构件结合良好，没有发生破碎和分离现象。随着抗剪连接的减少，试验梁的破坏模式主要是螺柱剪切，复合性能下降。

预制钢—混凝土组合箱梁桥可以有效降低梁高，减轻结构自重，显著提高桥梁施工速度，同时有利于克服混凝土小箱梁桥横向完整性弱的问题，减少桥梁病害。在公路和城市中小跨径桥梁中具有广阔的应用前景。为了进一步推广其在我国桥梁中的应用，有必要对装配式钢—混凝土组合箱梁桥的结构设计和力学性能进行研究。

① 研究新型预制钢-混凝土组合箱梁桥的合理结构体系和结构，给出预制钢—混凝土组合箱梁桥的基本设计参数，并分别研究全高预制混凝土桥面板、钢箱梁和剪力连接件的结构参数。②预制钢箱梁桥采用无支架施工。首先提升钢箱梁，并将钢箱梁用作支架来组装桥面板。混凝土板和钢箱梁通过浇筑混凝土板和钢箱梁预留的剪切槽连接，显著提高了桥梁的施工速度。③开展装配式钢组合箱梁桥的标准跨径设计，包括 20~35m 四跨单桥宽的两车道和三车道设计。④与预应力混凝土小箱梁相比，装配式钢—混凝土组合箱梁桥可将梁高降低 10%-15%，结构重量降低 30%~40%。预制钢-混凝土组合箱梁桥的用钢量是同跨度混凝土小箱梁的 2. 5~2. 8 倍，混凝土用量是同跨度混凝土小箱梁的 0. 5 倍。预制钢-混凝土组合箱梁桥的前期施工成本高于预应力混凝土小箱梁桥，但其施工速度快、后期维护方便的优点有效降低了预制钢—混凝土组合箱梁桥的全寿命成本。

第二节　装配式钢-混凝土组合箱梁桥的理论分析方法

(1) 有限元模型计算的荷载—位移曲线与实测结果基本一致，极限承载力与实测结果的最大偏差在 6. 5%以内，满足精度要求；模型计算的跨中截面应变分布和层间滑移与实测结果基本一致，能够很好地反映结构的实际应力行为。

(2) 根据剪力连接的大小，组合梁可分为低剪力组合梁(剪力连接度小于 0. 7)、剪力组合梁(剪力连接度在 0. 7~1. 1 之间)、超剪力组合梁(剪力连接度大于 1. 1)。随着荷载的增加，组合梁的抗剪连接件首先破坏。具有适当剪力的组合梁的应力过程显示出良好的延性，失效始于螺栓剪力，当接近下限时，失效过程很容易从具有适当剪力的组合梁转移到剪力较小的组合梁。超剪切组合梁在应力过程中表现出良好的组合性能和较小的层间滑移。破坏模式为混凝土板坍塌并发生脆性破坏。

(3) 在相同剪力连接度下，栓钉组合梁的承载力与均布剪力连接组合梁的承载力基本相同，栓钉组合的剪力连接形式对组合梁的承载力影响不大。

(4) 在弹性工作阶段，丛钉组合梁的剪力连接度不小于 0. 7，剪力连接度对组合梁的挠度没有影响；当剪切槽之间的距离从 400mm 增加到 800mm 时，组合梁的挠度几乎不受影响。

(5) 保证剪力连接度一致，通过对比槽孔间距为 300mm、600mm、900mm 和 1200mm 的组合梁模型，得到四种槽孔间距的组合梁荷载—位移曲线基本一致，增大剪力槽孔间距对组合梁极限承载力影响不大。

(6) 装配式钢—混凝土组合箱梁桥保证剪力连接度不小于 0. 7，剪力槽孔间距有望放大到 2m。正常使用阶段受到汽车等活荷载作用，增大剪力槽孔对组合梁动力及疲劳受力性能的影响有待进一步研究。结合美国 NCHRP12-65 相关研究，认为剪力槽孔间距可放大至 1. 2m。

第九章 UHPC 超大跨径桥梁设计

第一节 超高性能混凝土概述

一、超高性能混凝土的优势及应用

为了解决常规混凝土下大跨径桥梁出现的箱梁易开裂，主跨径难以突破 300m 等问题，将超高性能混凝土(ultra-high performance concrete，UHPC)引用至超大跨径的桥梁设计当中，形成了一种集薄壁结构、密集横隔板箱梁于一体的新型连续梁结构，并对横隔板参数和跨径比进行优化，确定最佳横隔板间隔为 4m，跨径比为 0.6。将 UHPC 箱体桥梁设计方案与某实体桥梁进行对比分析，发现 UHPC 桥梁具有可持续性强、使用寿命长等优点，为超大跨径连续箱体桥梁设计提供了一个新的方法。

预应力混凝土箱梁桥技术以其造价低、受力结构优良、施工技术成熟等优点，在中小跨径和 300m 大跨径桥梁中得到了广泛应用。然而，从已建成并投入使用的预应力混凝土箱梁桥来看，该桥主跨过度弯曲，梁体容易开裂。根据目前的研究数据，产生这些问题的主要原因如下：①主跨挠度是由于桥梁恒载挠度和预应力上拱的共同作用，但由于常规混凝土的徐变系数大，主跨挠度严重，影响了桥梁的质量。②由于传统混凝土的抗拉强度较低，箱梁桥在大荷载作用下极易开裂。③传统混凝土自重过大，限制了主跨的尺寸。

超高性能混凝土是一种新型的混凝土材料。UHPC 通过提高部件的细度和活性，消除粗骨料的使用以减少材料内部的微裂纹和孔隙，并添加钢纤维以实现高韧性和延展性，从而实现超高耐久性。超高性能混凝土广泛应用于水利工程、土木建筑工程、桥梁和路面工程等。它具有高强度、高韧性、耐火和耐腐蚀的优点。

超高性能混凝土的超高抗拉和抗压性能为设计更大跨度的桥梁提供了可能性。因此，许多专家学者致力于超高性能混凝土(UHPC)在超长跨度桥梁工程(300m 以上)中的应用。1997 年，加拿大建造了世界上第一座跨度为 60m、抗压强度为 350m 的超高压混凝土桥。2002 年，布伊格在韩国首尔建造了人行天桥—和平大桥。该桥为上承式钢管拱桥，填充 UHPC 材料。主跨 120m，桥梁平均强度 200MPa。该桥结构轻、自重低，是超高性能混凝土在桥梁工程应用史上的重大发展和创新。2010 年竣工的奥地利 Wild Arch Bridge 8 采用 UHPC 结构。该桥主拱跨度 70m，高度 18m。主拱由两个单箱单室拱肋组成，由横梁连接。

两个拱肋的轴线为多边形。该桥耐久性好，使用寿命长，与普通混凝土结构相比，其全寿命周期经济性更好。由于 UHPC 技术已应用于跨度小于 200m 的桥梁，取得了良好的效果。

二、超高性能混凝土的性能介绍

超高性能混凝土是法国工程师布伊格·理查德于 1993 年开发的一种新型混凝土材料，即活性粉末混凝土。基本制备方法为：无粗骨料粉煤灰、硅粉、石英细砂和高效减水剂相结合。同时，为了提高其韧性和延展性，添加了适量的短细钢纤维。在冷凝过程中，使用压力、加热和其他固化过程来制作。与传统混凝土相比，超高性能混凝土在抗拉强度、抗压强度、韧性和耐久性方面具有很大的优势。与传统混凝土的主要性能比较如表 9-1 所示。从表中可以看出，与传统混凝土相比，UHPC 在各种性能指标上都有了很大的改善和提高，尤其是抗压强度和抗弯强度。

表 9-1　混凝土性能比较

混凝土类别	UHPC	常规混凝土	二者比值
弹性模量/GPa	40~60	30~40	约 1.2 倍
抗压强度/MPa	170~230	20~50	约 5.0 倍
抗弯折强度/MPa	30~~60	2~5	约 12.0 倍
徐变系数	0.29~0.31	1.3~2.1	约 20%
凝结预压/MPa	20	无	—
蒸汽养护/℃	20~90	无	—

第二节　UHPC 箱体桥梁的设计

一、超大跨径的箱梁结构

超高性能混凝土桥梁中箱梁板的壁厚仅为传统混凝土箱梁的 40%，这可能导致箱梁变形，使桥梁不稳定。为了防止箱梁在使用中的变形效应，采用密集横板技术来提高箱梁的整体稳定性，通过底板力，提高薄板的承载力，通过腹板力，提高其抗剪承载力，通过顶板力，降低车辆荷载下的局部应力。该技术取消了竖向和横向预应力，将传统的三向预应力结构改为纵向单向预应力结构，即箱梁桥的横向和竖向应力由肋板结构承担，如图 9-1 所示。

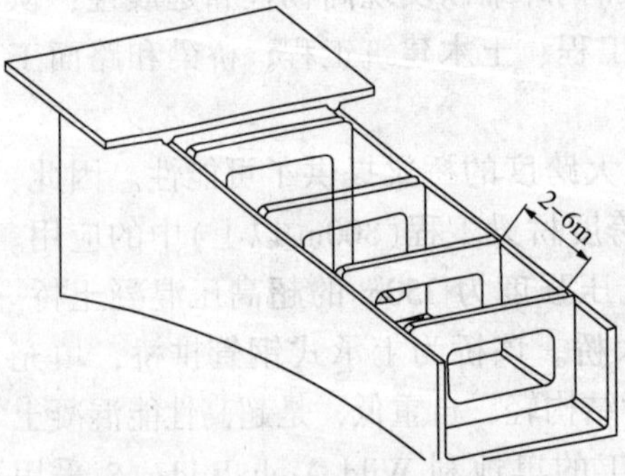

图 9-1　密集横隔板结构

二、跨径比优化选择

合理、科学的边跨和主跨跨径比值 K，不仅能够达到整体桥梁弯矩均匀分配的目的，而且可以保障桥梁的稳定性，降低施工难度，实现超大跨径桥梁的建设21。选取单位弯曲变形能 E 作为边跨、主跨跨径比值优化的目标函数：

$$E = \frac{E_m}{L_1 + 2 \times L_2} = \int \frac{M^2}{2EI} ds / (L_1 + 2 \times L_2)$$

式中，E 为单位弯曲能，kJ/m；E_m 为桥梁总弯曲能，kJ；L_1 为主跨径长度，m；L_2 为边跨径长度，m；M 为承载能力极限状态弯矩包络图最大弯矩，kN·m；EI 为箱梁截面刚度，kN·m^2。从施工技术和经济效益等方面考虑，K 值范围在 0.5~0.7 区间时较为符合实际情况。K 值在[0.5，0.7]区间的单位弯曲变形能曲线如图 9-2 所示。

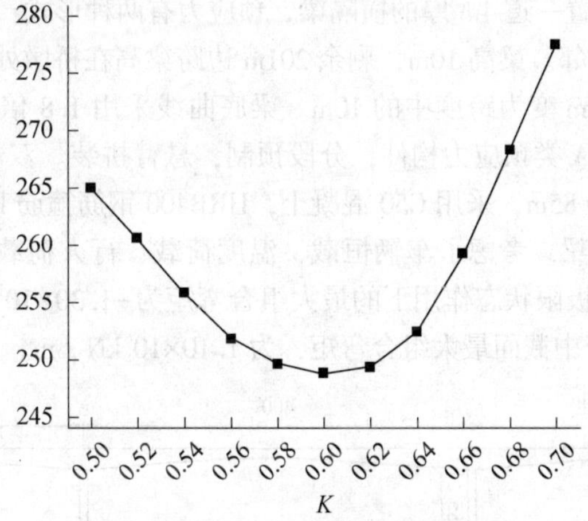

图 9-2　桥梁单位弯曲变形能曲线

由图 9-2 可知，当 K 值从 0.5 到 0.6 时，随着跨径比值的增大，中墩支点产生较大的负弯矩，使得主跨弯矩减小，从而使整个桥梁的弯矩趋于均匀，达到最优。而当 K 值从 0.6 增大到 0.7 时，随着边跨弯矩的增大，导致桥梁的单位弯曲变形能也随之增大。因此，当 K= 0.6 时，E 最小，为最优跨径比值。同时，我们可以确定 K 值的合理取值范围为 0.57~0.63。

三、密集横板参数优化

在使用密集水平板技术之前，需要优化隔膜参数。利用 ANSYS 软件建立了数值模型，分析了主跨结构在车辆作用下的受力情况。通过比较横向内力，选择了隔板的最佳间距。通过将隔板间距分别设置为 2、4、6m 和无隔板，形成四种方案。四种方案的模拟结果如表 9-2 所示。

表 9-2　四种方案模拟结果

横隔板间隔距离	横桥向最大拉应力/MPa	主梁扭转角(10^{-4} rad)		框架横向正应力/MPa	
		Max	Min	Max	Min
2m	1.54	0.223	−1.87	0.317	−0.317
4m	3.43	0.405	−2.94	0.401	−0.401
6m	6.14	0.433	−3.12	0.451	−0.451
不设置横隔板	16.31	5.210	−7.74	1.292	−1.292

由表 9-2 可以看出，最大拉应力、主梁扭转角和框架横向法向应力三个指标的绝对值均随隔板间距的增大而增大。当隔板之间的间隔距离小于 4m 时，这三个指标非常小，可以补偿薄壁 UHPC 桥引起的截面大变形。然而，考虑到桥梁的经济性，当间隔棒设置在 2m 时，成本较高，因此合理的间隔棒为 4m。

四、UHPC 箱体桥梁设计方案

在实际工程中，K 可以设置为 0.6。因此，UHPC 大桥计划跨度为 240m+400m+240m，如图 9-3 所示。上部为变截面预应力混凝土密实横隔梁箱梁结构，每隔 4m 设置一道 12cm 厚的横隔梁，在桥墩顶部设置一道 4m 厚的横隔梁。预应力有两种形式：屋顶、底板和腹板。边跨至边跨，与 39m 边跨相邻。梁高 10m，剩余 201m 边跨梁高在桥墩处由 10m 逐渐变为 20m。主跨的高度从桥墩处的 20m 变为跨度中的 10m。梁底曲线采用 1.8 倍抛物线，主控制断面尺寸见图 9-3。主梁设计为 A 类预应力构件，分段预制，悬臂拼装。双薄壁墩纵向 6MX 横向 4m，壁厚 50cm，墩高拟定为 85m，采用 C50 混凝土，HRB400 钢筋箍筋 HRB335 钢筋。双墩之间每隔 20m 高度设置一根横梁。考虑了车辆恒载、温度荷载、行人荷载和恒载，UHPC 连续箱梁桥墩顶截面在承载能力极限状态作用下的最大组合弯矩为 -1.30×10^{7}kN·m，最大组合剪力为 1.60×10kN·m；主跨跨中截面最大组合弯矩，为 1.10×10^{6}kN·m。

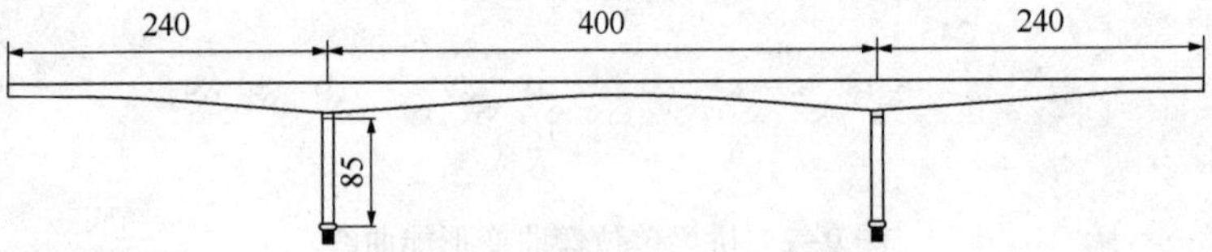

图 9-3　UHPC 桥梁跨径布置

五、实体桥与 UHPC 桥梁方案对比

选取桥梁的碳化作用寿命，Cl 作用下寿命，混凝土和钢材的用量、造价、消耗能量等指标进行对比分析，其指标值如表 9-3 所示。根据表 9-3 中数据计算可得，实体拱桥每 m 造价约为 12.12 万元，每 m 能量消耗约为 2.44×105MJ，UHPC 桥梁每 m 造价约为 17.41 万元，每 m 能量消耗 2.03×105MJ。可见，实体拱桥虽然在经济上优于 UHPC 桥梁，但是其能量消耗率远高于后者，可持续性不足。同时实体拱桥在碳化作用和氯离子作用下，使用年限在 100 年以内，而 UHPC 桥梁则可达 200 以上，实体拱桥的耐久性也远不如 UHPC 桥梁，综合考虑，对于 400m 级跨径的桥梁设计，在可持续性和耐久性方面，UHPC 箱体桥梁具有较大优势。

表 9-3　实体桥梁与 UHPC 桥梁指标对比表

指标	混凝土			钢材			碳化作用寿命/Y	Cl 作用下寿命/Y
	用量/m^3	造价/万元	消耗能量/MJ	用量/m^3	造价/万元	消耗能量/MJ		
实体拱桥	48256	5421.9	8.47×10^{7}	6015	5241.3	1.30×10^{8}	540	1200
UHPC 桥梁	27048	11436.1	7.54×10^{7}	3714	3887.4	1.03×10^{8}	55	760

（1）采用 UHPC 材料设计 400m 超长跨度箱形桥。与传统材料相比，超高性能混凝土材料在抗拉强度、抗压强度、韧性和耐久性方面具有很大的优势。

（2）采用密集板技术提高超大跨度箱梁桥的稳定性，通过数值模拟将板的间隙参数优化为 4m，解决了大截面变形问题，确定最优边跨与主跨比为 0.6。

（3）从成本、容量消耗和使用寿命方面比较超高性能混凝土箱梁桥和实体拱桥的设计方案。

总的来说，在 400m 级超长跨度桥梁中，尽管超高性能混凝土桥梁不如实体桥经济，但它在可持续性和耐久性方面具有很大优势。

第十章 梁桥的构造分析

第一节 梁桥的发展和应用

梁桥仍然是最常用的桥梁类型，目前国外跨度在 15m 以下，采用钢筋混凝土梁桥；跨度在 15m 以上为预应力混凝土梁桥；跨度 25～40m 的桥梁通常为组合梁桥或预弯预应力梁桥。自 20 世纪 50 年代德国首次采用平衡悬臂施工法建造跨度为 114. 2m 的 Worms 桥以来，混凝土梁桥也被用于大跨度桥梁。国外最大的混凝土梁桥是巴拉圭 270m 长的亚松森大桥。钢梁桥通常用于大跨度，尤其是大跨度的桁架梁。最大的钢桁架桥是加拿大魁北克大桥，跨度为 549m。这是一座既有铁又有轨的悬臂梁桥。

一、混凝土连续梁和连续刚构桥发展迅速

交通运输的快速发展要求行车平稳舒适，而多伸缩缝的 T 形刚架已不能满足要求，因此连续梁和连续刚架得到了快速发展。连续梁的缺点是需要大吨位盆式橡胶支座，维护工作量大。连续刚架结构具有连续梁和梁墩固结的特点。它既保持了连续梁运行平稳舒适的优点，又保持了无支座 T 型刚架的优点，减少了维修工作量。

二、预应力的应用更加丰富灵活

部分预应力广泛应用于公路桥梁中。在极端载荷下，不仅允许拉伸应力，而且允许开裂。这种方法的优点是，它可以避免在全预应力过程中沿钢束纵向开裂和超拱。刚度小于全预应力，有利于抗震。并能充分利用钢架，减少钢束，节省钢材数量。体外预应力已得到应用和发展。体外预应力在世界上早在 20 世纪末就开始应用，70 年代以后应用得更多。体外索可以减小截面尺寸，减少结构的恒载，提高构件的施工质量。钢筋的线性形式更适合设计要求，更换和维护更方便。使用外部电缆加固桥梁更方便。美国著名的朗基大桥跨度 36m，采用外部电缆。增加了大吨位预应力的应用。现在许多桥梁都使用了每根 500T 预应力索梁。预应力索通常是平弯的，并锚固在箱梁的轴上，这可以减少板的厚度，减少自重，并容易解决局部应力。无黏结预应力已得到应用和发展。无黏结预应力在国外 50 年代中期被广泛应用于建筑行业。在美国目前的楼板中，使用了 99%的现浇无黏结预应力。无黏结预应力结构易于施工，无须隧道灌浆，易于维修，并可降低截面高度，荷载作用下的

应力幅值小于有黏结预应力的应力幅值，这有利于提高疲劳抗力和耐久性。双预应力，即除预张拉预应力外，预压杆用于使梁荷载面在预张拉和预压杆的作用下工作。简支双预应力梁端部局部应力较大。后来，日本人将预压钢筋设置在距梁端部一定距离的梁上边缘的预留槽中，而不是锚固在梁端部，因此局部应力问题趋于缓解。预弯预应力梁在国外也有广泛的应用。预弯预应力梁是在工字钢梁中，对称施加两个集中力，浇筑混凝土底部，卸载集中力，使底部混凝土预压，然后浇筑腹板和顶板混凝土。一些国家，如日本，已经将底部梁作为大宗商品供应。

第二节　箱梁的内力计算的实用性

对于箱梁，有必要考虑内力的约束扭转、翘曲、变形和剪力滞。由于剪力滞回的影响，箱梁在受弯时顶底板的纵向应力不均匀，在箱肋附近较大，在横跨中部较小。钢筋应使用有效宽度。目前，根据试验结果，纵向应力按多条抛物线分布，并取得了实际结果。箱梁温差应力计算。由于安装方向和环境的不同，箱梁将承受不同的温差。必须考虑温差应力。在某些情况下，温差应力非常大，甚至超过负载应力。因此，有必要根据现场可能出现的温差计算内力，以进行组合和加固。根据施工步骤计算恒载内力。根据结构的最终系统计算恒载内力通常不是实际内力。计算必须按照施工顺序分阶段进行，计算中应考虑混凝土龄期徐变和收缩的影响。这样，不仅可以控制施工阶段的内力，还可以形成结构内力和未来内力。

一、梁桥上部构造设计

中国有大量的桥梁。到 2020 年底，公路桥梁数量已达到 80 多万座，其中梁桥占多数，占桥梁总数的 90%以上。梁桥的截面形式较为常用，如实心板梁、空心板梁、T 梁、工字梁、槽梁、小箱梁、大箱梁等。

（一）上部结构为板梁

板梁有实心板梁和空心板梁两种，空心板梁分为单孔空心板和双孔空心板。当桥梁长度较短时，通常采用 5~8m 的整体实心板梁。整体实心板通常为模板和钢筋，现场整体浇筑。该结构结构简单，无纵缝，整体性好，施工方便，施工中易于浇筑成各种形状。但其自重大，承载力低，只能用于小跨度简支梁桥。与实心板梁相比，空心板梁由于其中间的孔部分重量轻，且孔部分在整个截面中所占比例大，因此通常用于大跨度简支梁桥。当桥梁跨度为 6~13m 时，桥梁上部结构通常为钢筋混凝土。简支板，当跨度大于 13m，一般小于 20m 时，由于上部结构自重和活载增加，板梁受弯矩和剪力增大，如采用普通钢筋混凝土空心板，其裂缝宽度较大，以减小裂缝宽度，保证梁体的安全，因此上部结构通常采用预应力混凝土空心板。预应力空心板按预应力筋的布置可分为预应力空心板和预应力空心板。预张拉空心板需要较大的固定预制支座，受位置限制很大。后张空心板需要大型张拉设备和锚固件，不能重复使用。有许多过程，但预应力钢束可以根据板的应力特性曲线进行布置。因此，空心板上部的设计和选择应根据桥梁的具体情况进行。板坯多在工厂或施工现场预制，在浇筑桥梁基础时，上部结构可预制板梁，可有效缩短工期，节约施工成本，且板梁结构简单，预制、运输、安装方便，接头薄弱，铰缝承受车辆荷载反复作用，易损坏，操作过程中，需要密切观察，加强维护。

（二）上部结构为T梁

当桥梁跨度为10~20m时，上部结构可采用简支钢筋混凝土T梁，当跨度增加到20~40m时，上部结构常采用预应力混凝土T梁。T梁截面形状简单，整体性好，预制施工方便，接缝连接可以是干接缝钢板连接和混凝土浇筑湿接缝，T梁安装完成后，经常使用浇筑混凝土湿接缝连接，连接更加牢固可靠。T形截面梁肋数量较少，厚度较薄，预应力混凝土T形梁梁肋可加工成马蹄形，中间截面梁肋的宽度较小，有效减轻了结构重量，运输和安装过程中，起吊重量较轻，因此T形截面是简支梁桥上部结构中常用的截面形式。然而，在运输和安装过程中，稳定性较差，需要对两侧进行牢固支撑。因此，在选择桥梁上部结构截面时，应综合考虑。

（三）上部结构为简支箱梁

当桥梁跨度为20~50m时，其上部结构也可用于简支预应力混凝土装配式小箱梁，早期装配的小箱梁截面为矩形，类似于大孔空心板结构，腹板发展为逐渐向内倾斜，大部分小箱梁也为工厂预制，运输至施工现场进行安装。与T型梁相比，小箱梁结构有点复杂，在模板内预制，可增加起吊重量，但其截面形状稳定性、弯曲、剪切和扭转刚度较大，在荷载作用下，小箱梁的应力与T梁相比更均匀，而在运输和安装过程中，小箱梁桥以及小箱梁架设的稳定性均已完成，由于单梁截面宽度较宽，浇筑湿接缝的纵向连接较少，连接更牢固可靠，因此常用于大跨度简支梁桥。

（四）上部结构为连续箱梁

当桥梁跨度继续增加并超过50m时，上部结构的恒载增加。随着梁长度的增加，上部结构的活荷载在运营过程中也会增加，梁的弯矩和剪力也会增加，因此桥梁也会增加。上部结构通常设计为连续结构。当上部结构为连续梁时，更多使用连续箱梁。与简支箱梁桥相比，连续箱梁桥墩的顶部不断打开，横截面产生负弯矩，这被解释为跨度的正弯矩。因此，与连续梁相比，当截面高度不变时，跨越能力增加，连续接缝和伸缩缝的数量减少，驾驶舒适。连续箱梁的横截面大多是整体的，没有设置纵向接缝，因此具有良好的整体性。当跨度较小时，可以使用等截面连续箱梁。等截面箱梁的施工方法灵活，如支架浇筑、移动模架或顶推施工。当跨度较大时，它会减小。上部结构重量大，常采用变截面连续箱梁，变截面连续箱梁造型美观，多采用悬臂浇筑或悬臂拼装的施工方法。桥墩上仅设置单列支架，桥墩尺寸相应减小，但施工方法更为复杂，施工方法对结构应力和钢筋影响很大。

（五）连续刚性箱梁桥

当桥梁跨度继续增大时，为了减小跨中截面高度，增加桥下净空，桥梁结构可采用墩梁固结连续刚构形式。上部结构根据桥梁的宽度，通常采用单箱单室、单箱双室、单箱三室箱形截面。连续刚构桥与连续梁桥的区别在于墩顶结构。连续梁墩顶部设置支座。连续刚构墩顶墩与上梁体固结，上梁体是介于拱桥和梁桥之间的结构体系。由于墩梁的固结，桥墩处的主梁承受较大的负弯矩，并起到卸载跨中正弯矩的作用。因此，与相同跨度的连续梁相比，该跨度的正弯矩减小。当跨度相同时，截面高度相应降低。

二、梁桥下部构造设计

随着我国社会的发展进步和人民生活水平的日益提高，交通的便利性和安全性越来越受到人们的重视，桥梁是现代交通不可或缺的组成部分，与此同时，桥梁建设得到了快速发展，我国桥梁工程建设规模不断扩大，在科技水平上，一直处于世界先进水平。各种功能齐全、造型美观的桥梁开始频繁出现在人们的生活中，给人们带来了方便，而许多桥梁也逐渐成为城市的标志性建筑。

设计根据规范对强度、应力和局部承载强度的要求，考虑各种尺寸和材料的选择，并在规范允许范围内产生变形，使桥梁在正常使用下达到安全、稳定和耐久性标准。在预期的事故负荷下仍能满足正常使用标准。本设计还充分考虑了该地区桥梁的地质和水文条件，既保证符合规范要求，又保证因地制宜，便于施工和维护，并考虑了桥梁本身的美学和社会经济性，不仅设计合理，同时也发挥了良好的社会效益和经济效益。在公路、铁路、城乡交通建设中，为了跨越各种障碍物(河流、沟壑等)，必须修建的建筑就是桥梁。桥梁不仅具有独特的功能，而且体现了桥梁与环境和谐相处的独特建筑美。

（一）桥梁下部结构形式的选择

一般桥梁下部结构的选择不仅与地质条件有关，而且与下部结构密切相关。除了非超静定结构的简支梁桥等简单桥梁外，超静定结构将对软基产生多重中间应力。结构应力复杂，不均匀变形也会增加二次应力。

1. 钢筋混凝土薄壁墩

这种桥墩适用于狭窄河床和低填方。这不仅减少了桥梁长度和成本，还减少了填埋量，因此不会压缩河床。具体措施是在河床附近的桥墩上，在桥墩下方设置横向支撑，形成框架结构体系，并在平台两端后借助被动土压力保持稳定。

2. 柔性排墩

这种桥墩不再适用于现代桥梁，主要适用于小跨度多孔桥梁。这种结构施工较为复杂，成本较低，但没有实用价值，一般用于城市美化桥梁，其桩基主要为打入式。

3. 埋入式桥台

在这种形式中，桥台前方有较高的锥体护坡，平台体埋在护坡中。有两种形式的单排桩和双排桩框架。这种桥台形式的最大缺点是保证路基的稳定性，并且由于工程成本的原因，桥梁长度不能缩短。

4. 柱式桥墩

这种桥墩形式可以节省空间，并充分利用城市高架桥。而且这种形式施工方便，在城市高架桥中有很好的应用，尤其是在软基条件下。柱桥墩有两种常见形式：单排桩带盖梁，一般用于简支梁桥，但由于发生桥梁侧翻事故，也使用较少；连续箱梁桥多采用无盖梁排柱墩。桥墩的选择。应首先考虑结构的超静定次数，并应尽可能减少超静定次数，以减少二次应力的影响。它可以增加桩径，并尽可能减少嵌岩桩的使用。摩擦桩用于提高承载力，降低施工难度。

（二）桥梁下部结构内力计算

一般情况下，在软土地基上，上部结构采用组合形式，即先简支后连续结构。这样，子结构的力变得复杂，需要考虑的因素将更多，必须综合考虑。因此，下部结构的内力计算直接影响到整个桥梁的受力和工程的安全。必须计算以下各项。

1. 主梁内力的计算

根据桥墩设计手册，桥墩内力计算方法通常按照杠杆法计算。当负载处于对称位置时，使用杠杆法。如果载荷处于偏心位置，则使用偏心压力法进行计算。设计值为两种荷载的较大值。这两种荷载不一定是最不利的荷载组合，因此仍然存在不安全因素。正确的方法是根据结构力学绘制各截面的内力影响线，然后进行最不利组合计算，计算结果包括各截面的最大值，然后根据内力包络图进行加固。还假设活荷载直接作用在桥墩上，而不考虑活荷载和第二恒载的横向分布，但这种计算方法缺乏实用依据。

2. 桥墩内力计算

桥墩主要承受压缩，但也承受刚性结构的张力和弯矩。利用柔性桥墩的刚度计算墩顶的水平力，即车辆在桥面上的制动力产生的水平力，将混凝土收缩徐变温差分配给桥墩进行计算。最后，根据不同组合，计算墩顶水平力、竖向力、弯矩，并计算各截面的最大值和最小值。

3. 桥台内力计算

桥台内力计算除最大竖向力、水平力弯矩、桥台背土压力、负摩阻力和桥台板重力外，其中水平土压力的影响较为复杂。土压力的计算取决于桥台形式，钢筋混凝土薄壁桥台的计算根据深基础考虑。埋入式桥台应按原地面线或冲刷线为准，对于土质较差的地区也应进行检查。同时，地震土压力对桥台的影响不容忽视，地震的影响随着桥梁等级的增加而增大。地震力计算中无须考虑活荷载，地震力组合对桥墩的影响大于桥台。因此，应注意不要忽略。注意施工，桥台必须采用透水性强、稳定性好的材料。否则，渗水后，摩擦角和黏附力下降，从而作用在桥台背上的力的水平分量，使桥台的实际土压力远高于设计值，从而使桥台失稳，发生一些事故。

4. 桥墩路基沉降验算

一方面，路基沉降过大。桥台重视跳板，导致台背过早损坏；桥台盖梁裂缝和桩基不均匀沉降，导致路面开裂和路基渗水，从而导致路基失稳。另一方面，路基位移较大。路基错位对桥台造成严重破坏。此时，桥台的有效受力面积减小，桥台承受的水平土压力远大于正常计算，因此风险更大。因此，有必要更加重视深度滑动检查。在计算中，如果这两方面都不能满足，就必须采取有效措施进行处理，如混凝土桩、粉喷桩效果较好。

三、桥梁下部结构钢筋

（一）加固方法的选择

桥梁下部结构的加固，包括盖梁、桥墩、桩基和桥台的加固。钢筋按内力计算分配，因此加固方法值得在设计中注意。在设计中，假设压缩区的混凝土不受拉伸，钢筋完全弹性，拉伸区的混凝土呈线性变化。主要方法有极限法和容许应力法，但它们实际上是根据承载力的极限状态设计的。实际上，极限法是基于等截面简支梁的实验结果，其实际应用范围很窄。根据实际情况，容许应力法仍需广泛应用，设计者应更加注意做出合理的选择。

（二）盖梁钢筋

盖梁的加固原理不能完全应用极限法，因为极限法的实验基础是等截面连续梁。盖梁的弯曲钢筋应根据裂缝宽度进行加固，并确定盖梁剪力钢筋设计室内钢筋和混凝土的剪力分布。因此，抗剪钢筋的配置往往需要大量计算，这给梁中的钢筋带来了困难。钢筋只能通过试配筋进行调整，使混凝土和箍筋承担更大的比例，使钢筋的自由度更大。同时，盖梁的剪力大于弯矩。因此，有必要确保有多余的抗剪钢筋，以满足抗剪要求。

（三）桩基加固

目前，抗弯钢筋设计统一采用极限法，并根据相关规范进行具体计算。虽然存在许多开裂现象，但对桩抗裂钢筋的加固仍没有意见，需要进一步研究。根据桩基弯矩包络图布置桩基截面钢筋。通常，桩基有一定长度的素混凝土截面，桩的竖向主筋根据桩的弯矩确定其长度。对于摩擦桩，无论从受力还是施工，将桩基延伸到软土中是合理的。首先，节约钢材，钢筋笼的数量取决于桩长。再次，可以减少桩基底部断桩的事故。同时，钢筋笼贯穿到底，只能采用电杆桩处理。

四、设计实例分析

上部结构为6×25m预应力混凝土连续箱梁桥，下部结构为双悬臂单柱墩+钻孔桩。设计车辆荷载为公路Ⅰ级，地震动峰值加速度为0.20g。恒载下，墩身为轴压构件。当车辆荷载有偏时，双悬臂力不均匀，使墩身产生较大弯矩。随着车辆荷载的增加，墩身弯矩和轴力同时增大。当影响超过承载力时，桥墩弯曲和倒塌。建立了桥墩倾覆风险分析的空间有限元模型。车辆荷载设置在3种工况下：工况1为高速公路-Ⅰ车道荷载；工况2为55t船队，间距10m；工况3为55T船队，间距5m。桥梁施工的成功不仅体现在先进技术的应用上，还体现在其早期科学的规划和合理的方案上，这对桥梁施工节约工程成本、缩短工期、保证工程质量至关重要。早期规划，制定方案，以达到最佳，这可以大大缩短工期。因此，业主应给予设计单位合理的设计时间。为了确保最佳的设计方案，创造最高的效益。

第十一章

梁桥桥面系的布置

桥面系指直接承受车辆和人员荷载并将其传递给桥梁附属设施中主要承重构件的桥面结构系统，包括桥面铺装、桥面、轨道、梁、百叶窗、人行道等。桥面、加劲肋、纵梁、梁和其他构件直接承受桥面结构系统的荷载。甲板系统包括纵梁、横梁和纵梁之间的连接。根据道路等级、桥梁宽度、行车要求等条件，在桥梁总体设计中应考虑一般公路桥面布置。混凝土梁桥的桥面布置通常有以下类型：

一、双向车道布置

上下游交通布置在同一桥面上，上下游交通由无明显边界的画线分隔。机动车和非机动车可以同时通过该桥，该桥也由划线分隔，因此车辆混合交通影响速度并造成交通堵塞。适用于交通量较小的桥梁。

二、车道布置通常有以下情况

(1) 桥面上设有分隔带，将上下车辆分隔开来；

(2) 远光分离装置，位于远光分离带的中间；

(3) 两主梁之间的单向交通未在桥面上连接；

(4) 机动车道通常与非机动车道分开，车道与人行道分开。

分隔带有以下几种形式：混凝土护栏、钢棒或电缆(链)分离、由路缘石分隔。

双层布置是桥梁结构在空间上的布置，可以提供两个不在同一平面上的桥面结构。双层桥面的布置可以使不同交通严格分隔车道，提高车辆和行人的通行能力，方便交通管制。同时，可以充分利用桥梁空间，减少桥梁宽度，缩短引桥长度，满足相同的交通要求，取得较好的经济效益。

第一节 桥面铺装层

一、建设过程

桥面铺装施工顺序为：清除浮渣、高压水清洗桥面、精密放样、钢筋绑扎、模板安装、浇筑混凝土、混凝土养生。

二、施工方法

（1）凿除浮渣，清理桥面，桥面铺装施工前，应进行普查，以确保铺装层的设计厚度。然后用“地毯式”凿子清除浮渣、浮浆、清除其他杂物，并用高压水清洗，以确保桥面铺装层与底部紧密结合。

（2）精确放样和标高控制按照分段施工的方法，在桥面上每隔5m布设中心线点，准确弹出模板的安装基准线，并在中心线点处准确测量高程控制点。铺桥钢筋网必须按设计位置定位，立模时用拉线控制模板顶标高，并重复标高放样。模板安装后，即使在浇筑过程中有必要，也应多次检查和复核模板标高，以便经常测试、经常验证和经常纠偏，以确保桥梁铺装标高的准确性。

（3）钢筋制作安装钢材生产、安装严格按照设计要求和施工规范进行，钢筋网位置准确，网架尺寸标准，钢筋布置准确，钢筋底垫混凝土砌块，确保钢材有足够的保护层。在桥面混凝土铺装施工中，必须严格要求，尽量避免使用重物对钢筋进行绑扎和安装或被运输人员踩踏，使钢筋发生位移，并在浇筑过程中注意纠正钢筋的位置。

（4）使用模板安装模板顶标高与混凝土路面顶标高严格一致，以确保严格控制桥面横坡的设计。

（5）混凝土浇筑是整个桥面铺装施工最重要的部分，其工艺流程为：混凝土人工铺装→平板振动器压实→钢管刮刀刮尺检查→人工精平→头发绘制→健康保护。混凝土摊铺层先用振动棒振捣，再用振动梁粗平。粗平后，用木材或平板对摊铺层进行二次泥浆找平。混凝土表面根据混凝土平时的实际情况掌握收浆、压浆的时间，应在初凝后完成终凝。浇筑混凝土时，材料铺设一次以满足厚度。多余材料采用振捣找平的方法刮除，严禁采取补料不足的方法，防止桥面不平现象的发生。混凝土浇筑过程中应随时派人检查振动情况，并检查混凝土路面层的标高，以便及时发现问题并及时处理。浇筑前，应检查梁端和砌块之间是否嵌入木楔，以确保预制板在混凝土浇筑过程中不会移位。

（6）混凝土养护桥面混凝土浇筑初凝后，应安排专人进行养护，铺设土工布并洒水湿润。覆盖洒水养护时间不少于14天。

三、验收标准

（1）路面层厚度、钢筋及混凝土强度应符合设计要求。结构厚度误差不得超过-20mm。

（2）摊铺层（裸梁或防水层）的基层表面在摊铺前应粗糙、清洁、湿润。

（3）桥面钢丝网应处于准确连续的位置。

（4）路面表面应进行防滑处理。

（5）水泥混凝土施工工艺及钢纤维混凝土摊铺技术要求应符合现行国家标准《城市道路工程施工与质量验收规范》（CJJ 1—2008）的相关规定。外观检查：水泥混凝土桥面铺装表面应坚实、光滑、无裂缝，并应有足够的粗糙度；表面伸缩缝应平直，填充缝应密实。

四、安全、环境管理

（1）施工现场的建筑垃圾要做到天天清扫；

(2) 安全防护设置要符合规定；电线要架空，设有配电箱、锁，工人要使用安全“三宝”(安全帽、安全带、安全网)；

(3) 工地环境污水要畅通，场地四周要干净。

第二节　桥面纵横坡

公路桥梁，特别是山区公路桥梁，受到平面类型指标的限制。桥面横坡通常不是标准横坡。既有标准横坡，也有统一高程的单向坡，甚至一跨两端都需要反向横坡。装配式桥梁因其受力简单、工期短、施工方便等优点，在公路桥梁中得到广泛应用。设计阶段梁顶坡的合理选择对桥梁的受力和经济性有着重要影响。然而，在实际的桥梁设计中，设计者的水平参差不齐往往导致桥梁处于不利的受力状态和经济浪费。

装配式桥梁广泛应用于公路桥梁中。预制桥的横截面通常有三种类型：板、T梁和箱梁。为了减少预制所需的模板数量，便于标准化生产，板梁的顶部和底部采用平坡预制，T梁和箱梁的顶部采用底部 2%的平坡预制。该方法对于常规线路平面是合理的，但当桥梁处于超高段甚至超高坡度段时，常规方法无法满足桥梁受力的合理性和经济性。因此，如何根据不同的平面类型合理选择桥面横向坡度已成为桥梁设计和施工中的重要考虑因素。

一、桥面横坡形成机理

如图 11-1 所示，由于考虑到标准化生产，通常使用的预制板整体板宽度较小，这种在框架梁中预制的平坡屋顶和地板的板厚通常采用刚性旋转，通过调整桥面铺装层的厚度来实现整体桥梁横向坡底，如平钢板与盖梁顶部支承垫石支撑确保放置在一起；另一种方法是将每个板水平形成一个水平梯，如图 11-1 所示。板的顶部形成之字形，从而铺设板的顶部。

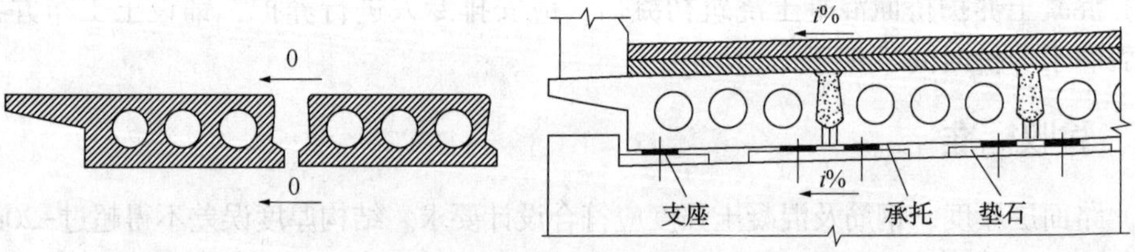

(a)预制空心板

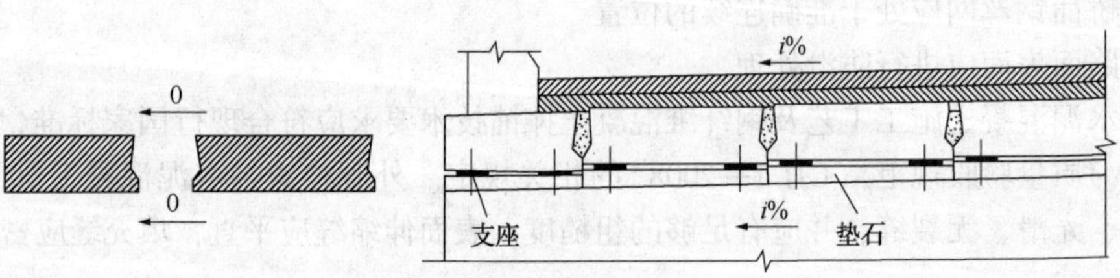

(b)预制实心板

图 11-1　板梁横坡形成示意图

图 11-1 显示了板梁桥的两种常用横向边坡处理方法。图(a)特别适用于横向坡度大于4%的情况。如果按图(b)处理横坡，桥面横坡厚度差过大，无法保证横铰的合理性。对于桥梁宽度较小的中小跨径桥梁，当横向坡度较小时，可优先采用图(b)中的桥面横向坡度形成模式，以便于施工。当内部横坡发生变化时，每个桥墩根据其自身横坡的特点进行处理，桥面最终横坡与板底之间的差异由现浇层混合。混凝剂浇铸厚度处理。

二、T 梁和小箱梁

由于 T 梁和小箱梁直接采用湿接缝横向连接方式，与板梁用铰缝连接桥面横向坡度相比要复杂得多。如图 11-2 所示，正常预制时，两种梁的顶部横向坡度在梁底部为 2%。在同一跨度内，桥面横向坡度可能出现四种情况：标准 2%、等超高段、同向变坡段和反向变坡段。

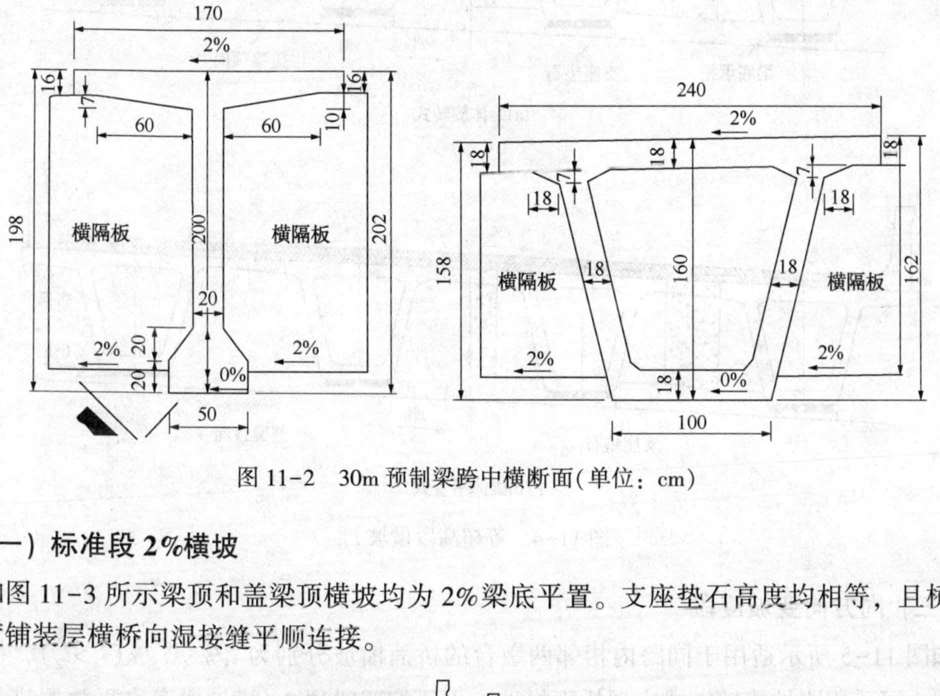

图 11-2　30m 预制梁跨中横断面(单位：cm)

(一) 标准段 2%横坡

如图 11-3 所示梁顶和盖梁顶横坡均为 2%梁底平置。支座垫石高度均相等，且桥面为等厚度铺装层横桥向湿接缝平顺连接。

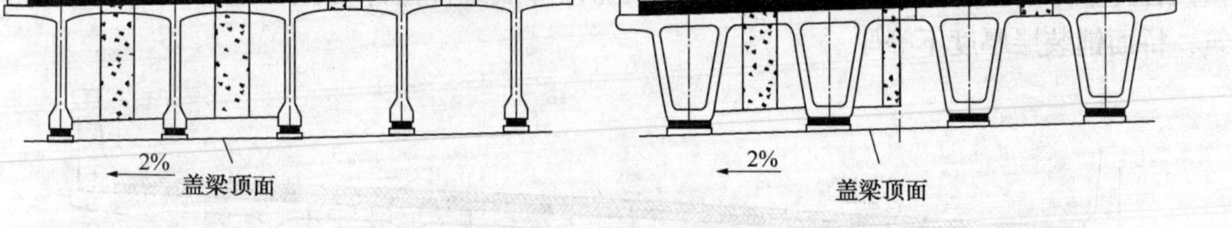

图 11-3　标准段 2%横坡

(二) 等超高段 i%横坡

如图 11-4 所示，可采用梁体旋转式和梁体平置式两种方式，盖梁顶横坡均浇筑成 *i*%。如图 11-4(a)所示，梁体旋转式是指：梁顶按照 2%横坡进行预制梁底水平放置然后横向各片梁沿桥面中心整体刚性旋转到桥面横坡值 i%梁底则形成(i-2)%的横坡通过梁底预埋钢板和支座垫；石共同调整桥面现浇层厚度，保证桥面铺装层等厚度和湿接缝及横隔板平顺连接。如图 11-4(b)所示，梁体平置式是指：梁顶按照 2%横坡进行预制梁底水平放置然后横向各片梁梁底水平放置不进行刚性旋转，盖梁顶与桥面横坡 i%一致横向湿接缝及横隔板与主梁进行不平顺连接桥面现浇层厚度不等厚。

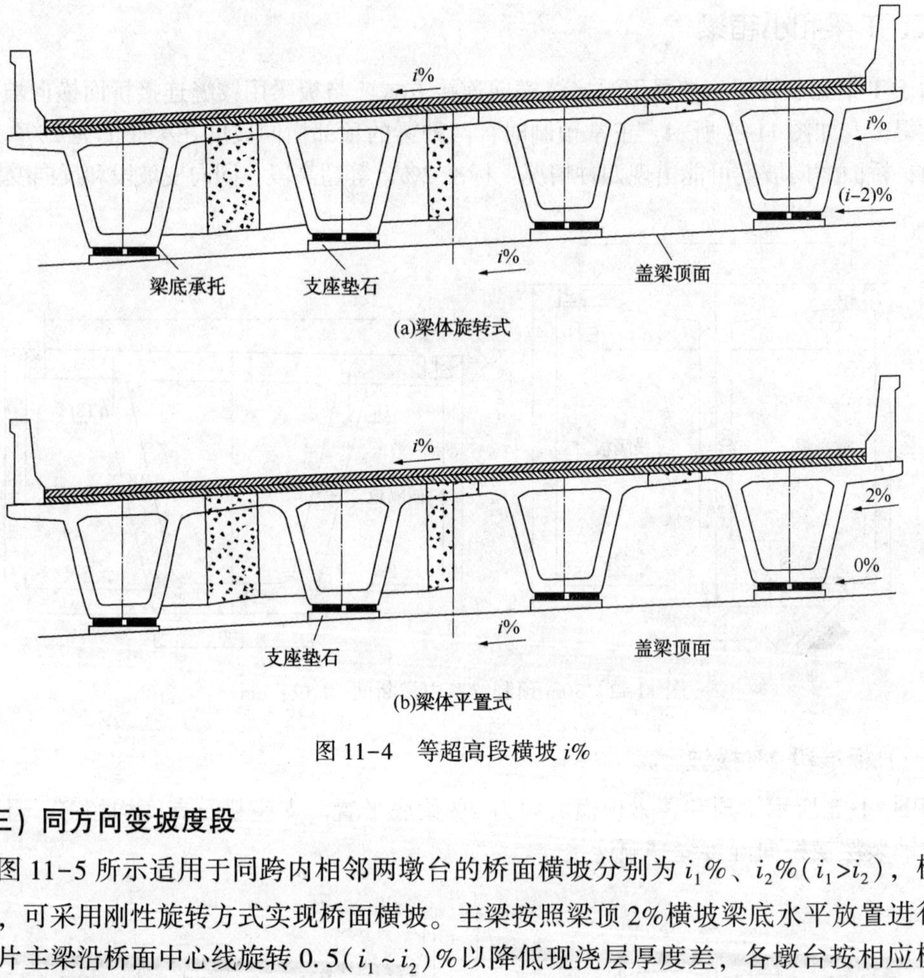

图 11-4　等超高段横坡 i%

(三) 同方向变坡度段

如图 11-5 所示适用于同跨内相邻两墩台的桥面横坡分别为 i_1%、i_2%($i_1>i_2$)，横坡方向相同，可采用刚性旋转方式实现桥面横坡。主梁按照梁顶 2%横坡梁底水平放置进行预制横向各片主梁沿桥面中心线旋转 $0.5(i_1\sim i_2)$%以降低现浇层厚度差，各墩台按相应横坡浇筑，桥面铺装层厚度不等厚。

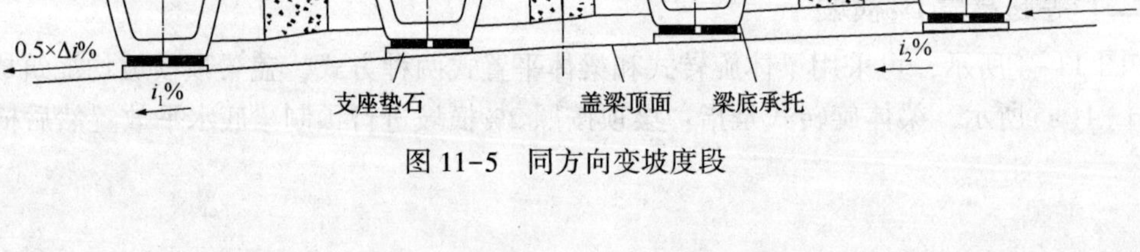

图 11-5　同方向变坡度段

（四）反方向变坡度段

适用于同跨内相邻两墩台的横坡分别为 $i_1\%$、$i_2\%$，横坡方向相反既可采用梁体刚性旋转的方式也可采用梁体平置。当两反方向横坡差别过大时，这两种方式均会可能出现铺装层厚度不足的情况。当最薄现浇层厚度不足 7cm 时应首先考虑调整超高渐变率。

第三节 排水设施

桥梁排水不良会对桥梁结构本身造成直接损坏，这一点尚未引起重视。特别是在冬季，桥面结冰的水会使车道打滑或堵塞排水设施，使桥面排水不畅，影响行车安全。因此，加强桥梁排水施工质量控制，消除工程质量缺陷，保证排水工程质量具有重要意义。

一、桥梁排水设施的构成

目前，我国公路、铁路、通航河流和城市高架桥的排水，一般通过横坡和纵坡进入地面或河流的排水设施，除纵坡和横坡排水外，还有一些较为完善的排水设施。桥梁排水设施包括桥面铺装层排水、水横截面、进水口、排水管、落水管和桥头集水设施等。根据排水目的的不同，可分为路面排水和浅层排水结构。

二、桥梁排水设施的作用及注意事项

（1）防止桥面积水，确保行车和行人安全；

（2）及时排水桥面，防止桥面结构层渗透，损坏桥面；

（3）不影响桥梁的完整性和美观；

（4）阻塞维护非常方便。

一般来说，桥梁的排水设施需要注意几个问题：水流入口的大小和布置必须与桥面构件的布置相协调，以防止桥面出水直接冲刷桥台和翼墙，并避免水和腐蚀性物质侵蚀桥梁构件；桥下应设计适当的排水口，以承受水的侵蚀，并防止水溅到桥梁的支撑结构上。

三、桥梁排水工程问题分析

（1）排水不及时，主要原因是排水口处理不当，排水口小或容易堵塞。

（2）排水管道质量控制不到位，管道接口不严格，管座不匹配，局部现象过紧或过松，导致排水口渗漏。

（3）路桥排水勘察设计工作没有做好，没有综合考虑水的危害。这些问题可能导致桥下路基边坡向下坍塌，路基土的渗水降低路基强度，导致路基边坡沉降，导致边坡滑动。

（4）公路建设中经常遇到居民密集、道路狭窄、建筑物封闭、地下水位高的情况。这些客观因素增加了施工难度，使排水管道在施工中容易出现质量问题。

四、提高桥梁排水设施施工质量的控制措施

（一）排水管道质量控制措施

（1）管口密封面应光滑。接口工作开始前，内外接口应清洗干净，保持光滑无变形。

（2）排水管常用材料有铸铁管型、钢管型、钢筋混凝土管型、玻璃钢管型、塑料管型、复合管型等管道类型。管道材料的选择应基于当地道路和桥梁的地形、地质、地下。具体分析水质，但基本要求是：管道质量部门必须提供机械试验报告和机械试验报告等相关数据；外观要求表面光滑均匀现象；安装前应逐段检查，如发现质量问题或管道质量有疑问，应责令退货或进行有效处理。

（3）由于管道接口和施工质量较差，在外力作用下容易损坏或开裂。首先要选择优质的界面包装，并根据试验配合比和合理的施工工艺组织施工；然后根据施工规范对接口进行检查，只有当气密合格后，才可以修一口井，并取密封良好的管道，否则必须更换管道，填充接口时应要求安排和加工专业技术人员。

（二）桥面铺装质量控制措施

水泥混凝土桥面铺装应采用防水混凝土，桥梁负弯矩区、重要或特殊结构部位的截面，在设计和施工工艺中应更加注意防水应力开裂和破坏。防水层应采用成熟的材料和成熟的施工工艺设置。桥面防水层不应使用防水卷材或其他防水层铺设方法。防水层应在安装层和层之间提供足够的黏结力，以抵抗层间剪切和拉伸。同时，防水材料应能满足高温稳定性和低温抗裂性的要求，还应具有一定的抗拉强度、韧性和断裂伸长率，以抵抗一定的施工荷载，便于施工。

（三）管道泄漏控制措施

为了确保全国桥梁、通航河流和城市桥梁的交通安全和公共安全，应建立类似建筑物的封闭排水系统。排水管水流入雨水排水管，支架的垂直排水管排入地下排水设施或河流。排水管材料一般采用铸铁、钢铁、水泥和塑料(PVC 或 PVC PE、聚乙烯)，由于钢筋混凝土排水管生产麻烦，已很少使用。塑料排水管因其优越的性能而得到越来越广泛的应用。排水管内径一般为 0. 10~0. 15m，管口顶部采用金属格栅板喷嘴。排水管一般采用铸铁管、钢管或塑料管，其内径应大于或等于排水管的内径。排水沟应由铝或钢或预制水泥混凝土管制成。横截面为矩形或 U 形，宽度和深度应为 0. 20m 左右，纵向排水管或排水沟的坡度不应小于 0. 5%。桥梁伸缩缝的垂直排水或排水槽应配备伸缩软管。

（四）桥台排水不良防治

桥台支撑平台，如翼墙表面，因排水不畅，顶部溢水，锈蚀承重，锈蚀水污染桥台前墙。主要原因是背景和翼墙排水滤层，水不能通过滤层，排水管出桥。施工中的主要预防措施：

（1）桥台支承面、翼墙和顶面做成斜面，使水流。

（2）在背景溶液中，滤层必须严格按照操作规程执行，端面密封以防止地表水流入，导致砂滤层失效。

（3）砂滤层下水泥防水层。

（4）安装桥台排水管时，必须控制斜坡之间的连接和管道之间的连接。

（五）桥梁排水设施施工管理控制措施

（1）排水工程施工中，注意检查施工过程，建立健全自己的质量保证体系，落实施工责任制和施工质量；

（2）严格控制原材料，控制半成品和成品的检验制度，保证使用优质的原材料，没有监理人员验收或验收不合格的坚决不使用。

（3）严格审查施工程序，严格按照施工图纸施工，掌握本工程防水技术要求。

（4）编制排水工程施工方案。做好过程控制包括：严格按照施工技术标准进行施工；在施工过程中进行跟踪监测和控制，以满足工程质量的要求；对各分部施工质量进行严格、细致、有效的监控，建立施工质量跟踪档案。为了方便以后的查询和检测，主桥排水的主要工序和操作必须严格按工艺要求和出厂检验，并由专人负责验收，检验合格后进入下道工序施工。

第四节　伸缩缝的设置

一、公路桥梁伸缩缝设置常见问题

① 随着交通频率的增加，运输车辆不断撞击桥梁伸缩缝，伸缩缝材料的磨损和疲劳程度逐渐增加，寿命被动缩短；②对接接头的伸缩缝材料为环氧树脂砂浆。当该层材料掉落、磨损或断裂时，将导致伸缩缝的整体破坏。③施工时未针对桥梁的形式设置伸缩缝，导致伸缩缝的固定方式与桥梁不一致，伸缩缝的设置失效；④如果伸缩缝安装不当，在垂直方向上，装置与桥面板和后壁错位，一旦运输车车轮冲击力较大，将直接导致伸缩缝断裂。

二、公路桥梁伸缩缝设置要点

（一）从设计角度设置伸缩缝

1. 原因

① 设计人员未充分了解设备性能和产品技术要求，未考虑温度等外部因素，使伸缩缝的计算数据失真，进而影响伸缩缝的正确选择；②浇筑后铺设混凝土时，位于伸缩缝装置过渡段的混凝土，无论其强度、密度或配合比是否符合要求；③桥梁伸缩装置的锚固埋入混凝土路面层，仅与主梁和桥台的一小部分锚固连接，在运输车辆超过荷载的影响下，可能导致伸缩装置的焊接位置断裂，使混凝土失去黏结性能；④桥面翼板厚不足，在运输车辆高载荷的作用下，难以承受面板变形的载荷力，使伸缩装置被压碎；⑤伸缩装置的排水和防水功能不符合标准，渗水可能会腐蚀锚具和支持。

2. 要点

① 桥身长度为 20m，由于桥身跨度较小，因此不考虑设置伸缩缝，但必须在规定位置

安装橡胶支座，以提高桥墩的抗变形和抗高温性能；②桥体长度大于20m，可考虑W型伸缩装置，该装置的主要材料为橡胶，并含有预压接头，不仅与铁件连接，无须使用胶水黏接，而且具有良好的防水功能；③除了W型伸缩装置外，还可以根据设计要求使用平板伸缩装置，因为这种装置具有良好的平整度，有利于增强抗变形体装置的刚度，并且在铆钉的作用下，不容易产生空心橡胶膨胀节脱落的问题。

（二）从施工角度设置伸缩缝

1. 原因

① 施工技术手段不规范，安装后装置的功能不能有效发挥；②承包商盲目追求工程进度，不严格控制桥梁构件安全质量；③混凝土厚度不足，体积不达标，施工中难以处理预埋件的干扰，混凝土浇筑不密实，造成空洞和蜂窝现象；④在车辆继续撞击有问题的装置后，会出现局部裂纹，并且锚固部件会出现裂纹和损坏的迹象；⑤混凝土碾压层两侧桥面及桥身不密实，或伸缩缝内部质量施工未严格控制，导致伸缩装置开裂脱落。

2. 要点

① 根据设计规范施工，施工单位在桥梁埋设伸缩装置锚固部位，提前做好埋设准备，以提高埋设精度；②根据设计的预定位置和线路的标准要求，线路还应准确，与桥端间隙中心线对齐，提高桥端伸缩装置间隙的对称性；③清理伸缩缝和沥青混凝土路面，提高伸缩缝的自由伸缩能力，并在规范要求的范围内，凿毛处理新旧混凝土接触面，以满足伸缩缝充分结合的要求；④为了矫正钢筋的变形，根据需要适当补充不足数量的预埋钢筋，将钢筋与下部的预埋钢筋焊接在一起；⑤现场计算钢梁之间的宽度，调整伸缩缝的宽度，为了防止温度突然变化对接缝宽度的影响，需要整体安装，以便快速调整安装接缝的宽度。

（三）从维护角度设置伸缩缝

1. 原因

① 当桥梁完工并清理后，忽略了桥面和伸缩缝装置中的碎屑，这成为伸缩装置变形的诱因；②桥面接缝养护措施不足，以致出现不均匀现象，再加上养护工作不到位，桥梁伸缩缝装置自然难以发挥正常功能。

2. 要点

事前防治结合：①清理伸缩缝，用水湿润裂缝，涂抹适量水泥砂浆；②结合伸缩缝、洒水车和塑料薄膜覆盖物施工现场的实际情况，在管理和维护期间，结合适当浇水的需求，确保伸缩缝维护中有足够的含水量，并防止混凝土表面因缺水而出现裂缝。

（四）桥梁伸缩缝施工案例分析

1. 桥梁伸缩缝类型及施工工艺

某桥梁工程，全桥六跨，第一、二、三跨为30m箱梁，第四、五、六跨为35cm箱梁，斜角为35°。桥梁设计形式3#桥墩对应于上部设置。一个伸缩缝，另一个0#和6#设有伸缩缝。型伸缩缝用于钢轴承型伸缩缝，由钢组件制成的类型伸缩缝，可以直接承受车轮的载荷，可以满足大位移的要求，但很难做到密封防水，并且容易对车辆造成冲击，影响车辆的运动，因此在混凝土施工过程中要充分保证质量和后期养护。在做伸缩缝之前，首先画线，然后切断沥青层，清理内部的沥青渣和其他碎屑，必要时用水冲洗。预埋钢筋与伸缩缝钢筋的连接必须双面焊接。如果预埋钢筋的长度不够，可以采用搭接焊，但搭接长度必须满足5D的要求。这种伸缩缝钢筋一般是经过加工的，所以只需要在施工现场进行连接。接下来可以标记为C50混凝土浇筑。在混凝土浇筑过程中，应特别注意平整度。混凝土浇筑完成后，进行后续维护。夏季施工，温度较高，一旦养护不及时，混凝土容易开裂。伸缩缝宽度不大。一旦出现裂缝，就很难在美观和质量上满足要求，因此必须对其进行加固。施工方法通常用土工布覆盖并喷水以保持健康。始终保持土工布的湿度，一旦湿度过小，必须及时洒水。必须有专人负责养生时间至少5天，具体时间取决于当时的温度。健康养护后，不要立即通车，使混凝土尽可能达到终凝期，以达到混凝土的最大强度。为了保证车辆的正常运行，一般采用单次施工作业。

2. 施工中遇到的问题

首先，我们必须确保切割缝是直的，其次是钢筋的质量。桥梁伸缩缝施工过程中，预埋钢筋直径与伸缩缝直径不一致。检查原因，预埋钢筋直径是根据图纸设计预埋的，结果其直径大于伸缩缝钢筋直径，再加上在焊接过程中直接由两侧焊接，长度不能满足要求，只能采用搭接焊，用于搭接的钢筋直径是指钢筋直径之间采用与预埋钢筋相同型号的搭接钢筋。虽然维修及时，但由于混凝土比例等因素，有时仍有可能出现微小裂缝。一旦发生这种情况，它可以灌注环氧树脂；如果裂纹过大，则报废整个膨胀节并重新进行。膨胀裂缝是公路桥梁所有结构中一个相对薄弱的部位，也起着关键作用。在温度、车辆动载等外部因素的影响下，公路桥梁梁体长度发生变化，直接导致桥梁梁体变形。因此，有必要研究引起桥梁梁体变形的因素，如周围环境、车辆荷载、桥梁建筑材料物理性能的变化等，以了解桥梁结构位移的具体原因，并采取有效措施加以预防和控制。为了避免膨胀裂缝在荷载力和冲击力等外部因素的影响下受损，必须在设计、施工和维护过程中控制好各个环节的质量，以确保膨胀裂缝的质量和使用寿命。

第五节 栏 杆

人与自然的和谐是新时代的主题，这更能体现在桥梁的美学设计要求上。近年通车的立德大桥就像一个巨大的贝壳屹立在珠江中。杭州湾跨海大桥犹如一道充满诗情画意的彩虹，横穿波涛汹涌的杭州湾。当世界上最大跨度的拱桥重庆朝天门长江大桥通车时，它吸引了一万多名游客，成为重庆吸引全世界关注的新地标。“从远处看桥的形状，从远处看栏杆”。栏杆是桥梁的立面，是桥梁建筑美学设计体系的重要组成部分。具有浓郁时代气息的栏杆，不仅美化了城市及周边环境，还衬托了大自然的美丽景观。

一、古桥栏杆

原来的桥如木桥、整体板桥、板桥、独桥、独桥都是没有扶手的，后来要穿越宽、深的沟壑或河流，需要多孔的木桥，先用圆木做成三脚架做桥墩，架桥时，在支架上搭一棵树作为支护队伍，然后用三角形延伸到梁的上方。人们可以抓住的横梁变成了一个简单的栏杆。在悬崖之间放置另一种结实的绳子作为栏杆。随着桥梁技术的进步，连续的桥梁和石桥逐渐增多栏杆也随材料而变化，与原来的石栏杆、栏杆、木栏杆由柱、梁和撑杆组成，石栏杆(柱)嵌入桥梁两侧的凹槽中，坚固美观，以进一步美化，经常会看柱子雕刻成的形状不同，柱子板和秃鹰扶手的作用是多种多样的。清末以后，西方古典比例和装饰的栏杆形式传入中国，如镂空式栏杆。

二、现代桥梁栏杆

（一）桥梁栏杆的分类

现代桥栏杆可谓“百家争鸣，百花齐放”。材料仅限于古代桥梁栏杆的绳索、竹、木、砖、石，是现代桥梁栏杆中使用的多种材料，分为以水泥为主要材料的混凝土、钢材和各种金属、塑料、橡胶、玻璃、陶瓷、人造大理石等，而这些材料与竹、木、砖、石相比，更为熔融、铸造，可雕刻，可塑性强。桥梁栏杆按其力学特性分为钢栏杆、半钢栏杆和柔性栏杆。钢栏杆有混凝土或钢筋混凝土栏杆、水泥栏杆。半钢栏杆有波形梁栏杆、PVC 栏杆、不锈钢栏杆、铁栏杆等。柔性栏杆是电缆栏杆。按材质分类，有铁栏杆、石栏杆、PVC 栏杆、木栏杆、水泥栏杆、塑钢栏杆、不锈钢栏杆、玻璃栏杆。按形态分类，有节间型和连续型两种。前者由立柱、扶手和横杆组成，扶手支撑在立柱上；后者具有连续扶手，由扶手、栏杆柱和底座组成。根据功能分类，有两种栏杆和防撞栏杆。行人栏杆突出了视觉安全感，确保了行人的安全。防撞护栏主要是防止车辆冲出栏杆，形状简单，无须外部装饰。

（二）桥梁栏杆高度要求

栏杆的主要功能是保证人和车辆的安全，这要求栏杆具有足够的强度和刚度，能够承受拥挤和碰撞，并给人带来心理上可以依赖的安全感。因此，要求栏杆的高度不应妨碍人们的视线。当桥面高于水面 3m(即梁下的间隙)时，栏杆顶面应高约 1m。当净空小于 3m 的小桥时，可以降低栏杆的高度；当桥下净空较大时，栏杆高度可达 1. 3m。

（三）桥梁栏杆景观设计要求

实用性和美观性是桥梁栏杆的两大主要功能。随着材料和技术的进步，满足栏杆的使用要求是没有问题的。随着大桥的结构，与周围环境的和谐，与栏杆，就像画龙点睛，使桥梁变得雄伟。如金水桥、玉带桥上雕刻的石柱，富丽堂皇，典雅迷人；卢沟桥栏杆上形形色色的石狮很有意思，也很有名。在科学发展的今天，要求我们的桥梁建筑师继承和发扬传统建筑艺术，充分发挥栏杆的景观功能。

如在山区，桥梁可采用曲线桥、拱桥或梁式高低跨大梁桥，栏杆可采用古朴典雅的风格，实现与美丽山川的和谐；在港区，由于水域开阔，背景轮廓较低，可以采用悬索桥和斜拉桥来反映海天，栏杆设计可以采用简单明亮的线条来反映城市景观，反映城市特色。栏杆的形状应与文化环境相协调。适应文化环境意味着栏杆的选择应考虑人们的风俗习惯、民族特点和利益等因素。新疆的桥梁栏杆，伊斯兰风格的主题经常被发现；云南省西双版纳的桥篱笆上雕刻着一只孔雀，在傣族人民心中，孔雀是吉祥、幸福、美丽、善良的象征。汉族地区的石栏杆上常雕刻有石狮等。

大桥在自然界是一座迷人的空间建筑。“宏观决定成败，细节成就品质”，21 世纪的桥梁栏杆将更加注重造型和艺术，与自然环境和人文环境和谐发展，使我们的生活环境更加优美。我国桥梁建筑师需要不断加深对桥梁栏杆造型艺术的认识，将我国桥梁栏杆设计水平提升到一个新的高度，使其具有时代感和民族特色，更好地与周围环境相融合，实现人与自然的和谐进步。

首先，栏杆的形状需要与桥梁类型相适应。栏杆是桥梁整体结构的一部分，应衬托和加强桥梁的整体外观。因此，栏杆的形状应能适应桥梁类型，风格应一致。其次，栏杆和桥梁的形状应与周围环境协调统一。桥和栏杆与周围环境共存，形成整体印象。由于桥梁形式的多样性，环境是多种多样的，因此要求栏杆的形状不仅要适应桥梁类型，还要与周围景观或整个环境相协调。

第六节　桥头搭板

（1）单截面板。单节板是指桌子背面只设置一节板，靠近板端的板是用在背墙顶部或从其延伸出来的，远端的板分为两类。一种是设置枕梁，枕梁用于转移板基础上的部分荷载，并可以增加板的横向弯曲刚度。通常，枕梁放置在板的远端下方，但有时由于板较长，枕梁可以适当移动到平台的背面，形成悬臂状态，这可以减少板的厚度，但也可以在路堤和板之间进行更好的过渡。第二种是不设枕梁，通常加厚板的远端。在板下方铺设素混凝土和砾石垫层，板顶部可以铺垫，然后在其顶部铺设沥青混合料表层。

（2）多段板。当板的设计长度大于 8~10m 时，宜将板设计成多段，并在板段之间的接缝下方设置拉杆和枕梁，以减少板厚，使沉降平稳。国内目前主要采用两个阶段，也有人使用三个阶段。根据板段之间的连接分为：假铰链段的织带和带埋板的织带。假铰链，它是将板边界段置于浅槽中，同时填隙材料。带是埋板，它设置在织带末端的浅埋变厚度板。

（3）提升式板。提升板的结构相对简单，仅使用预制板来保留枕梁下的工作井。井底设 30cm 厚混凝土基础。工作井的空间应充分考虑放置千斤顶进行操作的需要，并通常填充沙子。为了提升板材，从工作井中取出沙子，放置台式千斤顶来提升枕梁和板材，并从预留孔或板材侧面将水泥浆压在板材下方。

（4）桩板结构。在软土地段，可以增加桥头搭板的长度，搭板支撑在桩上。美国的一条公路使用 45.7m 长的桥头板，并在桩上支撑。桩长从平台后部到远端逐渐减小，使板的远端与路面实现同步沉降。

一、板的嵌入方法

（1）平坦。板的纵向坡度与路面设计坡度平行，板的近端用于牛腿顶部或桥台前墙，远端用于枕梁，适用于刚性道路的引道。

（2）倾斜。搭接板的纵向坡度通常不超过 5%，且差值远离深埋在道路基层中或放置在道路表面和基层之间的桌子后端。这种嵌入方法适用于柔性路面，有利于从刚性桥面过渡到柔性路堤。为了防止混凝土板下沉，可先在混凝土板上铺设一层沥青面层。如果通车后板下沉，将在其上添加沥青混凝土或沥青砂。

（3）增加加厚的埋板。为了避免二次跳车，经常在板的末端加一块浅埋加厚的埋板，长度一般取3~6m，对于水泥混凝土路面，也可以采用将板与路面板连接到加厚板上。埋入带、下板或厚板中，为了保证桥台的柔软度和连接水平在水平和垂直方向都能逐渐改变，应采用强度和回弹模量均高于其他路段相应路面结构层的材料，以提高整个受影响区域的冲击能力，使道路在路堤刚度方向上倾斜，以避免二次跳车现象。

二、桥头板长度及截面尺寸

高等级公路桥头搭接长度的选择一般采用：桥梁8~10m，中桥6~8m，小桥和明涵4m。合理确定桥头板长度应根据工程实际情况，从以下几个方面进行：①桥头板长度应与填土高度或桥头路基的允许沉降成正比；②桥头引道的允许纵向沉降坡度与桥头板的长度直接相关。③板的长度应能穿过桥台后部难以压实的土壤，或按计划在桥台后部保留的土隙长度，或桥台后部受损肋体的长度，或填充前保留的间隙的上部宽度；④将轿厢荷载作为板的计算荷载，并在布置荷载时考虑在水平和水平缝翼上产生最大内力时的最不利荷载位置。在保证板的有效长度的前提下，采用文克尔弹性地基梁法计算板的内力，合理确定板的长度。桥梁缝翼宽度的确定主要考虑车辆压在缝翼纵向边缘时对缝翼力的不利影响。根据板的应力，使板更宽、更合理。在许多项目中，板的边缘在路缘内约0.5m。

在一些国外项目中，板的宽度等于两侧石头的边缘，并用柔性材料隔离。桥头板厚度是影响桥头板强度和刚度的主要因素。板的厚度应充分考虑板的长度、板的宽度、空隙的长度、倾斜板的坡度、荷载等级和支撑条件。机械要求分为强度要求和变形要求。钢板的加固量不仅要满足强度要求，还要满足变形要求，这直接影响到驾驶的舒适性。一般建议：4m长桥头板可采用0.25m板厚；6m长桥头搭板可采用0.35m板厚；3m桥头搭板计算一般采用简化计算方法，即将板分为相互垂直的单位宽度板条，汽车荷载作为板的计算荷载，布置荷载中考虑在水平和水平板条上产生最大内力时的最不利荷载位置。根据弹性地基的文克尔梁法分别计算每个块体，该方法通过乘以计算结果中的影响系数进行修改，以考虑相邻板之间剪切传递的影响。计算内力时使用的反力系数K可通过承载板边长为30cm的板荷载试验确定。根据文克尔弹性地基梁法计算板的弯矩分布后，确定板的配筋。值得指出的是，上述方法基于板下路基均匀沉降的假设。如果板下局部空隙，对板的土反力重新分布，板的底部承受土反力，板的内力将发生很大变化，则板的弯矩和应力应根据板下局部空隙的力学模型计算。配筋计算还应考虑板底空的影响，此时应提高板的抗弯强度，加强配筋，以确保板在使用过程中不发生断裂。将板或枕梁计算为弹性地基梁时，关键问题是确定地基反力的分布规律。各种相关计算方法的正确性取决于对地基反力的理解程度。有时板的两端还支撑着简支梁的内力和配筋计算，表层按结构配筋。在实际操作中，当荷载作用在板上时，板与带的下路床可能不会全部从底部松开，它是带起支撑作用的，特别是在枕梁下沉时，在带的中间可以对地基进行局部支撑，板可能存在局部拉应力，这种复杂的应力状态，设计时往往难以充分考虑，因此，有必要在公路运营过程中加强对混凝土板的监测和观测。

三、桥头板施工

一般情况下，楼板整体浇筑，不设纵缝，仅在桥面较宽(如大于12m)时设置纵缝，整体完整性较好。为防止裂缝，在板与混凝土路面连接处设置伸缩缝，在相邻2-3块混凝土路面板的接缝处也连续设置伸缩缝。

四、材料选择与施工

台背回填处理的质量对台背回填的沉降起着重要作用。材料的选择，应选择渗透性好、强度高、压实快的材料。此外，在北方寒冷地区还应选择抗冻胀性强的材料，如砾石、砾砂、工业废渣、砾土等。在填筑方法上，要分层填筑、分层碾压、分层检测，分层厚度应小于30cm。坡道或台阶填充至楼板底部。回填时间是一个关键问题。大部分施工是结构物和路基土方同时施工，桥背和桥头长距离空置，桥台完工后再填充桥头。这样一来，平台背和路面通常在同一时间完成，因此平台背部分的基础和路堤没有足够的时间进行固结和下沉，施工后的沉降更为明显。因此，在施工安排上，最好先安排结构施工，路基与台背同时填筑，超载预压处理，待路基沉降稳定后进行路面施工。板材的垫层材料是碎石、沙子、水泥或石灰的混合物。这些材料固化后在板下形成一层高刚度和强度的稳定层。垫层施工要分层填筑、碾压，压实度达到95%，其平整度在5mm以内。牛腿施工完垫层后，根据设计图纸找正，然后对模板进行找正，检查枕梁高度，同时，将钢筋加工加工好的枕梁内钢筋笼放在模板内，预留好保护层和钢筋笼，浇筑混凝土振捣密实，在钢筋混凝土梁顶部梳平枕，牛腿施工后再绑扎、同模、绑扎钢筋、浇筑混凝土、养护等。如需纵向或横向立板，应及时用切割机切割，并用填缝料填充。浇筑枕梁和枕板后，应养护混凝土。在夏季高温期，一旦混凝土最终凝固，应进行湿法养护，以确保混凝土始终浸入水中，并覆盖防晒透气材料。如果板上有纵向接缝，则需要切割接缝，并用油和麻线填充间隙。

五、板与桥台连接

在施工过程中，经常采用某种方式，使桥面能更好地与桥台结合，主要有以下几种方式：①锚杆，为了防止桥面因桥头坑引起的纵向滑移，可在桥面与台背之间布置竖向锚杆和水平拉杆，一般采用直径22mm的钢筋，间距75~80cm。②轴承，靠近板材末端，常铺设油毡垫层，厚度约1~2cm。③倒角，为了防止板材旋转对道路和结构造成损坏，宜将靠近工作台末端的板材上边缘和牛腿上边缘设计成倒角。④填缝，对于水泥混凝土路面而言，在桥台和桥台的横向桥梁连接处，路面容易发生裂缝。广州市番禺区的一座大桥在桥头两侧设有平台和枕梁。平台长8m，厚35cm，宽度与路缘带相同。枕梁宽60cm，高30cm，长8.2m。枕梁位置距桥台5m。板的主钢筋直径为25mm，枕梁的主钢筋直径为22mm。板下填土平整夯实，密实度95。该桥于1996年设计建造，1998年通车。在过去六年中，桥头没有出现明显的车辆跳跃现象，但开挖观察发现，板底存在严重的空化现象。灌浆和压实处理后，板的应力恢复到正常状态。

六、桥梁养护与维修

（一）桥梁的维修养护措施

1. 桥梁中混凝土的维修养护

普通混凝土桥梁在长期使用过程中经常会出现裂缝。要处理桥梁裂缝，必须加强观察，增加维护。桥梁裂缝稳定后，应采取一定的后续补救措施，以达到养护的目的。修复前，应全面检查裂缝的原因，正确处理原因。此外，预应力混凝土的桥梁在使用过程中也要加强维修养护，预应力混凝土桥梁的龟甲状裂缝一般情况下，都是垂直于桥梁的轴线，桥梁裂缝的宽度在 0.1mm 以上，裂缝之间的间距保持在 0.6-1.0mm，其产生的原因可以初步判定为桥梁面的刚度不够硬，在实际的补救工作中，可以采用黏结钢板，或者是将桥梁材料中的玻璃纤维塑料板放置于桥梁的板底面，保证板底面的坚固程度，再通过一定的方式在桥梁的裂缝中间压入高强度的环氧树脂，利用环氧树脂的密封作用，进一步维修桥梁裂缝，同时不能忽略桥梁的养护工作。桥梁中经常出现的普通钢板桥梁伸缩缝要采用不同的维修与养护措施，在这种裂缝中，桥梁的焊接处已经出现多处破坏，钢板桥梁出现不同程度的变形，在对其进行补救的同时，要不断加大锚固钢筋的使用面积。为了节约桥梁工程建设成本，在维修过程中，我们可以尽量使用 W 型伸缩缝，材料最好使用橡胶制品，从根本上保证桥梁的质量和安全。

2. 桥梁维修养护的工作人员队伍建设

在桥梁的维修养护工作中，高素质的工作人员对桥梁维修养护工作起到必不可少的作用，在桥梁的维修方案制定中，要充分利用专业的桥梁维修理论知识，加强方案制定的知识储备。在桥梁问题分析中，要从全面发展的角度看问题，对桥梁质量进行深入研究，提出科学合理的方案。在桥梁维修作业过程中，对存在问题的细节应及时处理。加强对桥梁维修人员的培训和教育，可以通过专家讲座，增强维修技术人员的专业技能。增强自身责任意识，以集体利益为中心，促进桥梁养护工作又快又好地进行。

3. 桥梁维修养护中的维修数据记录管理

桥梁工程中存在的问题、养护次数及具体操作过程应详细记录，有利于为今后桥梁养护工作提供数据参考。桥梁养护档案管理是现代桥梁建设的需要，也是科学桥梁养护管理的必要步骤。桥梁维修养护数据的保留记录能够在一定程度上促进桥梁维修养护方案的制定，确保维修养护方案的可行性，从根本上提高桥梁工程建设的质量安全，降低桥梁的维修养护工作难度。

（二）桥梁的施工技术分析

1. 桥梁工程建设的钻孔施工技术分析

在桥梁钻孔技术施工之前，首先要保证桥梁工程施工设备的正常运行，对容易出现问题的部位要提前备货。充分考虑交通、施工管道、水电等桥梁建设的影响因素。在桥梁钻孔施工过程中，底座应保持平衡，支撑垫的内容物应尽量不要压在套管的位置。用于钻孔的钻架可以用绳索加固，以确保其稳定性。桥梁钻孔作业中套管的中心位置应始终保持在一条直线上，上下左右的偏差尽量控制在 2cm 左右，施工时要定期标定。桥梁的钻孔工作是一项连续的工作，必须长期保持。如果长时间停止钻孔，将直接影响桥梁的钻孔质量。及时根据桥梁的地质条件合理控制钻速，确保套管内的水能够控制在合理的范围内。钻孔完毕后，为确保钢筋的牢固程度，必须要在桥梁的入口放置一定数量的观察钢筋。桥梁混凝土浇筑施工前，要认真检查绳索设备和泥浆搅拌设备的性能，同时合理控制混凝土配合比，严格按照桥梁混凝土配合比标准操作，确保桥梁工程质量。在混凝土浇筑后期，应合理控制桩头高度，通过精确测量混凝土浇筑高度，科学控制混凝土浇筑高度。在桥梁钻孔技术施工中，会出现一些工程事故。例如，桥梁钻孔的位置偏移由于桥梁的地质硬度不同或绳索的松紧度控制不好，在钻孔工作中应采用反复扩孔的方式，以确保钻孔的位置不偏移。钢筋在钻孔中漂浮的现象主要是由于长时间的暂停钻孔使混凝土表皮结皮，质量无法保证。这种现象大部分发生在混凝土的初始浇筑中。要求在桥梁的施工过程中要加强管理，导管的焊接尽量不使用法兰盘，导管底下 3cm 到 4cm 的位置，要焊接一些长的导管来防止钢筋上浮。

2. 桥梁的水中系梁施工技术分析

桥梁施工技术水中系梁是一项非常重要的技术，对技术水平有很高的要求。简单地说，系梁预制在桥梁桩的基础平台上，系梁与桩柱的连接处浇筑混凝土。在水位深、通航要求高的系梁施工中，采用在桥梁钢台上增加钢箱的处理方法，但成本较高。目前大多采用预制吊装的新施工技术，来保证桥梁水中系梁工程的实施。在系梁预制中，截面尺寸应控制在合理范围内，并严格把关设计图纸，根据桥梁钢笼和钢套管的具体位置确定系梁截面长度，还可以通过封闭网来密封系梁的横截面，以确保桥桩与系梁之间的完美重叠。钢套管口的桥段应严格按照标高和系梁的尺寸进行。同时，为降低止水施工难度，切口尽量控制在最小。系梁的吊装和移位难度系数较大。如果将预制结梁的总质量控制在 20t 左右，则尽可能采用链块进行安装和吊装，从根本上保证了桥梁工程的质量和安全。

（三）分析养护作业的安全

在室外进行的现场养护作业中，养护人员必须面对穿梭而过的车辆，面对各种养护机械的运行，面对高危的检测地点，因此，养护作业的安全和养护人员的安全必须得到重视。桥梁养护作业须考虑 -下安全内容。

1. 经常性

频繁是桥梁养护和养护组织管理的主要特点之一。对于辖区的路网系统来说，日常的要求是一样的，重复的工作容易让人产生惰性，从而忽视了安全运行的必要性导致事故的发生。

2. 高风险

在桥梁养护维修工作中，很少封闭交通。高速的交通流量和复杂的现场作业环境，使维修作业存在安全隐患。一方面是高风险组织自身的原因，另一方面是过往车辆难以事先控制和不可预知，在适当的时候要提前组织操作步骤，确保良好的现场秩序，以降低维护和维修操作的风险。

随着我国桥梁建设工程规模的不断加大，社会对桥梁质量的要求日益提高，桥梁施工技术的不断更新为桥梁工程建设提供技术层面上的保障。在保证桥梁造价、工程进度和桥梁质量安全的前提下，采用先进的桥梁施工技术和正确的桥梁养护方法，促进桥梁建设的可持续发展，使桥梁建设更好地满足现代工程建设的需要。

第七节　工程设计实例——武汉市江夏区 G107 龚家铺至新南环(海吉星)段改扩建工程桥梁初步设计

一、概述

(一) 设计依据

(1)《江夏区 G107 龚家铺至新南环(海吉星)段改扩建工程初步设计》专家组评审意见；

(2)《江夏区 G107 龚家铺至新南环(海吉星)段改扩建工程初步设计》设计文件；

(3) 本项目工程地质勘查报告；

(4) 本项目勘察设计的《中标通知书》。

(二) 初步设计审查意见执行情况

2016 年 8 月 12 日湖北省工程咨询公司在武汉组织召开了《武汉市江夏区 G107 龚家铺至新南环(海吉星)段改扩建工程初步设计》评审会。专家组意见认为初步设计编制内容资料基本完整，编制深度基本符合相关要求。有关桥梁的主要意见及执行情况如下：

(1) 下阶段优化桥梁结构方案、桥梁桩基方案。

执行情况：按审查意见执行，施工图设计阶段优化了桥梁结构方案，将高架桥标准段箱梁单箱 5 室改为单箱 3 室断面，并相应调整悬臂及桥面横向预应力；根据详勘资料优化桥梁桩基、桩长设计；部分桥梁段落位于灰岩区，施工前将逐桩在桩位处进行超前钻，并根据资料进一步调整桩长。

(2) 根据西气东输管道位置和限制宽度优化桥跨布置方案，建议郑店高架 Z1、Z2 匝道桥对钢结构与预应力混凝土结构做进一步比较。

执行情况：按审查意见执行，初步设计阶段补充了西气东输管道位置和限制宽度，进一步核实了桥跨布置；增加了郑店高架 Z1、Z2 匝道桥的预应力混凝土结构方案与钢结构方案的比较，依据实际情况从桥下净空、影响桥下被交道路交通、施工难度等多方面进行综合比较，设计推荐该控制节点处采用钢结构方案。施工图设计根据初步设计阶段选定的方案完成设计。

(3) 补充郑店高架桥方案推荐意见，跨沪渝高速段采用预制分体小箱梁不合适，建议采用钢结构。

执行情况：按审查意见执行，初步设计阶段补充郑店高架桥推荐意见，从长远发展方面、桥下空间利用率、整体协调考虑推荐现浇箱梁方案；郑店高架桥跨沪渝高速段改为钢结构方案。施工图设计根据初步设计阶段选定的方案完成设计。

(三) 工程规模及主要工程内容

本项目北起龚家铺，与 G107 洪山段(白沙洲大道)相连，根据《武汉市南部组群路网规划》红线沿老路两侧加宽，向南下穿四环线后，继续向南采用分离式立交跨金龙大街向南至郑店街，拆除现有郑店高架桥后，采用高架+地面辅道形式上跨南环公路、郑店互通、沪渝高速公路及金郑公路(规划)后，与现状 G107 相接，道路全长约 12.203km。道路红线宽度为 50m，全线采用双向六车道标准扩建，沥青混凝土路面，行车道宽 25m，设计速度 60km/h。

本项目共设置桥梁共 7 座，总长 4072.6m，其中特大桥 2 座 2862.3m，大桥 3 座 1047.3m，中桥 2 座 163.0m；共设置涵洞 24 道，通道 3 道(详见涵洞设计说明书)。

主线桥梁工程设计内容包括金龙大街高架桥、郑店一号高架桥、郑店二号高架桥、郑店高架桥上、下桥匝道桥。

郑店互通内桥梁工程设计内容包括跨沪渝高速立交辅道桥和 A 匝道桥。

1. 主线桥梁工程

金龙大街高架桥：桥梁上跨金龙大街。桥梁工程起点 K1262+316.35，终点为 K1262+881.25，全长 564.9m，桥宽 24.5m。

郑店一号高架桥：桥梁依次上跨南环公路、A 匝道桥。桥梁工程起点 K1267+600.07，终点为 K1268+720.52，全长 1120.45m，桥宽 24.5m。

郑店二号高架桥：桥梁依次上跨沪渝高速路、K1268+919.5 与 K1269+487.9 处两条规划道路、新南环公路。桥梁工程起点 K1268+720.52，终点为 K1270+462.37，全长 1741.85m，桥宽标准段 24.5m，与上、下匝道桥相接的渐变加宽段。

郑店高架上桥匝道桥：桥梁工程起点 Z1K0+136.745，终点为 Z1K0+397.695，全长 260.95m，桥宽为标准段 8m 及曲线处的渐变加宽段宽 9m。

郑店高架下桥匝道桥：桥梁工程起点 Z2K0+098.033，终点为 Z2K0+342.483，全长 244.45m，桥宽为标准段 8m 及曲线处的渐变加宽段宽 9m。

2. 郑店互通桥梁工程

郑店互通内 A 匝道桥：桥梁上跨 G107 主线。桥梁工程起点 AK0+221.60，终点为 AK0+317.60，全长 96m，桥宽为 15.5m。

郑店互通内跨沪渝高速立交辅道桥：桥梁上跨沪渝高速。桥梁工程起点 K1268+737.02，终点为 K1268+804.02，全长 67.0m，桥梁分幅设置宽度为 2×24.25m。

二、地质、水文、航运、地震等基础资料

(一) 地形地貌

本工程位于武汉市江夏区，为原国道 107 公路江夏区境段，起点位于龚家铺与洪山区交界处，终点与金郑公路对接，目前原有 107 国道仍在运行，交通便利。

本项目沿线多为岗状平原微丘地貌，垅冈相间，伴有剥蚀残丘，地面标高一般为 20~75m 之间，相对高差为 50m 左右。道路两侧地表植被发育，水田、旱地、水塘、鱼塘、村庄、企业厂矿、城镇星罗棋布。

(二) 工程地质

桥址处勘探深度范围内分布的地层有：1. 素填土、2. 粉质黏土、3. 残积黏性土、

4. 灰岩。粉质黏土呈硬塑状，强度较高，属具中偏低压缩性土，埋深 0.0~1.0m。灰岩：岩质较硬，岩体较完整，岩体基本质量等级为Ⅲ级，土石工程分级为Ⅱ级坚石。

（三）水文地质

拟建道路范围内地表水主要分布于沿线水塘、藕塘和沟渠中，主要接受大气降水的补给，水位随季节变化较大。勘察期间，水位普遍较浅，水深约 0.3~1.2m。

拟建道路地下水类型主要为上层滞水、孔隙弱承压水和岩溶裂隙水。

上层滞水赋存于沿线浅部①、②层人工填土中，主要接受大气降水补给，水位、水量与地形及季节关系密切，并受人类活动影响明显，水量总体贫乏。一般上层滞水对工程影响较小，施工时可及时抽排疏干处理。本次初勘，时值冬季，较长时间未下雨，孔内未测得地下水位。

孔隙弱承压水赋存于沿线 2 层含黏土角砾中，主要接受侧向迳流和地表水下渗补给。

根据对勘察区地表水及地下水的分析结果，依据《市政工程勘察规范》（CJJ 56—2012）判定，拟建道路地下水对混凝土结构、钢筋混凝土结构中的钢筋具有微腐蚀性。

（四）气象

区域属亚热带气候，温暖湿润，雨量充沛，日照时间长，光、温、水配合协调。四季分明，无霜期长，一般年平均气温在 16.70~17.00℃，最冷月份为 1 月，平均气温 3.80~4.10℃，极端最低气温-12.40~-15.30℃，最热月份为 7 月，平均气温 29.00~29.50C，极端最高气温 40.30℃。全年平均无霜期为 253~262d，多年平均日照时数为 1955h。

历年平均降雨量 1350~1700mm，3~9 月份为雨季，其雨量占全年的 65%以上。每年 10 月至次年 3 月初为干旱季节，降雨量小于蒸发量。

多年平均风速在 2~3m/s 之间，最大风速 17m/s，冬天受寒潮影响，多西北风，夏季台风偶有波及，春夏多南风，风向有明显的季节变化。

（五）地震及区域稳定性

根据历史地震分析，拟建项目所在区域内曾经发生 5.5 级以下地震，近期发生的地震多为 2~4 级弱震和小震，产生的破坏程度较小。

根据《建筑抗震设计规范》（GB 50011—2010），本项目所处地区地震动峰值加速度为 0.05g，设计地震分组为第一组，设计特征周期 0.35g。因拟建场地的地震基本烈度为 6 度，地基土无饱和砂土，无地震液化。

（六）原有构造物现状

原 G107 沿线桥涵布设密度基本合理，能满足泄洪、灌溉及地方交通等的需要。全段共有桥梁 4 座，全部为小桥，桥梁全长 76m；立交 3 座，桥梁全长 411m。桥梁上部构造一般为空心板梁和实心板梁；桥墩主要为柱式墩；桥台主要为 U 台、肋板台，墩台基础主要为桩基础，少数为扩大基础。原有桥涵大多数初建于上世纪 70 年代，后来都经过多次加宽，采用荷载等级为汽-20 或汽-15，使用状况不佳；大多数桥梁综合技术状况评定等级为四类桥。

1. 郑店高架桥

老桥建于1997年，老桥为18-16m预应力混凝土空心板，桥梁全长298m，桥面宽度10m，设计荷载汽-20、挂-100。下构为双柱式桥墩、桩基础，重力式桥台、明挖扩大基础。根据中交第二公路勘察设计研究院有限公司实验检测中心，《湖北省普通公路2015年度桥梁定期检查分析报告(武汉市)》的检测结果，老桥上构空心板有单板受力现象，对应桥面纵裂，严重影响桥梁结构安全稳定，综合技术状况评定等级为四类桥，目前已限制重载车辆通行。

图11-6 郑店高架桥现状

2. 郑店互通A匝道桥

老桥建于2000年，为沪渝高速郑店互通A匝道跨本项目G107的跨线桥，老桥为(13+20+13)m预应力混凝土空心板，桥梁全长60m，桥面宽度为15.5m，设计荷载为汽-20、挂-100；下构为双柱式桥墩、桩基础，重力式桥台、明挖扩大基础。老桥外观情况较好，但其净宽不能满足本项目道路设计宽度。

3. 郑店互通跨沪渝高速立交桥

老桥上跨沪渝高速公路，建于1998年。老桥为2-20m预应力混凝土空心板，斜交角度112.4度，桥下净空5.1m，桥梁全长53.5m，桥面宽度为15.5m，设计荷载为汽-20、挂-100；下构为三柱式桥墩，重力式桥台，明挖扩大基础。老桥桥面铺装及附属工程有裂缝及破损，桥梁梁体及墩柱外表无明显病害。桥址处被交道路沪渝高速路基宽28m，中央分隔带宽3m；远期规划为41m宽高速公路。

4. 黄金小桥

该桥现状为1~6m整体现浇板，桥梁全长14m，桥面宽度为14.5m，设计荷载为公路-Ⅱ级，下构为重力式桥台、扩大基础。老桥外观良好。黄金小桥跨越小河沟，路线与河道正交，水流量小、不通航。该处河沟与路线斜交，桥梁正做对河沟进行了改沟，本次道路设计宽度50m，若进行老桥拼宽则改沟工程量太大，同时严重影响水流，本次设计拟定对老桥拆除重建。

5. K1265+102 小桥

老桥建于 1979 年，老桥为 1~6m 整体现浇板，桥梁全长 14m，桥面宽度为 14.5m，设计荷载为汽-15；下构为浆砌片石重力式墩台，桥台砌石开裂、砌缝松散，基础有一定冲刷。老桥不满足本次设计荷载标准，本次设计采取拆除重建。

6. 姚家桥

老桥建于 1967 年，老桥为 2~8m 钢筋混凝土空心板，桥梁全长 24m，桥面宽度为 15m，设计荷载为汽-15；下构为浆砌片石重力式墩台，桥台砌石开裂、砌缝松散，基础有一定冲刷。空心板下挠严重，影响桥梁结构稳定。根据检测结果，综合技术状况评定等级为四类桥。老桥不满足本次设计荷载标准，改建利用率低，本次设计拆除重建。

7. 廖家桥

老桥建于 1967 年，老桥为 2~7m 钢筋混凝土板，桥梁全长 24m，桥面宽度为 17.5m，设计荷载为汽-15；下构为浆砌片石重力式墩台，桥台砌石开裂、砌缝松散，基础有一定冲刷。空心板下挠严重，影响桥梁结构稳定。根据检测结果，综合技术状况评定等级为四类桥。老桥不满足本次设计荷载标准，改建利用率低，本次设计拆除重建。

8. 涵洞、通道

G107 主线上共调查原有涵洞 10 道，涵洞类型为圆管涵，孔径有 0.5m、1.0m 两种形式；涵洞进出口普遍出现淤塞，部分涵洞主体结构破损。原涵洞构造物修建于 20 世纪 70 年代，荷载标准为汽-15。

郑店互通内共调查原有涵洞 5 道、通道 1 道；涵洞类型为圆管涵，孔径有 1.0m、1.5m 两种形式；通道类型为钢筋混凝土盖板涵，孔径为 1-6×3m。原涵洞、通道构造物修建建于 2000 年设计荷载为汽-20、挂-100。仅有 1 道涵洞进出口淤塞，其余涵洞、通道使用状况良好。

三、设计规范及标准

《城市桥梁设计规范》	（CJJ 11—2011）
《城市道路工程设计规范》	（CJJ 37—2012）
《公路桥涵设计通用规范》	（JTG D60—2015）
《公路钢筋混凝土及预应力混凝土桥涵设计规范》	（JTG 3362—2018）
《公路桥涵地基与基础设计规范》	（JTG 3363—2019）
《公路圬工桥涵设计规范》	（JTG D61—2005）
《公路工程混凝土结构防腐蚀技术规范》	（JTG/T B07—01—2006）
《城市桥梁抗震设计规范》	（CJJ 166—2011）
《城市桥梁工程施工与质量验收规范》	（CJJ 2—2008）
《公路交通安全设施设计细则》	（JTG/T D81—2017）
《城市桥梁桥面防水工程技术规程》	（CJJ 139—2010）
《公路桥梁抗震设计规范》	（JTG/T 2231—01—2020）
《公路桥涵施工技术规范》	（JTG/T 3650—2020）

《公路钢结构桥梁设计规范》　(JTG D64—2015)
《钢结构设计标准》　(GB 50017—2017)

四、主要设计技术标准及设计基础资料

道路等级：一级公路兼城市主干道

设计车速：60km/h。

桥梁标准横断面：主线高架桥 24.5m，地面辅道桥 2×24.25m。

汽车荷载：城-A 级

人群荷载：3.4kN/m^2。

桥梁结构设计基准期：100 年

桥梁结构设计安全等级：一级

抗震标准：地震基本烈度为 6 度，地震动峰值加速度 0.05g，桥梁抗震设防分类为丙类，抗震措施按 7 度的要求执行。

环境类别：Ⅰ类环境

桥下净空：≥5.5m。

容许工后沉降：台后沉降稳定后，桥台与道路相邻≤10cm。

其他技术指标：均按现行城市道路规范及桥梁设计规范、规程、标准执行

五、主要材料及采用的技术指标或标准

（一）混凝土

C50 混凝土：预应力预制混凝土小箱梁、预制小箱梁 8cm 桥面调平层、预应力现浇箱梁

C50 钢钎维混凝土：桥台处伸缩缝

C40 混凝土：桥墩墩身

C35 混凝土：台帽、台身、耳背墙等

C30 混凝土：防撞护墙、承台、桩基础、搭板、人行道等

（二）普通钢筋

普通钢筋采用 HPB300 和 HRB400 钢筋，钢筋应符合《钢筋混凝土用热轧光圆钢筋》(GB 1499.1—2008)和《钢筋混凝土用热轧带肋钢筋》(GB 1499.2—2007)的规定。

图纸中 HPB300 钢筋主要采用了直径 $d_{井}=8$mm、10mm 两种规格；HRB400 钢筋主要采用了直径 $d_{井}=12$mm、14mm、16mm、20mm、22mm、25mm、28mm、32mm 规格。

受力主筋直径≥20mm 的螺纹钢筋应采用闪光对焊或套筒挤压连接或等强直螺纹连接。套筒挤压接头的施工与检验应符合 JGJ107《钢筋机械连接通用技术规程》及 JGJ108《带肋钢筋套筒挤压连接技术规程》的规定。

等强直螺纹连接应满足 Q/JY 08《钢筋等强直螺纹连接技术规程》。

电弧焊接，其焊条应符合 GB/T 5117《碳钢焊条》及 GB/T 5118《低合金钢焊条》的规定。

（三）预应力钢筋及锚具

纵向预应力钢束采用符合国家标准《预应力混凝土用钢绞线》(GB/T 5224—2003)高强

度低松弛钢绞线，其标准强度$f_{pk}=1860MPa$，$E_p=1.95\times105MPa$，松弛率小于0.035，所有钢束均采用成套锚具及相应的连接器。

锚具均采用I类优质锚具，采用与相应钢绞线匹配的成套产品，包括锚垫板、锚板、夹片和锚下螺旋筋等。锚固体系性能应符合《预应力筋用锚具、夹具和连接器应用技术规程》(JGJ 85—2010)的相关要求，锚固效率系数不小于95%。

本项目图纸中未示意锚下螺旋筋，锚下螺旋筋与锚具配套购买。

(四) 预应力钢束管道

纵向预应力钢束管道采用与钢绞线、锚具配套的金属波纹管，预应力钢束管道必须保证位置正确，严禁漏浆，波纹管性能必须满足《预应力混凝土用金属波纹管》(JG 225—2007)的要求。

预应力管道压浆采用真空辅助压浆工艺，预应力管道采用专用压浆料或专用压浆剂配置的浆液进行压浆，采用技术指标及原材料应符合《公路桥涵施工技术规范》(JTG/T F50—2011)。

(五) 钢材及主要焊接材料

钢材的技术指标均应符合《低合金高强度结构钢》(GB/T 1591—2018)及《桥梁用结构钢》(GB/T 714—2015)中相关规定。

焊接材料采用与母材相匹配的焊丝、焊剂和手工焊条，CO_2气体纯度不小于99.5%，各材料均应符合现行国家标准。

钢箱梁主体结构采用符合(GB/T 714—2015)要求的低合金高强度结构钢Q345qD；辅助结构用Q345c和Q235B钢，材质标准应符合《碳素结构钢》(GB/T 700—2006)的要求。

钢箱梁用的钢材均需按相应标准要求进行冲击韧性实验，在-20℃温度条件下，其冲击功应满足相应规范要求，同时应按规范进行180°冷弯曲实验，要求无裂纹。

焊接材料应结合焊接工艺，通过焊接工艺评定实验进行选择，保证焊缝性能不低于母材，工艺简单，焊缝变形小，所选焊条、焊剂、焊丝均应符合相应国家标准的要求；CO_2气体保护焊的气体纯度应大于99.5%。

(六) 支座

桥梁支座采用GYZ/GJZ板式橡胶支座及GPZ盆式橡胶支座，其技术性能应符合《公路桥梁板式橡胶支座》(JT/T 4—2019)、《公路桥梁盆式支座》(JT/T 391—2019)的要求。

(七) 其他

本桥所有材料质量的要求应符合《城市桥梁工程施工与质量验收规范》(CJJ2—2008)的所有规定，并符合相应的国家标准。本桥所有材料及标准件产品均采用通过国家级或部级鉴定的产品，并应按国标、部标要求进行抽样检验。

六、桥梁结构设计

(一) 金龙大街高架桥

金龙大街高架桥：桥梁上跨金龙大街。

桥跨布置为：9×30+(30+50+30)+6×30 钢筋混凝土现浇箱梁及钢箱梁。桥梁起点 K1262+316.35，终点为 K1262+881.25，全长 564.9m，桥宽为 24.5m。

平面信息：本桥平面位于直线段。

纵面信息：本桥纵面位于 R=750 的凸曲线、1.0%及-2.3%的直线坡上。

桥梁横断面布置为：0.5m(护墙)+11.447(行车道)+0.606(护墙)+11.447m(行车道)+0.5m(护墙)=24.5m。

1. 上部结构

上部结构采用(3×30)m 连续箱梁。截面形式均采用斜腹板，单箱三室，等高度箱形截面，梁高 2.0m，箱梁顶板宽 24.3m，底宽 16.5m。两侧悬臂板长 3.4m，悬臂板端部厚 22cm，根部厚 55cm。边腹板、中腹板厚度为 60~100cm。箱梁顶板厚度为 25~50cm，底板厚度为 25~50cm。端横梁厚为 150cm，中横梁厚 250cm，支座间距为 7.6m。

2. 下部结构

桥墩均采用门型壁墩或门架墩、配桩基础；承台厚 2.5m，平面尺寸为 6.6m(顺桥向)×9.6m(横桥向)，承台下接 4 根 ϕ1.6m 钻孔灌注桩。桥墩平面尺寸为 1.8m(顺桥向)×1.8m(横桥向)，横桥向尺寸 1.8~2.5m 局部渐变。基础采用直径为 1.6m 的钻孔灌注桩。

桥台采用 U 型桥台，承台厚 2.0m，平面尺寸为 24.7m(横桥向)×6.2m(顺桥向)，承台下接 12 根 ϕ1.2m 钻孔灌注桩。

(二) 郑店一号高架桥

原桥建于 1997 年，老桥为 18~16m 预应力混凝土空心板，桥梁全长 298m，桥面宽度 10m，设计荷载汽-20。根据老桥现状及检测报告，老桥设计为拆除重建。

郑店一号高架桥：桥梁依次上跨南环公路、G107 匝道桥。

桥跨布置为：5×30m 预应力混凝土现浇箱梁+(30+50+30)m 钢箱梁+(4×27)+(25×30)m 预应力混凝土现浇箱梁。桥梁起点 K1267+600.07，终点为 K1268+720.52，全长 1120.45m，桥宽为 24.5m。

平面信息：本桥平面位于直线段。

纵面信息：本桥纵面位于 R=6000 的凸曲线、-0.5%的直线坡上。

桥梁横断面布置为：0.5m(护墙)+11.447(行车道)+0.606(护墙)+11.447m(行车道)+0.5m(护墙)=24.5m。

1. 上部结构

上部结构采用 5×30m 预应力混凝土现浇箱梁+(30+50+30)m 钢箱梁+(4×27)+(25×30)m 预应力混凝土现浇箱梁。

预应力混凝土现浇箱梁截面形式均采用斜腹板，单箱三室，等高度箱形截面，梁高 2.0m，箱梁顶板宽 24.3m，底宽 16.5m。两侧悬臂板长 2.0m，悬臂板端部厚 22cm，根部厚 55cm。边腹板、中腹板厚度为 60~100cm。箱梁顶板厚度为 25~50cm，底板厚度为 25~50cm。端横梁厚为 150cm，中横梁厚 250cm，支座间距为 7.6m。

主线桥钢箱梁采用单箱三室，箱梁横断面与混凝土箱梁横断面外轮廓相同，顶板厚 16mm，底板厚 14mm，腹板厚 16mm，支点处加厚至 24mm，顶底板采用 U 肋，翼缘板采用

I 肋(靠近翼缘根部处为 U 肋)，腹板采用 I 肋。

2. 下部结构

桥墩均采用门型壁墩或门架墩、配桩基础；承台厚 2. 5m，平面尺寸为 6. 6m(顺桥向)×9. 6m(横桥向)，承台下接 4 根 ϕ1. 6m 钻孔灌注桩。桥墩平面尺寸为 1. 8(顺桥向)×1. 8m(横桥向)，横桥向尺寸 1. 8~2. 5m 局部渐变。基础采用直径为 1. 6m 的钻孔灌注桩。

桥台采用 U 型桥台，承台厚 2. 0m，平面尺寸为 24. 7(横桥向)×6. 2m(顺桥向)，承台下接 12 根 ϕ1. 2m 钻孔灌注桩。

(三) 郑店二号高架桥

郑店二号高架桥：桥梁依次上跨规划道路(交叉中心桩号 K1268+919. 544)、物流大道、金郑公路(新南环)等道路，桥跨布置为：(20+2×30+20) m 斜交钢箱梁+2×27m 预应力混凝土现浇箱梁+(25+40+25) m 预应力混凝土现浇箱梁+4×30m 预应力混凝土现浇箱梁+4×30m 预应力混凝土变宽现浇箱梁+(30+2×29. 48) m 预应力混凝土变宽现浇箱梁+3×29. 48m 预应力混凝土变宽现浇箱梁+2×30m 预应力混凝土现浇箱梁+(27+40+27) m 预应力混凝土现浇箱梁+(20+30+30) m 预应力混凝土现浇箱梁+(30+40+30) m 预应力混凝土现浇箱梁+3×30m 预应力混凝土现浇箱梁+(29+40+25) m 预应力混凝土现浇箱梁+3×30m 预应力混凝土现浇箱梁+3×30m 预应力混凝土现浇箱梁+3×30m 预应力混凝土现浇箱梁+4×30m 预应力混凝土现浇箱梁+(30+50+30) m 钢箱梁+2×30m 预应力混凝土现浇箱梁。桥梁起点 K1268+720. 52，终点为 K1270+462. 37，全长 1741. 85m，桥宽为 24. 5m。

平面信息：本桥平面位于直线段和圆曲线上，曲线半径为 9500m。

桥梁横断面布置为：0. 5m(护墙)+11. 5(行车道)+0. 5(护墙)+11. 5m(行车道)+0. 5m(护墙)= 24. 5m。

1. 上部结构

混凝土梁上部结构分为 2m 梁高与 2. 2m 梁高两种类型，前者适用于 30m 及以内主跨的现浇箱梁，即 2×27m、2×30m、(20+2×30) m、3×30m、4×30m、(30+2×29. 48) m、3×29. 48m 等跨径组合的现浇箱梁；后者适用于主跨 40m 现浇箱梁，即(25+40+25) m、(27+40+27) m、(29+40+25) m、(30+40+30) m 等跨径组合的现浇箱梁。截面形式均采用斜腹板，等高度箱形截面。标准等宽段采用单箱三室，变宽梁根据实际需要增设腹板，为单箱四室~单箱六室。如图 11-7~图 11-9 所示。

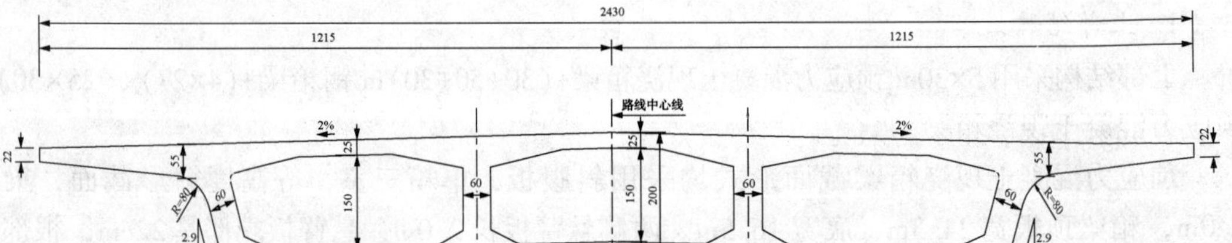

图 11-7　标准 2m 梁高混凝土梁断面

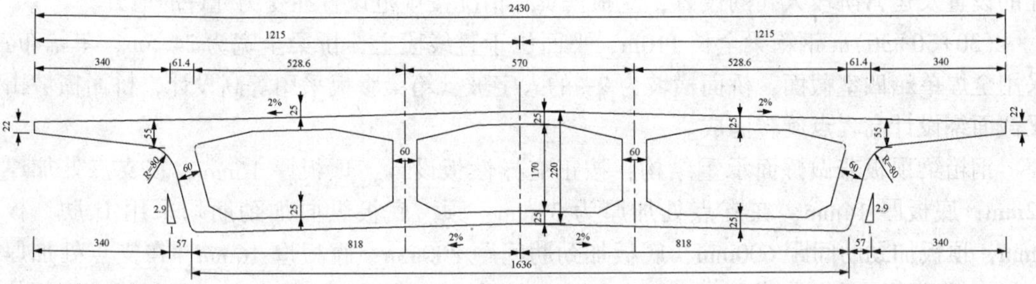

图 11-8　标准 2.2m 梁高混凝土梁断面

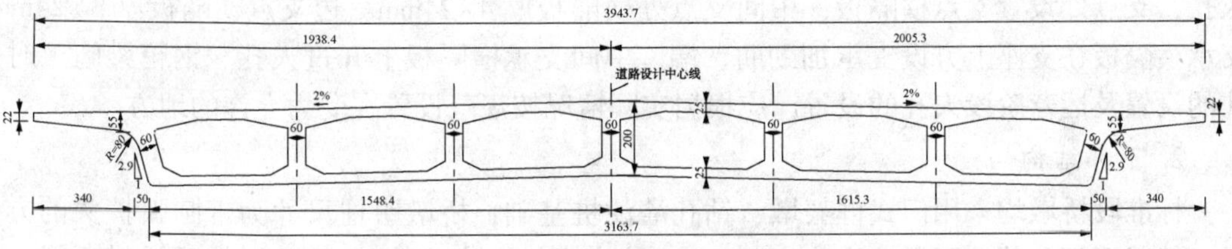

图 11-9　变宽混凝土梁典型断面

标准段箱梁顶板宽度 24.3m(不含两侧各 10cm 后浇段)，斜腹板斜率为 2.9∶1，两侧悬臂板长 3.4m，悬臂板端部厚 22cm，根部厚 55cm。边腹板、中腹板厚度为 60~100cm。箱梁顶板厚度为 25~50cm，底板厚度为 25~50cm。端横梁厚为 150cm，中横梁厚 250cm。

变宽段箱梁为满足桥下行车条件，普遍采用外伸横梁的形式，典型断面如图 11-10 所示。

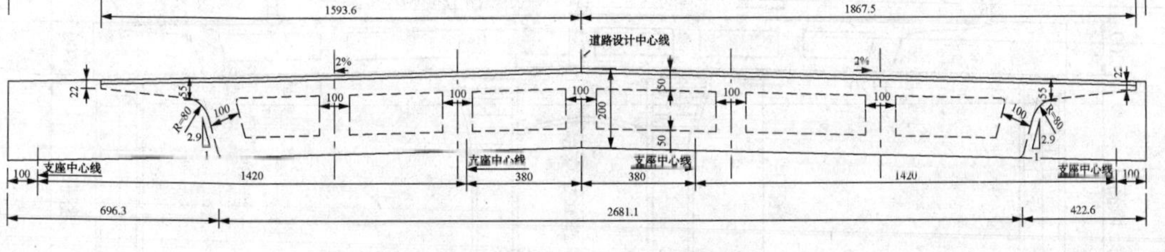

图 11-10　外伸横梁处典型断面

(20+30+30+20)m 钢箱梁全长 100m，平面位于直线段上，桥梁全宽为 24.5m，单幅布置，采用全焊单箱四室截面，桥面横坡为 2%的人字坡，箱梁腹板采用等高设计，桥面横坡由箱梁截面绕设计高程点旋转而成。

钢箱梁的顶板兼做桥面承重结构，按正交异性板设计。钢梁箱体部位顶、底板采用 U 形肋加劲，悬臂部位顶板采用板肋加劲。顶板厚 16mm，底板厚 14mm，顶、底板纵向加劲肋均采用 U 肋，板厚 8mm，顶板加劲肋间距 600mm，底板加劲肋间距 800mm；腹板厚 16mm，腹板纵向每 2.5m 设置 1 道竖向板式加劲肋，与横隔板间隔布置一致；每条腹板均设置 3 条水平加劲肋。钢箱梁内纵向每 2.5m 设置 1 道横隔板，普通隔板厚 14mm，中间开设人孔，支点处设置支点横隔板，中间支点处横隔板厚 2×28mm，边支点横隔板厚 28mm。支承横隔板在支座上方设支承加劲肋，端、中间支承横隔板上开过人孔。钢箱梁施工时人孔的设置及运营阶段人孔的设置，应根据实际情况按规范设置在受力允许的地方。

(30+50+30)m 钢箱梁全长 110m，平面位于直线段上，桥梁全宽为 24.5m，单幅布置，采用全焊单箱四室截面，桥面横坡为 2%的人字坡，箱梁腹板采用等高设计，桥面横坡由箱梁截面绕设计高程点旋转而成。

钢箱梁顶板兼做桥面承重结构，按正交异性板设计，顶板厚 16mm，在支点处加厚为 32mm；底板厚 14mm，在支点处加厚为 32mm；顶、底板纵向加劲肋均采用 U 肋，板厚 8mm，顶板加劲肋间距 600mm，底板加劲肋间距 800mm；腹板厚 16mm，在支点处加厚为 24mm，腹板纵向每 2m 设置 1 道竖向板式加劲肋，与横隔板间隔布置一致；每条腹板均设置 3 条水平加劲肋。钢箱梁内纵向每 2.5m 设置 1 道横隔板，普通隔板厚 14mm，中间开设人孔，支点处设置支点横隔板，中间支点处横隔板厚 4×24mm，边支点横隔板厚 3×24mm。支承横隔板在支座上方设支承加劲肋，端、中间支承横隔板上开过人孔。钢箱梁施工时人孔的设置及运营阶段人孔的设置，应根据实际情况按规范设置在受力允许的地方。

2. 下部结构

标准段桥墩均采用门式框架墩、钻孔灌注桩基础；桥墩墩柱尺寸为带圆弧扩头的方柱墩，等截面部分外轮廓尺寸为 1.8×1.8m，扩头顶横向宽度为 2.5m。墩柱顶设横系梁，系梁为圆弧形造型，截面高 1.2~1.8m。桥墩基础采用直径为 1.6m 的钻孔灌注桩。

变宽段除设置门型墩外，在主梁箱室加宽侧加设辅助侧墩，辅助侧墩为 1.8×1.8m 矩形墩，采用直径为 1.6m 的钻孔灌注桩。典型横断面如图 11-11 所示。

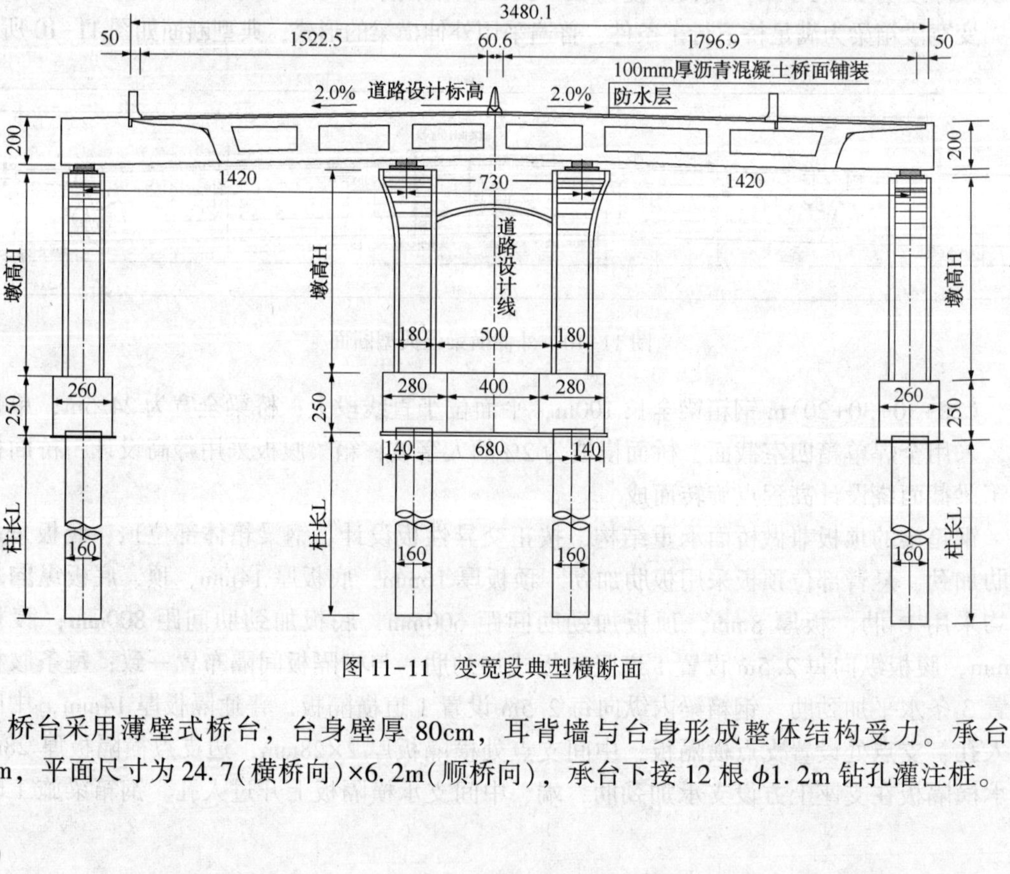

图 11-11　变宽段典型横断面

桥台采用薄壁式桥台，台身壁厚 80cm，耳背墙与台身形成整体结构受力。承台厚 2.0m，平面尺寸为 24.7(横桥向)×6.2m(顺桥向)，承台下接 12 根 ϕ1.2m 钻孔灌注桩。

（四）郑店二号高架 Z1 匝道桥

郑店二号高架桥：桥梁依次上跨昆仑燃气管道及西气东输管道。

桥跨布置为：3×23m 预应力混凝土现浇箱梁+(40+36)m 钢箱梁+(5×22.7)m 预应力混凝土现浇箱梁。桥宽为 8~9m。桥梁起点 Z1K0+136.745，终止桩号 Z1K0+397.695，桥梁全长 260.95m。

平面信息：本桥平面分别位于直线(起始桩号：Z1K0+136.745，终止桩号：Z1K0+209.643)、缓和曲线(起始桩号：Z1K0+209.643，终止桩号：Z1K0+254.643，参数 A：67.082，右偏)、圆曲线(起始桩号：Z1K0+254.643，终止桩号：Z1K0+338.047，半径：100m，右偏)、缓和曲线(起始桩：Z1K0+338.047，终止桩号：Z1K0+383.047，参数 A：67.082，右偏)和圆曲线(起始桩号：Z1K0+383.047，终止桩号：Z1K0+397.695，半径：9517.625m，左偏)上。

纵面信息：本桥纵面位于纵断面位于 R=3178.2m 的竖曲线上。

桥梁横断面布置为：0.5m(护墙)+7~8m(行车道)+0.5(护墙)=8~9m。

1. 上部结构

上部结构采用：3×23m 预应力混凝土现浇箱梁+(40+36)m 钢箱梁+(5×22.7)m 预应力混凝土现浇箱梁，桥宽 8~9m。

预应力混凝土现浇箱梁截面形式均采用斜腹板，单箱单室，等高度箱形截面，梁高 1.5m。箱梁顶板宽 8~9m，底宽 4.3~5.3m。两侧悬臂板长 1.4m，悬臂板端部厚 22cm，根部厚 45cm。腹板厚度为 45~60cm。箱梁顶板厚度为 25~50cm，底板厚度为 25~50cm，曲线梁在各跨跨中均设一道 30cm 厚横隔板。端横梁厚为 120cm，中横梁厚 200cm，支座间距为 3m。

钢箱梁全长 76m，其分跨为(40+36)m，为全焊单箱双室截面钢箱梁，箱式外轮廓与匝道桥混凝土箱梁相仿，箱梁梁宽 8~9m，高 1.8m，桥面横坡为 2%单向坡，顶板厚 16mm，底板厚 14mm，腹板厚 14mm，支点处加厚至 24mm，顶底板、翼缘板采用 I 肋，腹板采用 I 肋。

箱梁腹板采用等高设计，桥面横坡由箱梁截面绕设计高程点旋转而成。

钢箱梁的顶板兼做桥面承重结构，按正交异性板设计。

2. 下部结构

桥墩均采用花瓶墩、配桩基础；承台厚 2m，平面尺寸为 2.2(顺桥向)×5.4m(横桥向)，承台下接 2 根 ϕ1.2m 钻孔灌注桩。桥墩平面尺寸为 1.4(顺桥向)×2.2m(横桥向)，横桥向尺寸 2.2~4.2m 局部渐变。基础采用 ϕ1.2m 钻孔灌注桩。

桥台采用 U 型桥台，承台厚 2.0m，平面尺寸为 8.2(横桥向)×5.8m(顺桥向)，承台下接 6 根 ϕ1.2m 钻孔灌注桩。

（五）郑店二号高架桥 Z2 匝道桥

郑店二号高架桥：桥梁上跨西气东输管道。

桥跨布置为：3×23m 预应力混凝土现浇箱梁+(23+35+23)m 钢箱梁+(4×23)m 预应力混凝土现浇箱梁。桥宽为 8~9m。

平面信息：本桥平面分别位于圆曲线(起始桩号：Z2K0+098.033，终止桩号：Z2K0+101.041，半径：9500m，右偏)、缓和曲线(起始桩号：Z2K0+101.041，终止桩号：Z2K0+146.041，参数A：52.126，右偏)、圆曲线(起始桩号：Z2K0+146.041，终止桩号：Z2K0+208.54，半径：60m，右偏)、缓和曲线(起始桩号：Z2K0+208.54，终止桩号：Z2K0+253.54，参数A：51.962，右偏)和直线(起始桩号：Z2K0+253.54，终止桩号：Z2K0+342.483)上。

纵面信息：本桥纵面位于纵断面位于R=3346.3m的竖曲线上。

桥梁横断面布置为：0.5m(护墙)+7~8m(行车道)+0.5(护墙)=8~9m。

1. 上部结构

上部结构采用：3×23m预应力混凝土现浇箱梁+(23+35+23)m钢箱梁+(4×23)m预应力混凝土现浇箱梁，桥宽为8m~9m。

预应力混凝土现浇箱梁截面形式均采用斜腹板，单箱单室，等高度箱形截面，梁高1.5m。箱梁顶板宽8~9m，底宽4.3m~5.3m。两侧悬臂板长1.4m，悬臂板端部厚22cm，根部厚45cm。腹板厚度为45~60cm。箱梁顶板厚度为25~50cm，底板厚度为25~50cm，曲线梁在各跨跨中均设一道30cm厚横隔板。端横梁厚为120cm，中横梁厚200cm，支座间距为3m。

钢箱梁全长61m，其分跨为(23+35+23)m，为全焊单箱双室截面钢箱梁，箱式外轮廓与匝道桥混凝土箱梁相仿，箱梁梁宽8m~9m，高1.42m，桥面横坡为3%~2.12%单向坡，顶板厚16mm，底板厚14mm，腹板厚14mm，支点处加厚至24mm，顶底板、翼缘板采用I肋，腹板采用I肋。

箱梁腹板采用等高设计，桥面横坡由箱梁截面绕设计高程点旋转而成。

钢箱梁的顶板兼做桥面承重结构，按正交异性板设计。

2. 下部结构

桥墩均采用花瓶墩、配桩基础；承台厚2m，平面尺寸为2.2(顺桥向)×5.4m(横桥向)，承台下接2根ϕ1.2m钻孔灌注桩。桥墩平面尺寸为1.4(顺桥向)×2.2m(横桥向)，横桥向尺寸2.2~4.2m局部渐变。基础采用ϕ1.2m钻孔灌注桩。

桥台采用U型桥台，承台厚2.0m，平面尺寸为8.2(横桥向)×5.8m(顺桥向)，承台下接6根ϕ1.2m钻孔灌注桩。

(六)结构计算

1. 现浇连续箱梁

采用Midas/Civil软件进行分析。

计算荷载

一期恒载包括上构全部重量，混凝土容重取26kN/m^3；

二期恒载包括护栏和桥面铺装；

支座不均匀沉降，沉降量按5mm计算；

汽车荷载：按《公路桥涵设计通用规范》(JTG D60—2015)公路-I级，并按该规范考虑冲击系数；

混凝土收缩徐变：按《公路钢筋混凝土及预应力混凝土桥涵设计规范》(JTG D62—2004)附录F取用；

整体升降温：按±25℃考虑；

竖向梯度温度：按《公路桥涵设计通用规范》(JTG D60—2015)10cm沥青铺装的模式，即14℃—5.5℃—0℃的非线性温度梯度模式；

制动力：按《公路桥涵设计通用规范》(JTG D60—2015)计算。

2. 钢箱梁

采用Midas/Civil软件进行分析。

计算荷载

一期恒载包括上构重量，混凝土容重取26kN/m³；二期恒载包括护栏和桥面铺装；计算时考虑支座不均匀沉降、竖向梯度温度效应及制动力。

3. 钢箱梁采用平面杆系软件进行结构计算；考虑了温度梯度引起的附加效应。

4. 结构计算相关参数

Q345qD钢材容重：78.5kN/m³弹性模量：2.06×10⁵MPa

基础不均匀沉降　主线桥边支点：0.5cm、中支点：0.5cm

箱梁整体升降温：+31℃，-35℃

竖向日照温差：$T_1=14℃$，$T_2=5.5℃$，竖向日照反温差为正温差乘以-0.5

相对湿度：80%

(七) 下部结构计算

1. 墩柱计算：墩柱为双向压弯构件，竖向力根据上部结构计算提供各单项反力，按《公路桥涵设计通用规范》(JTG D60—2015)进行承载能力与正常使用极限状态的荷载组合。横向弯矩为支座横向偏心引起，由于墩柱长细比不大，不考虑二次效应；纵向弯矩为支座顺桥向水平力引起，对于固定支座，水平力主要为全联的汽车制动力；对于纵向活动支座，水平力为支座摩阻力，摩阻系数按0.03考虑。

2. 基础计算：根据地质资料确定基础类型，采用桩基础。桩基础根据桥位地质资料设计为摩擦桩与端承桩，按《公路桥涵地基与基础设计规范》(JTG D63—2007)计算桩长及桩身内力，其中桩身内力考虑桩土相互作用，按规范的M法进行计算。根据桩身内力按《公路钢筋混凝土及预应力混凝土桥涵设计规范》(JTG D62—2004)进行桩基配筋计算。

七、桥梁耐久性设计、养护维修

(一) 耐久性设计

本工程所处环境属于一般大气环境和无侵蚀性水和土壤环境，耐久性设计将按照《公路钢筋混凝土及预应力混凝土桥涵设计规范》(JTG D62—2004)中的I类环境对待。对于桥梁主体结构难以替换的重要构件按设计使用寿命100年考虑；对于可以维护，易加固、替换的构件，如护栏、支座、伸缩装置等按设计使用寿命15年考虑。

1. 混凝土结构耐久性设计

(1) 耐久性要求：根据《公路钢筋混凝土及预应力混凝土桥涵设计规范》(JTG D62—

2004)和《公路工程混凝土结构防腐蚀技术规范》(JTG/T B07-01-2007)中的有关条文办理。

(2) 基于耐久性所需的混凝土的水灰比、水泥用量、强度等级、氯离子含量和碱含量必须满足I类环境条件的基本要求。

(3) 应对混凝土用骨料进行碱活实验，高活碱性集料严禁用于桥梁混凝土结构。

(4) 桥梁构件的计算，除了按承载能力极限状态进行计算，考虑结构的安全性外，还按正常使用极限状态进行计算，考虑了结构的耐久性。

(5) 普通钢筋及预应力钢筋的最小混凝土保护层厚度：按照《桥规》中的有关强制性条文办理。

(6) 结构的形状和布置应有利于通风和避免水汽在混凝土表面的积聚，便于施工时混凝土的捣固、养护，并减少约束与荷载作用下的应力集中。

(7) 混凝土结构构件的表面形状应有利于排水，对于可能受雨淋或积水的水平表面应做成斜面，并在桥梁顶面设置防水层。

(8) 桥梁伸缩缝原则上是可更换的，但伸缩缝会在一定程度上影响交通，因而对于位移较大的伸缩缝装置应选择耐侯钢等材料，尽量延长其使用寿命减少设计基准期内置换次数。

伸缩缝对应位置的伸缩缝现浇混凝土、墩柱混凝土一级桥面系的混凝土桥面铺装、防撞护栏混凝土均应保证混凝土表面密实无气泡，确保伸缩缝处车辆行驶的平顺，而且避免在正常使用过程中伸缩缝处积水，提高其耐久性。

(二) 钢箱梁防腐

钢箱梁涂装要求，参照《公路桥梁钢结构防腐涂装技术条件》JT/T 722—2008，进行涂装的设计。所有钢材进厂后，首先必须进行预处理，即：打砂，除锈等级 Sa3.0，表面粗糙度 RZ30~75μm，车间底漆为无机硅酸锌，干膜厚度 20~25μm。涂装配套方案建议按照《公路桥梁钢结构防腐涂装技术条件》JT/T 722—2008 进行选择，涂装配套见表 11-1(钢管桥墩立柱及钢盖梁内外表面涂装参照此要求)。

表 11-1

序号	部位	配套编号	涂层	涂料品种	道数/最低干膜厚度/μm
1	顶板上表面	S16	底漆层	环氧富锌底漆	1/80
	总干膜厚度				80
2	钢箱梁外表面(除顶板上表面)	S07	底涂层	环氧富锌底漆	1/80
			中间涂层	环氧(云铁)漆	(1~2)/150
			面涂层(第一道)	聚氨脂面漆	1/40
			面涂层(第二道)	氟碳面漆	1/30
	总干膜厚度				300
3	钢箱梁内表面	S13	底涂层	环氧富锌底漆	1/50
			面涂层	环氧(厚浆)漆(浅色)	300
	总干膜厚度				350

续表

序号	部位	配套编号	涂层	涂料品种	道数/最低干膜厚度/μm
4	U肋内表面及挑臂内表面	底漆层	无机硅酸锌	20	
	总干膜厚度				20

涂料的选择，其性能要求和实验方法应严格满足《公路桥梁钢结构防腐涂装技术条件》JT/T 722—2008附录B的要求。

（三）养护维修

（1）项目所在地建设环境为Ⅰ类环境，桥梁养护按“预防为主、防治结合”的原则，以桥面养护为中心，以承重部件为重点，全面养护。

（2）经常清扫桥面，排除积水，清除泥土、杂物及积雪，保持桥面平整、清洁。沥青混凝土桥面如出现泛油、涌包、裂缝、波浪、坑槽、车辙等病害时应及时处治。损坏面积较小可局部修补，损坏面积较大时，需将整跨铺装层凿除，重铺桥面，严禁在原有桥面上直接加铺。桥面防水层如损坏，应及时修复。

（3）定期检查桥面的泄水管，如有堵塞应及时疏通。经常清除伸缩缝内积土、垃圾等杂物，若有损坏或功能失效应及时修理或更换。

（4）如梁体、桥墩混凝土出现空洞、蜂窝、麻面、风化、剥落等现象应将其部分清除，再用高强度等级混凝土进行修补。如发现梁体露筋或保护层剥落，应清除松动部分，并清除钢筋锈迹，然后修复保护层。受拉区修补混凝土宜用环氧树脂配制，受压区修补混凝土宜采用膨胀水泥配制，并采用蒸汽养生或封闭养生。

（5）桥梁支座每半年至少清扫一次，清除支座周围的油渍等杂物，定期检查滑板支座、盆式橡胶支座的防尘罩，确保完好。如支座损坏或产生故障不能正常工作，应及时更换。

（6）用于桥梁观测的标点、传感器、接线应保持完好，如有损坏或故障应及时维修。

八、附属构筑物设计

（一）桥面铺装

1. 混凝土箱梁桥面铺装

材料与相接道路的沥青面层一致，桥面铺装由上到下采用4cm厚AC-13C细粒式SBS改性沥青混凝土+粘层+6cm厚AC-20C中粒式SBS沥青混凝土+粘层+DPS防水层；其材料各项性能及铺设要求符合路面结构要求。

2. 钢箱梁桥面铺装

材料与相接道路的沥青面层一致，桥面铺装由上到下采用4cm厚AC-13C细粒式SBS改性沥青混凝土+粘层+6cm厚AC-20C中粒式SBS沥青混凝土+粘层+DPS防水层+8cm厚C50钢纤维混凝土。其材料各项性能及铺设要求符合路面结构要求。

（二）伸缩缝

机动车道处伸缩缝采用梳形钢板伸缩缝，采用80型或160型伸缩缝，必须注意在桥台背墙、梁端处预埋钢筋和预留槽口。其产品技术性能应符合交通部行业标准(JT/T 723—2008)《单元式多向变位梳形板桥梁伸缩装置》的要求。

防撞护栏伸缩缝采用钢板制作，一端固定，另一端为活动端。

人行道处采用伸缩钢板。

(三) 支座

桥梁支座采用 GYZ/GJZ 板式橡胶支座及 GPZ 盆式橡胶支座，其技术性能应符合《公路桥梁板式橡胶支座规格系列》(TJ/T 663—2006)、《公路桥梁盆式橡胶支座》(JT 391—2009)的要求。

(四) 护栏

混凝土箱梁两侧及中央分隔带设置混凝土防撞护栏，钢箱梁护栏采用钢结构防撞护栏。防撞护栏内预埋路灯及交通监控设施相关管线。

(五) 防、排水工程设计

桥面沥青层与桥面混凝土现浇层之间铺设 DPS 防水层，防水层应确保能有效防水，且与桥面现浇层及沥青混凝土铺装层间有足够的黏结强度和剪切强度，防水材料必须具备柔韧性、温度稳定性和耐久性，其各项技术指标应满足《城市桥梁桥面防水工程技术规程》(CJJ 139—2010)中的相关要求。

桥面排水采用纵横向排水相结合的方案，在防撞护栏内设置预制桥面排水沟。在桥墩处设置排水管，通过桥墩侧设置 ϕ150mm 竖向排水管将雨水引至地面雨水井。

(六) 过桥管位设计

对于设置有人行道的跨沪渝立交辅道桥，过桥管线敷设于人行道混凝土板下，过桥管线满足《城市桥梁设计规范》(CJJ 11—2011)的相关规定，不得在桥上敷设污水管、压力大于 0.4MPa 的燃气管和其他可燃、有毒或腐蚀性的液、气体管。

对于一般桥梁，路灯及交通监控设施相关管线需预埋在防撞护栏内。

九、施工方案及注意事项

(一) 施工方案

桥梁结构的施工方法直接影响工程造价及施工工期，本工程工期紧，桥梁工程施工按照“先地下后地上”的原则进行。

1. 现有道路保通方案

由于本项目 G107 在施工期间不能中断交通，须要保证半幅桥的通行，施工时先新建右半幅桥，待通车后利用右半幅桥保通，再拆除老桥新建左半幅桥。桥梁下部结构施工会影响京港澳高速的通行，应采用分幅施工并设置交通组织管理设施，保证车辆的通行。

在保通过程中，临时交通组织一定要满足相关规定要求，尤其是利用 G107 新建右半幅临时通行时，其左侧一定做好相关防撞设施，避免有车辆冲出桥面落到京港澳高速上造成重大事故。

2. 其他

其他常规方案如施工场地布置、施工期间交通运输、临时机具设备和施工进度安排均应符合相关规定。

（二）施工注意事项

施工时除严格遵守《城市桥梁工程施工与质量验收规范》(CJJ2—2008)有关要求外，尚应注意：

1. 材料

（1）混凝土：上部结构采用高强度等级混凝土，须仔细研究确定施工工艺和选用的材料，进行高强度混凝土最佳配合比设计与实验，控制质量，控制标准和检测方法，并严格执行；为保证全桥颜色的一致性，建议采用同一厂家同一品牌的水泥用料。

（2）钢材：普通钢筋、预应力钢材和锚具应按设计技术指标进行购货，并按照《城市桥梁工程施工与质量验收规范》(CJJ2—2008)有关要求，进行严格验收和检验。

2. 现浇连续箱梁

（1）非跨线处连续箱梁施工方案为：一次落架，预应力钢束一次张拉。采用满堂支架施工，施工完成后，支架由跨中向支点多点、均匀、缓慢、对称拆除。

（2）跨线处桥梁采用钢管立柱接贝雷梁方式，施工期间，相关道路需限速行驶，确保施工期间施工安全及高速运营安全。

（3）支架施工前，应处理支架基础，支架立柱必须安装在有足够承载力的地基上，立柱底端应设垫木来分布和传递压力，并保证浇筑混凝土后不发生超过允许的沉降量。除为抵消支架弹性变形而设置的预拱度外，支架不设预拱。浇筑混凝土前应利用水箱或沙袋对支架进行均匀预压，预压重量不小于箱梁自重的120%，待沉降稳定后，应再持续3~5天，以消除支架的非弹性变形。

（4）根据桥跨结构的特点对支架进行设计及验算，使其具有足够的刚度和强度，以满足结构受力、变形及线形要求，确保箱梁的浇筑质量。

（5）箱梁外模板应采用大块钢模板。钢模板初次使用时应将与混凝土接触面上的锈迹清除干净。不得采用对混凝土表面有污染、有腐蚀的废机油、肥皂水、洗衣粉等材料代替脱模剂。

（6）张拉预应力应在混凝土强度达到设计强度的90%，且龄期不小于7天后进行，张拉时尽量保证对称、均匀，不得集中张拉。

（7）钢绞线和普通钢筋进场后，必须按有关规定对其强度、外形尺寸、初始应力和物理及力学性能等进行严格试验。锚头应进行裂缝探伤检验；夹片应进行硬度检验；锚具应进行组合锚固性能试验；应逐个检查垫板喇叭管内有无毛刺，对有毛刺者不准使用。同时应就实测的弹性模量和截面积对计算引伸量作修正。

引伸量修正公式为：

$$\Delta' = \frac{EA}{E'A'}\Delta$$

式中，E'、A'为实测的钢绞线弹性模量及截面积；E、A为计算采用的钢绞线弹性模量及截面积，$E = 1.95\times105\text{MPa}$，$A = 140\text{mm}^2$；$\Delta$为计算得到的引伸量值；$\Delta'$为修正计算的引伸量值。

（8）预应力采用引伸量与张拉力双控，锚下控制应力为0.75fpk = 1395MPa，当延伸量超出±6%范围时，应暂停张拉，待查明原因并采取措施加以调整后，方可继续进行。

(9) 预应力管道采用金属波纹管型，安装时必须严格按规定位置定位，并保持管道顺畅。所有管道沿长度方向每 50~100cm 设一"井"字形 $\phi12$ 定位钢筋，并点焊在主筋上，不容许用铁丝定位，确保管道在浇筑混凝土时不上浮、不变位。锚下螺旋钢筋除特别说明并进行设计以外，应采用锚具配套产品。

(10) 锚下垫板必须与预应力钢束垂直，垫板中心应对准管道中心。在管道密集区，应加强振捣，确保混凝土不出现空洞、蜂窝或麻面。同时预留压浆排气孔，且注意防止管道漏浆。

(11) 预应力管道应在张拉后 24h 内压浆，压浆前应用压缩空气或高压水清除管道内杂质。要求管道压浆密实，材料符合相关规范规定。

(12) 施工中若钢筋发生干扰，允许进行适当调整布置，但混凝土保护层厚度应予以保证；凡因施工需要而断开的钢筋，当再次连接时，必须进行焊接并符合施工技术规范的有关规定。

(13) 当钢筋和预应力管道发生干扰时，可适当移动普通钢筋以保证钢束管道位置准确；如锚下螺旋筋与分布筋发生干扰时，可适当移动分布钢筋；钢束锚固处的普通钢筋如影响预应力施工时，可适当弯折，但待预应力施工完毕后应及时复位。

3. 钢箱梁

有关桥梁的施工工艺及其质量检查标准，均按《城市桥梁工程施工与质量验收规范》(CJJ2—2008)进行，本施工说明只对规范未说明的部分和施工中有特殊要求部分作出说明。对于《施工规范》及本说明都未涉及的部分，可参照国家已批准的有关现行规范及标准进行操作。

(1) 高程控制和平面控制

本设计图中的高程数值和平面坐标均是根据原设计文件和竣工文件给出的理论值。由于原桥梁施工中的误差以及桥梁运营中的基础沉降等因素，实际桥梁的高程数值均与理论值有一定差异。施工以相对高程控制。施工前必须对过渡墩处梁侧桥面与过渡墩盖梁顶面、主墩承台顶面的相对高程进行测量。施工时必须保证过渡墩处梁桥面和钢梁桥面平顺相接。

施工前还需对过渡墩盖梁、主墩承台的相对平面位置测定，根据平面相对位置放样。

施工时应注意过渡墩处伸缩缝中心线与盖梁中心不一致。

(2) 钢箱梁制造

① 箱梁制造首先进行板件加工，钢箱梁制造分为顶板单元、底板单元、腹板单元、横隔板单元和附属结构单元，由板件单元在胎架上组成梁段。钢箱梁的制造梁段划分应本着尽量减少工地焊缝数量，并综合考虑运输、吊装能力等因素最终确定。普通梁段可按两倍横隔板间距的长度进行梁段制造，或对箱梁横向分块。箱梁在胎架上应匹配制造，进行试拼装，匹配试拼装不少于五个梁段。

② 设计图中所标尺寸均为 20℃时的尺寸。工厂制造过程中所使用的一切量具、仪表等均需由二级以上计量机构鉴定合格后方可使用。工地用尺在施工使用前应与工厂用尺相互校对。

③ 设计图中所标尺寸为理论尺寸，未考虑焊接收缩量和加工余量。

④ 零件制造时，要求装配后的零件自由边倒角为 R1~R2。

⑤ 所有类型的焊缝，在施焊前均需做焊接工艺评定试验，以确定焊接方法，焊接材料，焊接步骤、工艺参数等。

⑥ 由于钢箱梁为全焊结构，结构焊缝较多，所发生的焊接变形和残余应力较大，制造过程中，在保证焊接质量的前提下，尽量采用焊接变形和焊缝收缩小的焊接工艺。建议所有手工焊均采用 CO_2 气体保护焊。

⑦ 所有坡口焊接的坡口形式及尺寸均应依照 GB 985—88（或 GB 986—88）的要求处理。对坡口焊接的贴角焊缝，当未标注贴角尺寸时，一般以不小于 1.5(t)1/2 考虑（t 为焊件较厚者的厚度）。

⑧ 部分熔透焊的焊缝有效厚度不小于 1.1 倍的开坡口的板厚。

⑨ 所有工厂拼接缝都应避开箱梁构造所规定的焊缝；所有两条平行的焊缝间距不小于 100mm。

⑩ 顶板与 U 形加劲肋的焊接，是箱梁加工制造的关键部位之一，建议采用自动焊，每一 U 形加劲肋两侧同时施焊。底板与 U 形加劲肋的焊接，建议也采用同样方法进行。为保证顶板 U 肋与顶板的焊接质量，U 肋采用开 50°坡口，在不能完全熔透的情况下，也能保证焊喉深度接近 8mm。底板 U 肋焊接必须保证 80%以上熔透量。

当采用冷加工制造 U 型加劲肋时，应选用质量易保证和控制的制造方式，采取一定的工艺措施确保 U 型肋的几何尺寸要求，U 型肋圆角外边缘不得有裂纹，否则应采取热煨。U 型加劲肋在与桥面板焊接前应进行肋的内侧涂装。所有自由切割处均应打磨平整。

⑪ 钢箱梁的加工制造单位应制定本桥钢结构制作和检验的厂内标准，以确保钢结构制造加工的质量。

⑫ 主梁支座垫板由工厂机加工，要求顶面与梁底密贴，底面水平，并与箱梁底板焊接。

⑬ 顶、底板单元制造完成后，应对闭口肋两端采用一定的措施予以封闭，以防止内部锈蚀。

（3）钢箱梁的运输

根据本桥所在位置的具体情况，建议采用大平板车运输至工地。由于所运钢箱梁节段为超长、超宽运输构件，施工单位应事先与交通管理部门取得联系，以保证运输过程中的安全，同时应采取措施避免梁段在运输过程中产生较大变形。

（4）钢箱梁的安装

钢箱梁安装采用支架法。

钢箱梁的安装和工地连接的质量和速度受天气影响较大，又因本工程对工期要求紧的特殊性，钢箱梁的安装工期应避开雨季。

原混凝土箱梁拆除前，即可搭设支架。支架搭设时，道路路缘、中央带可设临时墩，保证道路的正常通行，需留出人行道和行车道净空。支架必须有足够的强度和刚度，为消除支架非线性沉降，支架要预压（预压荷载按 120%的钢梁重考虑）。上部混凝土箱梁拆除后，重新整理完善支架布置，支架上铺设导轨和临时支撑设施。支架线性与工厂胎架线性一样，考虑成桥竖曲线和预拱度。

首先安装主墩顶梁段，调整位置并临时固定，由主墩墩顶向两侧安装梁段；将梁段吊装上支架，移位、调整标高和相邻梁段匹配，临时固定。当单个墩顶满 5 个安装梁段，且梁长超过 25m 时，从主墩向两侧方向进行梁段工地连接；当墩顶梁段安装一定数量时，从过渡墩处向跨中方向安装梁段，最后两边跨合拢；所有梁段完成工地连接后，经检查整梁位置、桥面标高及支座与箱梁连接合格后，解除临时固定设施，拆除支架，缓慢落梁；最后对钢梁局部作补充涂装、涂最后一道面漆。

梁段安装中应控制各跨梁长误差，保证箱梁各支承隔板与支座准确对位。梁长误差可通过各梁缝间隙调整。

吊装钢箱梁所用吊点形式由施工单位根据吊装设备和起吊方式确定，必须设在横隔板与腹板相交处，临时支架上的支点亦应设在横隔板与腹板相交处，以避免钢箱梁产生局部变形。

（5）钢箱梁工地连接

钢箱梁梁段工地连接采用焊接。

梁段移至设计位置后，与前一梁段临时连接，精确调整焊缝间隙，调整板件错边，间断焊接定位码板。工地连接时，先焊周边板横向环缝，进行无损探伤，合格后焊接纵向嵌补段。检验合格后，对焊缝进行必要的打磨处理，完成梁段工地连接。

工地连接的顶板焊接工作必须在临时工作棚内进行，顶、底板焊接尽可能采用自动焊。室外焊接时焊缝周围应有防风、雨、雪的措施；CO_2 焊接时，应有防风措施及设备。

梁段连接前，焊区必须彻底清磨，清除锈、氧化皮、油污水分，露出金属光泽。清磨范围按焊接工艺要求办理。

为便于焊接施工，须在箱梁顶面开设入孔，入孔应开在箱梁顶板受力较小部位，具体入孔尺寸和位置需经设计同意，入孔补焊采用内置陶瓷衬垫的坡口熔透焊，并需探伤合格。

（6）钢箱梁主要焊缝质量等级和焊缝无损检验等级

① 焊缝检验质量等级方法

焊缝名称	质量等级	探伤方法	检验等级	探伤比例	探伤部位	执行标准
吊耳板的融透角焊缝	Ⅱ级	磁粉探伤（MT）		100%	焊缝全长	JB/T 6061—2007
U 型肋对接焊缝					焊缝全长	
横隔板与腹板角焊缝					焊缝两端各 500mm	
U 型肋与顶板角焊缝					每条焊缝两端各 1000mm，其中行车道范围的顶板角焊缝为两端各 2000mm	
横隔板与顶底板角焊缝					行车道范围总长的 20%	
腹板与地板角焊缝					焊缝两端各 1000mm，中间每隔 2000mm 探 1000mm	
临时连接（含马板）					拆除临时连接部位	

续表

<table>
<tr><th colspan="2">焊缝名称</th><th>质量等级</th><th>探伤方法</th><th>检验等级</th><th>探伤比例</th><th>探伤部位</th><th>执行标准</th></tr>
<tr><td colspan="2">横向对接焊缝(顶板、底板、腹板、横隔板等)</td><td rowspan="4">Ⅰ级</td><td rowspan="6">超声波探伤(UT)</td><td rowspan="2">B(单面双侧)</td><td rowspan="6">100%</td><td>焊缝全长</td><td rowspan="6">GB/T 11345—1989</td></tr>
<tr><td colspan="2">纵向对接焊缝(顶板、底板、腹板、横隔板等)</td><td>端部1000mm内为Ⅰ级，其余部位为Ⅱ级</td></tr>
<tr><td colspan="2">T型接头和角接接头融透角焊缝</td><td>B</td><td>焊缝全长</td></tr>
<tr><td colspan="2">横隔板纵向对接焊缝</td><td>B</td><td>焊缝全长</td></tr>
<tr><td colspan="2">部分融透角焊缝</td><td rowspan="2">Ⅱ级</td><td>B</td><td>焊缝两端各1000mm</td></tr>
<tr><td colspan="2">焊角尺寸≥12mm的角焊缝</td><td>A</td><td>焊缝两端各1000mm</td></tr>
<tr><td rowspan="2">纵向对接焊缝</td><td>顶板</td><td rowspan="7">Ⅰ级</td><td rowspan="7">射线探伤(RT)</td><td rowspan="7">AB</td><td rowspan="2">10%</td><td>中间250~300mm</td><td rowspan="7">GB/T 3323—2005</td></tr>
<tr><td>底板、腹板</td><td>焊缝两端各250~300mm</td></tr>
<tr><td colspan="2">横隔板横向对接焊缝</td><td>5%</td><td>下部250~300mm</td></tr>
<tr><td colspan="2">横向对接焊缝(顶板、底板、腹板、横梁等)</td><td>10%</td><td>焊缝两端250~300mm，长度大于1200mm中间加探250~300mm</td></tr>
<tr><td rowspan="3">梁段间对接焊缝</td><td>顶板十字交叉焊缝</td><td>100%</td><td rowspan="2">纵、横向各250~300mm</td></tr>
<tr><td>底板十字交叉焊缝</td><td>30%</td></tr>
<tr><td>腹板</td><td>100%</td><td>焊缝两端各250~300mm</td></tr>
</table>

无损检验的最终检验应在焊接24h后进行。

X射线探伤要求及数量应满足《公路桥涵施工技术规范》(JTG/T 3650—2020)的规定。

十、下部结构施工

(一) 施工

(1) 施工进场后，应对桥址范围地上、地下管线进行调查，如发现有与墩位基础冲突的情况，应及时联系设计单位进行调整。

(2) 施工单位进行施工放样之前，必须对各桥墩台控制里程桩号、桩位坐标、设计标高等数据进行复核计算，计算无误后方可放样，并且在放样完毕后用钢尺对桩位进行多方位的丈量校核，确认无误后方可施工桩基。

(3) 基础施工时，如发现实际地质情况与地质报告、设计文件不符，应及时通知设计、监理部门，以便做适当调整。

(4) 钻孔灌注桩施工时，清底和竖向偏差应严格按施工规范执行；应采取措施使钻孔桩孔内沉淀土厚度不得大于规范规定。

(5) 桥梁基础均采用钻孔灌注桩，桩尖标高根据地质钻探资料确定。桩基质量检测推荐采用超声波法或其他无破损检测法进行检测，本桥检测管按桩基总数的100%布设。

(6) 承台同桩柱交界处应注意新老混凝土的结合，在浇筑混凝土前，应仔细清除桩头浮浆、凿毛接触面、冲刷干净。

(7) 桥墩墩身施工要求尺寸准确，表面平整、光滑，应严格控制墩身施工倾斜度。墩柱施工要求采用钢模板，一节长度不应小于2.0m，钢模板初次使用时应将与混凝土接触面上的锈迹清除干净。不得对混凝土表面有污染、腐蚀的材料代替脱模剂。

(8) 桥台其施工工序为首先进行台后地基处理，填筑路基；其次开挖部分路基至承台(台帽)顶面布置钻孔平台，钻孔灌注混凝土；最后再开挖至桩顶，浇注承台(或帽梁)及耳、背墙等。

(9) 桥台台身纵向钢筋应预先焊接形成骨架、浇筑混凝土前直接将骨架安装到位，再绑扎钢筋。

本段岩溶较发育，根据先期地质报告，拟定以下处理原则：

① 竖向深度3m以内无填充或半填充的溶洞，采用回填黏土加片石后复打成孔。回填复打时冲击钻宜采用小冲程造浆护壁成孔工艺，如需多次回填复打，可适当添加水泥或其他添加剂以增加泥浆黏性和胶体率，增强泥浆护壁质量。

② 竖向深度3~5m无填充物或半填充的溶洞，采用回填加筋(如纺织袋、麻袋、植物)黏土加片石后复打成孔。回填复打工艺同3m以内溶洞处理方案。如掺加水泥，水泥宜与黏土加片石混合料拌和后再回填，回填后宜等待混合料有一定强度后再冲击成孔。

③ 5m以上无填充或半填充的溶洞，溶洞的岩层以上紧接着的覆盖层为砂层时，宜先进行注浆固化后护筒跟进钻孔；有溶洞的岩层以上紧接着的覆盖层为黏土层时可考虑将护筒打入黏土层再钻孔。钻进溶洞后，如工期允许，可采用反复填片石和黏土冲击护壁成孔，否则可采用双护筒直接将护筒打入溶洞内；对串珠状溶洞，建议采用填片石和黏土冲出成孔，桩按摩擦桩设计。

④ 全填充溶洞：如无漏浆，无须另行处理。如漏浆，可回填黏土加片石后按方法“①”成孔。

(10) 桩基施工时，对溶洞顶板较薄的路段，为避免由于施工引起地面塌陷等地质灾害，建议在施工前组织相关专家对施工成孔工艺进行评审。

(二) 其他问题与建议

(1) 桥梁位于灰岩地区，施工前应结合墩台具体位置在桩位处进行超前钻，根据超前钻资料调整桥梁基础的桩长，为桥梁基础设计提供可靠依据。

(2) 在相关道路保通过程中，临时交通组织一定要满足相关规定要求。

(3) 锚具要成套定货，不得用承包商自制的任何构件取代成套锚具的一部分，锚具的所有构件必须经过严格的质量检验。金属波纹管与锚具接口要紧密、贴实，注意箱梁普通钢筋尖头不得顶刺波纹管，波纹管定位钢筋要定位准确，绑扎牢靠。

(4) 伸缩缝成套定货后，应将伸缩缝安装说明与本图伸缩缝预埋钢筋进行对照，建议请伸缩缝供货单位阅读相关图纸并配合安装，可根据供货单位的要求对预埋钢筋进行适当的调整。

(5) 其他有关事项请按照《城市桥梁工程施工与质量验收规范》(CJJ2—2008)及有关规定、规程执行。

第十二章

公路桥梁设计案例——以新南环线纸贺公路至金口大道段为例

第一节 案例概述

一、设计情况概述

（一）设计依据

（1）S101 新南环线纸贺公路至金口段改(扩)建工程的《中标通知书》；

（2）《武汉市城市总体规划(2010~2020 年)》(武汉市城市规划设计研究院)；

（3）《江夏区“十三五”综合交通运输规划》(2015—2020)；

（4）《武汉市江夏区金口新城东片市政专项详细规划》(2014 年 9 月)；

（5）参考《武汉市江夏区郑店综合物流园控制性详细规划》送审稿(2018 年 4 月)；

（6）参考《纸坊街宁港工业园市政专项规划》中间成果(2018 年 5 月)；

（7）相关技术标准和规范；

（8）高速公路、水务局等相关部门回函；

（9）国家、湖北省和武汉市人民政府及其相关部门颁布的法律、法规和政策性文件。

（二）初步设计审查意见执行情况

2020 年 11 月 27 日，武汉市工程咨询部在武汉主持召开了 S101 新南环线纸贺公路至金口段改(扩)建工程两阶段初步设计审查会。

专家组意见认为初步设计编制内容资料基本完整，编制深度基本符合相关要求。

执行情况：按意见执行。

（三）工程规模及主要工程内容

S101 新南环线纸贺公路至金口段改(扩)建工程起于纸坊街道江夏殡仪馆南侧 K20+910 处，在前汪处上跨纸贺公路、京广铁路，向北绕避武汉雷神特种公司，经波泉矿产公司、廖桥村熊家湾至 G107，向西下穿京港澳高速，跨三门湖湖汊，在张家方西南侧下穿武深高速后，向西与通用大道相接，经猫子山湾，终点止于金口大道，终点交叉桩号 K38+609. 114，道路全长约 17. 7km。

第一合同段(K20+910-K24+500)全长3590m，设置桥梁共2座，总长1250.0m，其中大桥2座，其中跨京广铁路桥433m(左幅长433m，右幅长397m)，跨越铁路主跨部分另册出版；共设置涵洞8道。

跨京广铁路桥：桥梁依次上跨纸贺公路、京广铁路。左幅桥桥梁工程起点K21+208.0，终点为K21+641.0，全长433.0m。右幅桥桥梁工程起点K21+208.0，终点为K21+605.0，全长397.0m。本次设计的跨京广铁路大桥涉铁桥分幅布设，左幅桥梁起点桩号为K21+362.000，左幅桥梁终点桩号为K21+641.000，左幅桥梁长度为279m；右幅桥梁起点桩号为K21+422.000，桥梁终点桩号为K21+605.000，右幅桥梁长度为183m。两端均与总体设计院设计道路桥梁衔接。涉铁单独成册出版。依据铁路代建协议铁路桥梁代建部分为：桥梁上、下部结构、护栏、防抛网、桥面铺装中10cm混凝土现浇部分、排水管、锥坡；桥面防水、沥青铺装、伸缩缝、人行道、照明管线归总体施工。

前汪大桥：桥梁工程起点K21+896.5，终点为K22+713.5，全长817.0m，桥宽38.0m。

二、地质、水文、航运、地震等基础资料

(一) 跨京广铁路桥

1. 地形地貌

拟建桥址区地貌为剥蚀堆积垄岗及微丘地貌，地形高差起伏较大，地面标高一般在47~70m之间。

2. 地层岩性

根据勘察资料，桥址区上覆地层主要为第四系人工填土(Qm1)、第四系中更新统冲积(Q2a1)成因黏性土、第四系残积层(Qe1)；下伏基岩为二叠系(P)泥岩、泥盆系(D)砂岩、志留系(S)泥岩。

结合桥址区工程地质调绘，按岩土层的成因时代及工程地质性能不同，将桥址区岩土层划分为5大类，地层序号根据本项目全线地层统一编号。地层岩性特征见表12-1。

表12-1 地层岩性特征表

地层	岩土	成因	层顶埋深/m	层厚/m	岩性特征
①	素填土	Qm1	0.00	0.30~5.60	黄褐色，松散-稍密，稍湿，以黏性土为主，局部含碎石及植物根系，桥址区零星分布。具高压缩性，属Ⅰ级松土
③-2	粉质黏土	Q2a1	0.00~5.60	0.70~6.10	褐红色、褐黄色，硬塑状，湿，含铁锰质氧化物及灰白色高岭土，局部夹少量砾石，桥址区广泛分布。具中偏低压缩性，属Ⅲ级硬土
④-1	残积黏性土	Qe1	0.00~9.70	1.30~10.80	褐黄色，可塑，为砂岩或泥岩完全风化产物，局部含风化岩碎块，主要分布于砂岩或泥岩顶部。具中偏高压缩性，属Ⅰ级松土

续表

地层	岩土	成因	层顶埋深/m	层厚/m	岩性特征
⑤-1	强风化泥岩	P	4.00~8.30	5.30~16.80	泥质结构，层状构造，主要矿物成分为黏土矿物，节理裂隙发育，岩芯多呈土柱状和碎块状，岩块手折易断、手捏易散。岩体基本质量等级为Ⅴ级。主要分布在桥梁前段。土石类别为Ⅳ级软石
⑤-2	中风化泥岩	P	11.0~22.80	最大揭露厚度28.40m	泥质结构，层状构造，泥质胶结，节理裂隙发育，岩芯破碎，多呈碎块状及饼状，少量短柱状。断续分布于K20+900~K29+520路段。属极软岩，岩体基本质量等级为Ⅴ级。土石类别为Ⅳ级软石
⑦-1	强风化砂岩	D	4.90~11.00	4.90~18.30	灰黄色，细粒结构，中厚层状构造，结构构造大部分被破坏，主要成分为石英，含少量黏土矿物，岩芯极破碎，呈碎块、砂状颗粒，主要分布于K21+450~K21+641路段。岩体基本质量等级为Ⅴ级，属Ⅳ级软石
⑦-2	中风化砂岩	D	18.50~29.30	最大揭露厚度13.40m	灰白色，细粒结构，中厚层状构造，主要矿物成分为石英，硅质胶结，胶结较好，岩芯较完整，多呈柱状及碎块状，锤击声脆，主要分布于K21+450~K21+641路段。岩体基本质量等级为Ⅳ级，属Ⅴ级次坚石
⑧-1	强风化泥岩	S	15.70~18.10	0.00~6.40	灰黄色，泥质结构，层状构造，节理裂隙发育，岩芯破碎，呈碎块状，主要矿物成分为黏土矿物，主要分布在桥梁后段。岩体基本质量等级为Ⅴ级，属Ⅳ级软石
⑧-2	中风化泥岩	S	11.0~24.50	最大揭露厚度24.00m	青灰色，泥质结构，层状构造，节理裂隙较发育，岩芯较破碎，多呈碎块状及短柱状，少量呈柱状，采取率约70%，RQD约20%，主要分布在桥梁后段。岩体基本质量等级为Ⅳ级，属Ⅳ级软石

三、地质构造

武汉市江夏区属杨子地层区的下杨子分区大冶小区。其沉积基底为前震旦纪变质岩系，而后发育出古生代、中生代和新生代各纪地层，出露地表最老的地层为志留系，大部分地层被第四系掩盖。岩浆活动以梁子湖大断裂为界。东部岩浆活动强烈，西部岩浆活动微弱(江夏区属西部)。岩浆岩主要分布在梁子湖大断裂的舒安、湖泗一带。古生代及早、中三迭系地层的褶皱分布于区境北部。褶曲以紧密线状为主，少数呈现短轴状，轴迹均为北西向。

桥址区位于官家畈向斜北翼，邻近其核部，路线走廊与官家畈向斜轴线近乎平行，⑤、⑦层基岩为平行不整合接触，⑦、⑧层基岩为整合接触。

四、水文地质

拟建大桥桥址区地表水不发育，主要水系为周边的水塘及小沟渠，主要接受大气降水补给和冲沟间水流的汇聚补给，水量大小随季节变化明显。

勘察范围内沿线地下水主要分：上层滞水、碎屑岩裂隙水。

上层滞水：主要赋存于沿线浅部①层人工填土中，主要接受大气降水补给，水位、水量与地形及季节关系密切，并受人类活动影响明显，水量总体贫乏。一般上层滞水对工程影响较小，施工时可及时抽排疏干处理。

碎屑岩裂隙水：该类地下水主要分布于桥址区砂岩及泥岩的裂隙中，富水性不均匀，水量贫乏，水量的补给和排泄均通过岩石裂隙进行，该类地下水一般对工程影响不大。

勘察期间仅在部分钻孔中测到地下水，其测得的地下水位埋深 0. 7～5. 2m。

根据本项目初勘报告中的水质分析成果，结合区域水文资料综合判定桥址区内地表水、地下水对混凝土及混凝土中的钢筋具微腐蚀性。

第二节　公路桥梁的具体设计与施工

一、岩土体的工程地质设计参数

根据桥址地基地层发育特点，土体工程地质特征和主要物理力学试验统计指标，将地基承载力特征值 f_{ao}、桩侧土摩阻力标准值 q_{ik} 和岩石饱和(或天然)抗压强度 f_{rk} 作为建议的设计参数，列入表 12-2，供设计使用。f_{ao}、q_{ik} 值系根据《公路桥涵地基与基础设计规范》(JTG 3363—2019)的规定查表选取，并根据地区经验综合确定。(由于本次钻孔数量较少，部分层位岩土数据参照全线数据考虑。)

表 12-2　岩土工程设计参数建议值

层号	年代成因	地层名称	地基承载力特征值 f_{ao}/kPa	桩侧土摩阻力标准值 q_{ik}/kPa	饱和(天然)单轴抗压强度 f_{rk}/MPa
①	Qml	素填土			
③-2	Q2al	粉质黏土	300	70	
④-1	Qel	残积黏性土	160	40	
⑤-1	S	强风化泥岩	400	80	
⑤-2	S	中风化泥岩		f_{rk} = 8. 8MPa	
⑦-1	D	强风化砂岩	400	80	
⑦-2	D	中风化砂岩			21. 0
⑧-1	S	强风化泥岩	400	80	
⑧-2	S	中风化泥岩		f_{rk} = 6. 5MPa	

二、前汪大桥

(一) 地形地貌

拟建桥址区地貌为剥蚀堆积垄岗地貌，地形高差起伏较大，地面标高一般在 45～62m 之间。

（二）地层岩性

根据勘察资料，桥址区上覆地层主要为第四系人工填土（Qm1）、第四系全新统湖积（Q41）成因软土、第四系中更新统冲积（Q2a1）成因黏性土、第四系残积层（Qe1）；下伏基岩为二叠系（P）泥岩及炭质泥岩、石炭系（C）灰岩、泥盆系（D）砂岩、志留系（S）泥岩。

结合桥址区工程地质调绘，按岩土层的成因时代及工程性能不同，将桥址区岩土层划分为 8 大类，地层序号根据本项目全线地层统一编号。地层岩性特征见表 12-3。

表 12-3　地层岩性特征

地层编号	岩土名称	成因时代	层顶埋深/m	层厚/m	岩性特征
①	填土	Qm1	0.00	0.20-4.90	黄褐色，松散-稍密，稍湿，以黏性土为主，局部含少量碎石及植物根系，桥址区广泛分布。具高压缩性，属Ⅰ级松土
②-1	淤泥	Q41	0.00	0.06 1.10	灰黑色，流塑状，饱和，含腐殖质、有机质，具腥臭味，局部夹白色螺壳，多为鱼塘底部的塘泥。具压缩性高，属Ⅰ级松土
③-1	粉质黏土	Q2a1	0.00-4.90	1.70-11.00	褐黄色、灰褐色，可塑状，湿，含少量铁锰质氧化物及灰白色高岭土，主要分布于 K22+000~K22+713 路段。具中偏高压缩性，属Ⅱ级普通土
③-2	粉质黏土	Q2a1	0.30-0.40	1.70-6.20	褐红色、褐黄色，硬塑状，湿，含铁锰质氧化物及灰白色高岭土，局部夹少量砾石，主要分布于桥梁起点~K22+000 及 K22+320~K22+500 右侧路段。具中偏低压缩性，属Ⅲ级硬土
④-1	残积黏性土	Qe1	0.00-11.00	1.70-15.10	灰黄色，可塑，湿，为基岩风化产物，主要分布于泥岩顶部。具中偏高压缩性，属Ⅱ级普通土
④-2	红黏土	Qe1	2.20-5.00	5.60-16.10	红褐色，湿，可塑，为灰岩完全风化产物，含少量灰岩碎屑或碎块，主要分布于灰岩顶部。具中偏高压缩性，属Ⅱ级普通土
⑤-1	强风化泥岩	P	5.10-6.60	4.90-5.70	灰黄色，泥质结构，块状构造，泥质胶结，节理裂隙发育，岩芯极破碎，呈土柱状，少量碎块状，采取率约 60%，主要分布于 K22+560~K22+680 路段。岩体基本质量等级为Ⅴ级，属Ⅳ级软石
⑤-3	中风化炭质泥岩	P	9.00-26.10	2.50-18.20	灰黑色，泥质结构，层状构造，泥质胶结，风化裂隙发育，岩芯极破碎，多呈砂土状、角砾状，少量碎块抓那个，岩芯手掰易散，污手，采取率约 50%，主要分布于 K22+170~K22+500 路段及 K22+707 附近。岩体基本质量等级为Ⅴ级，属Ⅳ级软石

续表

地层编号	岩土名称	成因时代	层顶埋深/m	层厚/m	岩性特征
⑥-1	灰岩（破碎）	C	5.70-43.00	1.60-21.10	青灰色，隐晶质结构，中厚层状构造，节理裂隙发育，岩芯较破碎，多呈碎块状，少量呈短柱状，采取率约60%，RQD约20%，分布于K22+000~桥梁终点路段。岩体基本质量等级为Ⅳ级，属Ⅴ级次坚石
⑥-2	灰岩（较完整）	C	9.10-29.00	最大揭露厚度19.50m	灰色，隐晶质结构，中厚层状构造，节理裂隙发育，岩芯较完整，多呈柱状，少呈碎块状，采取率约80%，RQD约60%，分布于K22+000~桥梁终点路段。与下伏砂岩平行不整合。岩体基本质量等级为Ⅲ级，属Ⅴ级次坚石
⑦-1	强风化砂岩	D	1.70-15.70	11.20-15.00	灰黄色，细粒结构，中厚层状构造，结构构造大部分被破坏，主要成分为石英，含少量黏土矿物，岩芯极破碎，呈碎块、砂状颗粒，主要分布于桥梁起点~K22+00路段。岩体基本质量等级为Ⅴ级，属Ⅳ级软石
⑧-1	强风化泥岩	S	1.70-26.90	1.80-15.10	灰黄色，泥质结构，层状构造，节理裂隙发育，主要矿物成分为黏土矿物，岩芯破碎，呈土柱状及碎块状，采取率约70%，主要分布于桥梁起点~K22+000路段。岩体基本质量等级为Ⅴ级，属Ⅳ级软石
⑧-2	中风化泥岩	S	16.80-28.70	最大揭露厚度23.500m	青灰色，泥质结构，层状构造，节理裂隙较发育，岩芯较破碎，多呈碎块状及短柱状，少量呈柱状，采取率约70%，RQD约10%，主要分布于桥梁起点~K22+000路段。岩体基本质量等级为Ⅳ级，属Ⅳ级软石

（三）地质构造

武汉市江夏区属杨子地层区的下杨子分区大冶小区。其沉积基底为前震旦纪变质岩系，而后发育出古生代、中生代和新生代各纪地层，出露地表最老的地层为志留系，大部分地层被第四系掩盖。岩浆活动以梁子湖大断裂为界。东部岩浆活动强烈，西部岩浆活动微弱（江夏区属西部）。岩浆岩主要分布在梁子湖大断裂的舒安、湖泗一带。古生代及早、中三迭系地层的褶皱分布于区境北部。褶曲以紧密线状为主，少数呈现短轴状，轴迹均为北西向。

（四）水文地质

拟建大桥桥址区地表水一般发育，主要水系为周边的鱼塘、水塘及沟渠，主要接受大气降水补给和冲沟间水流的汇聚补给，水量大小随季节变化明显。

勘察范围内沿线地下水主要分：上层滞水、碎屑岩裂隙水、岩溶裂隙水。

上层滞水：主要赋存于沿线浅部①层人工填土中，主要接受大气降水补给，水位、水量与地形及季节关系密切，并受人类活动影响明显，水量总体贫乏。一般上层滞水对工程影响较小，施工时可及时抽排疏干处理。

碎屑岩裂隙水：该类地下水主要分布于桥址区泥岩或砂岩的裂隙中，富水性不均匀，水量贫乏，水量的补给和排泄均通过岩石裂隙进行，该类地下水一般对工程影响不大。

岩溶裂隙水主要赋存于下伏石炭系灰岩中，主要接受侧向迳流和上覆含水层下渗补给，水量大小和岩溶裂发育程度及连通性有关，向相邻含水层排泄。岩溶通道畅通，且水涌水量大的地段，对桩基成桩有较大不利影响，需要进行处理，阻断岩溶通道。

勘察期间仅在部分钻孔中测到地下水，其测得的地下水位埋深 0.8~1.6m。

根据本项目初勘报告中的水质分析成果，结合区域水文资料综合判定桥址区内地表水、地下水对混凝土及混凝土中的钢筋具微腐蚀性。

(五) 岩土体的工程地质设计参数

根据桥址地基地层发育特点，土体工程地质特征和主要物理力学试验统计指标，将地基承载力特征值 f_{ao}、桩侧土摩阻力标准值 q_{ik} 和岩石饱和(或天然)抗压强度 f_{rk} 作为建议的设计参数，列入表 12-4，供设计使用。f_{ao}、q_{ik} 值系根据《公路桥涵地基与基础设计规范》(JTG 3363—2019)的规定查表选取，并根据地区经验综合确定。

表 12-4　岩土工程设计参数建议值

层号	年代成因	地层名称	地基承载力特征值 f_{ao}/kPa	桩侧土摩阻力标准值 q_{ik}/kPa	饱和单轴抗压强度 f_{rk}/MPa
①	Qml	素填土			
②-1	Q41	淤泥	50	10	
③-1	Q2al	粉质黏土	150	35	
③-2	Q2al	粉质黏土	300	70	
④-1	Qel	残积黏性土	160	40	
④-2	Qel	红黏土	180	45	
⑤-1	P	强风化泥岩	300	70	
⑤-3	P	中风化炭质泥岩	200	50	
⑥-1	C	灰岩(破碎)	1500	300	
⑥-2	C	灰岩(较完整)			35.0
⑦-1	D	强风化砂岩	400	80	
⑧-2	S	中风化泥岩	1000	200	10.0

(六) 不良地质及特殊性岩土

桥址区不良地质现象主要为下伏石炭系灰岩中的岩溶现象。

1. 地质钻探

本次勘察灰岩路段分布在 K22+000~K22+713.5 路段，共有 22 个钻孔揭露出灰岩，揭露溶洞的钻孔有 5 个，钻孔见洞隙率约为 22.73%，线岩溶率为 9.71%(见洞隙的钻探进尺为 43.10m，灰岩钻探总进尺为 444.10m)，单孔累计溶洞最大高度约 15.1m，相邻钻孔间基岩面最大高差约 33.5m。根据《建筑地基基础设计规范》(DB33/T 1136—2017)，判定桥址区属岩溶强发育场地。溶洞分布情况详见表 12-5。

表 12-5 岩溶分布情况一览表

序号	钻孔编号	位置	类型	深度/m	标高/m	洞高/m	不良地质概述	处理建议
1	QW10-1	K22+200 左 9.5m	溶洞	23.00~38.00	8.38~23.38	15.00	全充填稍密状角砾，角砾成分为灰岩，返水正常	建议黏土+片石充填
2	QW16-1	K22+380 左 9.5m	溶洞	19.30~20.70	25.85~27.25	1.40	全充填灰岩碎块，返水正常	建议注浆处理
3	QW22-1	K22+560 左 9.5m	溶洞	18.50~20.10 23.00~24.80	23.17~24.77 18.47~20.27	1.60 1.80	半充填灰岩碎块，返水正常	建议注浆处理
4	QW17-4	K22+410 右 9.5m	溶洞	13.30~15.20 25.50~31.80	30.45~32.35 13.85~20.15	1.90 6.30	全充填灰岩碎块，返水正常	建议注浆处理
5	QW27a-4	K22+707 右 9.5m	溶洞	32.40~47.50	0.07~15.17	15.10	全充填灰岩碎块及碎屑，返水正常	建议黏土+片石充填
5	QW27a-4	K22+707 右 9.5m	溶洞	32.40~47.50	0.07~15.17	15.10	全充填灰岩碎块及碎屑，返水正常	建议黏土+片石充填

2. 物探

本段视电阻率范围为 20~350Ω，总体呈地表电阻率低，向深部电阻率逐渐变大的趋势。推测 K22+350、K22+500、K22+700 等 3 处附近发育岩溶。

溶洞对桥梁工程的稳定性有较大影响，同时给钻(冲)孔灌注桩施工带来困难，尤其是在 10#、17#、27#等桥墩处，下伏溶洞规模较大，且顶板厚度一般小于 6m，施工不当还容易诱发地面塌陷。

桥址区的特殊性岩土主要为②-1 层淤泥，灰黑色，流塑状，分布于沿线鱼塘塘底，厚度薄，对桥梁桩基稳定性基本不构成影响。

(七) 气象

区域属亚热带气候，温暖湿润，雨量充沛，日照时间长，光、温、水配合协调。四季分明，无霜期长，一般年平均气温在 16.70~17.00℃，最冷月份为 1 月，平均气温 3.80~4.10℃，极端最低气温-12.40~-15.30℃，最热月份为 7 月，平均气温 29.00~29.50℃，极端最高气温 40.30℃。全年平均无霜期为 253~262 天，多年平均日照时数为 1955h。

历年平均降雨量 1350~1700mm，3~9 月份为雨季，其雨量占全年的 65%以上。每年 10 月至次年 3 月初为干旱季节，降雨量小于蒸发量。

多年平均风速在 2~3m/s 之间，最大风速 17m/s，冬天受寒潮影响，多西北风，夏季台风偶有波及，春夏多南风，风向有明显的季节变化。

(八) 地震及区域稳定性

根据《中国地震动参数区划图》(GB 18306—2015)、《建筑抗震设计规范》(GB 50011—2010)，桥址区抗震设防烈度为 6 度、设计基本地震加速度为 0.05g、设计地震分组为第一组。根据《公路桥梁抗震设计规范》(JTG/T 2231-01—2020)，拟建桥梁的抗震设防类别为 B 类，桥梁工程应按二级采取抗震措施。

（九）设计规范

《城市桥梁设计规范》（CJJ 11—2011）
《城市道路工程设计规范》（CJJ 37—2012）
《公路桥涵设计通用规范》（JTG D60—2015）
《公路钢筋混凝土及预应力混凝土桥涵设计规范》（JTG 3362—2018）
《公路桥涵地基与基础设计规范》（JTG 3363—2019）
《公路圬工桥涵设计规范》（JTG D61—2005）
《公路工程混凝土结构耐久性设计规范》（JTG/T 3310—2019）
《城市桥梁抗震设计规范》（CJJ 166—2011）
《城市桥梁工程施工与质量验收规范》（CJJ 2—2008）
《公路交通安全设施设计细则》（JTG D81—2017）
《城市桥梁桥面防水工程技术规程》（CJJ 139—2010）
《公路桥梁抗震设计规范》（JTG/T 2231—01—2020）
《公路工程抗震规范》（JTG B02—2013）
《公路桥涵施工技术规范》（JTG/T 3650—2020）
《公路钢结构桥梁设计规范》（JTG D64—2015）
《钢结构设计规范》（GB 50017—2017）

（十）设计技术标准

道路等级：一级公路兼城市主干道

主线：60km/h；连接线：40km/h。

桥梁标准横断面：

K21+208～K21+641.0（上跨铁路段）桥面宽度采用3.0m（人行道）+3.0m（非机动车道）+0.5m（隔离设施）+11.5m（车道）+2.5m（分隔带）+11.5m（车道）+0.5m（隔离设施）+3.0（非机动车道）+3.0（人行道）= 38.5m，前汪大桥采用3.0m（人行道）+3.0m（非机动车道）+0.5m（隔离设施）+11.5m（车道）+2.0m（分隔带）+11.5m（车道）+0.5m（隔离设施）+3.0（非机动车道）+3.0（人行道）= 38.0m，

汽车荷载：公路-I级，并用城-A级验算。

人群荷载：$3.0kN/m^2$。

设计洪水频率：大、中桥及涵洞为1/100。

设计通航标准：无通航河流。

桥梁结构设计基准期：100年。

桥梁结构设计安全等级：一级。

抗震标准：地震基本烈度为6度，地震动峰值加速度0.05g，桥梁抗震设防分类为B类，桥梁工程应按二级采取抗震措施。

环境类别：Ⅰ类环境。

三、材料、设备及产品采用的技术指标或标准

（一）混凝土

C50 混凝土：预应力预制混凝土小箱梁、预制小箱梁 10cm 桥面调平层、预应力现浇箱梁

C50 钢钎维混凝土：桥台处伸缩缝

C35 混凝土：圆柱墩墩身、桥墩盖梁、台帽、台身、耳背墙等

C30 混凝土：防撞护墙、承台、桩基础、搭板、人行道等

C20 10cm 混凝土桩基系梁及承台垫层

（二）普通钢筋

普通钢筋采用 HPB300 和 HRB400 钢筋，其性能应符合《钢筋混凝土用钢 第 1 部分：热轧光圆钢筋》（GB/T 1499.1—2017）和《钢筋混凝土用钢 第 2 部分：热轧带肋钢筋》（GB/T 1499.1—2018）的规定。

图纸中 HPB300 钢筋主要采用了直径 $d=8$mm、10mm 两种规格；HRB400 钢筋主要采用了直径 d=12mm、14mm、16mm、20mm、22mm、25mm、28mm、32mm 规格。

受力主筋直径≥20mm 的螺纹钢筋应采用闪光对焊或套筒挤压连接或等强直螺纹连接。套筒挤压接头的施工与检验应符合 JGJ107《钢筋机械连接通用技术规程》及 JGJ108《带肋钢筋套筒挤压连接技术规程》的规定。

等强直螺纹连接应满足 Q/JY08《钢筋等强直螺纹连接技术规程》。

电弧焊接，其焊条应符合 GB/T 5117《碳钢焊条》及 GB/T 5118《低合金钢焊条》的规定。

（三）预应力钢筋及锚具

纵向预应力钢束采用符合国家标准《预应力混凝土用钢绞线》（GB/T 5224—2014）高强度低松弛钢绞线，其标准强度 $f_{pk}=1860$MPa，$E_p=1.95\times10^5$MPa，松弛率小于 0.035，所有钢束均采用成套锚具及相应的连接器。

锚具均采用 I 类优质锚具，采用与相应钢绞线匹配的成套产品，包括锚垫板、锚板、夹片和锚下螺旋筋等。锚固体系性能应符合《预应力筋用锚具、夹具和连接器应用技术规程》（JGJ 85—2010）的相关要求，锚固效率系数不小于 95%，本项目图纸中未示意锚下螺旋筋，锚下螺旋筋与锚具配套购买。

（四）预应力钢束管道

纵向预应力钢束管道采用与钢绞线、锚具配套的金属波纹管，预应力钢束管道必须保证位置正确，严禁漏浆，波纹管性能必须满足《预应力混凝土用金属波纹管》（JG 225—2020）的要求。

预应力管道压浆采用真空辅助压浆工艺，预应力管道采用专用压浆料或专用压浆剂配置的浆液进行压浆，采用技术指标及原材料应符合《公路桥涵施工技术规范》（JTG/T 3650—2020）。

（五）钢材及主要焊接材料

钢材的技术指标均应符合《低合金高强度结构钢》（GB/T 1591—2018）及《桥梁结构用

钢》(GB/T 714—2015)中相关规定。

焊接材料采用与母材相匹配的焊丝、焊剂和手工焊条，CO^2气体纯度不小于99.5%，各材料均应符合现行国家标准。

（六）支座

板式橡胶支座的力学性能、橡胶的物理机械性能、支座加劲钢板及不锈钢板应满足《公路桥梁板式橡胶支座》(JT/T 4—2019)相应要求。支座的外观质量、内在质量及尺寸偏差应满足满足《公路桥梁板式橡胶支座》(JT/T4—2019)相应要求。

（七）其他

本桥所有材料质量的要求应符合《城市桥梁工程施工与质量验收规范》(CJJ2-2008)的所有规定，并符合相应的国家标准。本桥所有材料及标准件产品均采用通过国家级或部级鉴定的产品，并应按国标、部标要求进行抽样检验。

四、桥梁结构设计

（一）跨京广铁路桥

跨京广铁路桥：桥梁依次上跨纸贺公路、京广铁路。

S101新南环线立交京广铁路大桥，左幅桥梁起点桩号为K21+208.000，终点桩号为K21+641.000，桥梁全长433.0m，孔跨布置为：1-(5×30)先简支后连续小箱梁+(60+65)m连续钢箱梁+(75+75)m预应力混凝土转体T构；右幅桥梁起点桩号为K21+208.000，终点桩号为K21+605.000，桥梁全长397m。孔跨布置为：1-(3×30)先简支后连续小箱梁+1-(4×30)先简支后连续小箱梁(75+75)m预应力混凝土转体T构+1-30m简支现浇箱梁，两端均与总体设计道路衔接。

本次设计涉铁部分单独成册，涉铁部分桩号为，左幅桥梁起点桩号为K21+362.000，左幅桥梁终点桩号为K21+641.000，左幅桥梁长度为279m，桥梁跨径为(60+65)m连续钢箱梁+(75+75)m预应力混凝土转体T构。

右幅桥梁起点桩号为K21+422.000，桥梁终点桩号为K21+605.000，右幅桥梁长度为183m。桥梁跨径为(75+75)m预应力混凝土转体T构+1-30m简支现浇箱梁。

计入本项目桩号范围为：左幅桥梁起点桩号为K21+208.000，左幅桥梁终点桩号为K21+362.000，左幅桥梁长度为150m，桥梁跨径为(5×30)先简支后连续小箱梁。

右幅桥梁起点桩号为K21+208.000，桥梁终点桩号为K21+422.000，右幅桥梁长度为183m。桥梁跨径为(7×30)先简支后连续小箱梁；该段落计入引桥计入本册出版。交接墩计入涉铁段落。

平面信息：本桥平面位于直线上。

纵面信息：本桥纵断面位于3.9%的上坡段、R=3500m的凸曲线、-1.1%的下坡段。

桥梁横断面布置为：桥梁为双幅桥，桥面宽38.5m=3.0m(人行道及防撞护栏)+15.5(车道)+0.5(防撞护栏)+0.5(分隔带)+15.5m(车道)+3.0m(人行道及防撞护栏)；桥面设双向2.0%横坡。

1. 上部结构

引桥上部结构采用预制预应力混凝土连续小箱梁，单幅宽采用6片小箱梁，小箱梁梁高为1.6m。小箱梁纵向预应力体系采用ϕS15.2高强度低松弛预应力钢绞线，其标准强度fpk=1860MPa，锚下张拉控制应力为1395MPa，弹性模量Ep=1.95×105MPa。采用配套内径金属波纹管成孔，并采用与之配套的真空灌浆工艺。

2. 下部结构

桥墩为桩柱式接盖梁形式，桥墩直径为1.6m，采用直径为1.8m的钻孔灌注桩。

左右幅0#桥台采用肋板式桥台，承台厚2.0m，平面尺寸为2.2m(横桥向)×5.4m(顺桥向)，承台下接2根ϕ1.2m钻孔灌注桩。

右幅10#桥台采用U台桩基础，承台采用19.0m(横桥向)×6.4m(顺桥向)×2.0m(高)，下设8根1.2m钻孔灌注桩基础。

(二) 前汪大桥

前汪大桥：桥梁跨越鱼塘，路基填土高度大设置桥梁通过。

全桥桥跨布置为：3×(5×30)+3×(4×30)预制预应力混凝土小箱梁；桥梁起点K21+896.5，终点为K22+713.5，全长817.0m。

平面信息：本桥平面分别位于圆曲线(起始桩号：K21+896.5，终止桩号：K22+038.669，半径：600m，右偏)、缓和曲线(起始桩号：K22+038.669，终止桩号：K22+198.669，参数A：309.839，右偏)、缓和曲线(起始桩号：K22+198.669，终止桩号：K22+358.669，参数A：309.839，左偏)、圆曲线(起始桩号：K22+358.669，终止桩号：K22+623.359，半径：600m，左偏)和缓和曲线(起始桩号：K22+623.359，终止桩号：K22+713.5，参数A：309.839，左偏)上。

纵面信息：本桥纵断面位于-2.4%的下坡段、R=15000m的凹曲线、-0.3%的下坡段。

桥梁横断面布置为：桥梁为双幅桥，桥面宽38.0m=3.0m(人行道)+15.697(车道)+0.606(分车带)+15.697m(车道)+3.0m(人行道)；桥面设双向2.0%横坡。

1. 上部结构

上部结构分左右幅设置，左右幅之间仅桥面现浇层连接，在结构上不连接。上部结构采用预制预应力混凝土连续小箱梁，单幅宽采用6片小箱梁，小箱梁梁高为1.6m。

小箱梁纵向预应力体系采用ϕS15.2高强度低松弛预应力钢绞线，其标准强度f_{pk}=1860MPa，锚下张拉控制应力为1395MPa，弹性模量$E_p=1.95\times10^5$MPa。采用配套内径金属波纹管成孔，并采用与之配套的真空灌浆工艺。

2. 下部结构

桥墩为桩柱式接盖梁形式，桥墩直径为1.6m，采用直径为1.8m的钻孔灌注桩。

桥台采用肋板式桥台，承台厚2.0m，平面尺寸为2.2m(横桥向)×5.4m(顺桥向)，承台下接2根ϕ1.2m钻孔灌注桩。

(三) 上部结构计算

1. 预制小箱梁

(1) 小箱梁结构为先简支后结构连续体系，按A类预应力混凝土构件设计。

（2）结构设计采用不同的软件进行分析；荷载横向分配系数采用刚性横梁法、刚接板（梁）法和梁格法三种计算方法进行对比分析。

2. 设计参数

（1）混凝土：重力密度 $\gamma=26.0\text{kN/m}^3$，弹性模量为 $E_c=3.45\times10^4\text{MPa}$；

（2）沥青混凝土：重力密度 $\gamma=24.0\text{kN/m}^3$；

（3）预应力钢筋：弹性模量 $E_p=1.95\times10^5\text{MPa}$，松弛率 $\rho=0.035$，松弛系数 $\zeta=0.3$；

（4）锚具：锚具变形、钢筋回缩取 6mm（一端）；

（5）管道摩擦系数：$u=0.25$；

（6）管道偏差系数：$k=0.0015$；

（7）支座不均匀沉降：$\Delta=5\text{mm}$；

（8）竖向梯度温度效应：考虑沥青铺装层和桥面现浇层对梯度温度的影响，按现行规范规定取值。

（9）年平均相对湿度：55%。

3. 桥面板按单向板和悬臂板进行计算。

4. 一片梁梁端支点最大反力（汽车荷载考虑冲击系数）：

表 12-6　一片梁梁端支点最大反力（单位：kN）

项目		恒载/kN	恒+汽/kN
边梁反力	边支点	830	1458
	中支点	1892	2711
中梁反力	边支点	758	1385
	中支点	1707	2514

（四）下部结构计算

（1）墩柱计算：墩顶水平力的分配按柔性墩理论中的集成刚度法，考虑上、下部构造的联合作用，将桥面汽车制动力，梁体混凝土收缩、徐变及温差所产生的水平力在一联内进行分配，并按最大受力之桥墩控制设计，计算温差引起的水平力时，温差按假定施工合拢温度 15℃与历年极端最低之差值计。

（2）基础计算：根据地质资料确定基础类型，采用桩基础。桩基础根据桥位地质资料设计为摩擦桩与端承桩，按《公路桥涵地基与基础设计规范》（JTG 3363—2019）计算桩长及桩身内力，根据桩身内力按《公路钢筋混凝土及预应力混凝土桥涵设计规范》（JTG 3362—2018）进行桩基配筋计算。

（五）桩基设计类型

根据地质资料确定基础类型，采用桩基础。桩基础根据桥位地质资料设计为摩擦桩与端承桩。桩基按摩擦桩设计时，桩底沉渣厚度不大于 10cm；桩基按端承桩设计，桩基嵌岩深度按 3.0d 控制。施工时若地质状况与《工程地质勘察报告》不符，应与有关单位协商酌情处理。

五、桥梁耐久性设计

（一）耐久性设计

本工程所处环境属于一般大气环境和无侵蚀性水和土壤环境，耐久性设计将按照《公路钢筋混凝土及预应力混凝土桥涵设计规范》（JTG 3362—2018）中的Ⅰ类环境对待。对于桥梁主体结构难以替换的重要构件按设计使用寿命100年考虑；对于可以维护、易加固、替换的构件，如护栏、支座、伸缩装置等按设计使用寿命15年考虑。

（二）混凝土结构耐久性设计

（1）耐久性要求：根据《公路钢筋混凝土及预应力混凝土桥涵设计规范》（JTG 3362—2018）和《公路工程混凝土结构防腐蚀技术规范》（JTG/T 3310—2019）中的有关条文办理。

（2）基于耐久性所需的混凝土的水灰比、水泥用量、强度等级、氯离子含量和碱含量必须满足Ⅰ类环境条件的基本要求。

（3）应对混凝土用骨料进行碱活实验，高活碱性集料严禁用于桥梁混凝土结构。

（4）桥梁构件的计算，除了按承载能力极限状态进行计算，考虑结构的安全性外，还按正常使用极限状态进行计算，考虑了结构的耐久性。

（5）普通钢筋及预应力钢筋的最小混凝土保护层厚度：按照《公路桥涵施工技术规范》、《公路桥涵地基与基础设计规范》中的有关强制性条文办理。

（6）结构的形状和布置应有利于通风和避免水汽在混凝土表面的积聚，便于施工时混凝土的捣固、养护，并减少约束与荷载作用下的应力集中。

（7）混凝土结构构件的表面形状应有利于排水，对于可能受雨淋或积水的水平表面应做成斜面，并在桥梁顶面设置防水层。

（8）桥梁伸缩缝原则上是可更换的，但伸缩缝会在一定程度上影响交通，因而对于位移较大的伸缩缝装置应选择耐侯钢等材料，尽量延长其使用寿命减少设计基准期内置换次数。

伸缩缝对应位置的伸缩缝现浇混凝土、墩柱混凝土一级桥面系的混凝土桥面铺装、防撞护栏混凝土均应保证混凝土表面密实无气泡，确保伸缩缝处车辆行驶的平顺，而且避免在正常使用过程中伸缩缝处积水，提高其耐久性。

（三）养护维修设计

（1）项目所在地建设环境为Ⅰ类环境，桥梁养护按"预防为主、防治结合"的原则，以桥面养护为中心，以承重部件为重点，全面养护。

（2）经常清扫桥面，排除积水，清除泥土、杂物及积雪，保持桥面平整、清洁。沥青混凝土桥面如出现泛油、涌包、裂缝、波浪、坑槽、车辙等病害时应及时处治。损坏面积较小可局部修补，损坏面积较大时，需将整跨铺装层凿除，重铺桥面，严禁在原有桥面上直接加铺。桥面防水层如损坏，应及时修复。

（3）定期检查桥面的泄水管，如有堵塞应及时疏通。经常清除伸缩缝内积土、垃圾等杂物，若有损坏或功能失效应及时修理或更换。

（4）如梁体、桥墩混凝土出现空洞、蜂窝、麻面、风化、剥落等现象应将其部分清除，再用高强度等级混凝土进行修补。如发现梁体露筋或保护层剥落，应清除松动部分，并清除钢筋锈迹，然后修复保护层。受拉区修补混凝土宜用环氧树脂配制，受压区修补混凝土宜采用膨胀水泥配制，并采用蒸汽养生或封闭养生。

(5) 桥梁支座每半年至少清扫一次，清除支座周围的油渍等杂物，定期检查滑板支座、盆式橡胶支座的防尘罩，确保完好。如支座损坏或产生故障不能正常工作，应及时更换。

(6) 用于桥梁观测的标点、传感器、接线应保持完好，如有损坏或故障应及时维修。

六、附属构筑物设计

(一) 桥面铺装

1. 钢箱梁桥面铺装

材料与相接道路的沥青面层一致，桥面铺装由上到下采用 4cm 厚 AC-13C 细粒式改性沥青混凝土+黏层+6cm 厚 AC-20C 中粒式沥青混凝土+黏层+DPS 防水层+8cm 厚 C50 钢纤维混凝土；其材料各项性能及铺设要求符合路面结构要求。

2. 预制小箱梁桥面铺装

材料与相接道路的沥青面层一致，桥面铺装由上到下采用 4cm 厚 AC-13C 细粒式改性沥青混凝土+黏层+6cm 厚 AC-20C 中粒式沥青混凝土+黏层+DPS 防水层+10cm 厚 C50 混凝土桥面现浇层；其材料各项性能及铺设要求符合路面结构要求。

3. 人行道铺装

2cm 厚防滑大理石地砖。

(二) 伸缩缝

机动车道处伸缩缝采用梳形钢板伸缩缝，采用 80 型或 160 型伸缩缝，必须注意在桥台背墙、梁端处预埋钢筋和预留槽口。其产品技术性能应符合交通部行业标准(JT/T 327—2016)《公路桥梁伸缩装置通用技术条件》的要求。防撞护栏伸缩缝采用钢板制作，一端固定，另一端为活动端。人行道处采用伸缩钢板。

(三) 支座

支座采用板式橡胶支座，支座成品力学性能应满足《公路桥梁板式橡胶支座》(JT/T 4—2019)的要求；伸缩缝成品技术指标应满足《公路桥梁伸缩装置》(JT/T 327—2016)的要求。

(四) 护栏

主线中央分隔带设置混凝土防撞护栏，防撞护栏内预埋路灯及交通监控设施相关管线。

人行道处设计考虑采用钢制护栏、桥铭牌采用本色产品；铁艺部分采用镀锌钢管表面喷塑处理；所有颜色根据景观设计需要确定。

当桥梁上跨公路时，需在人行道外侧设置防抛网，设置长度为被交道路宽度外 10m 范围。

(五) 防、排水工程设计

桥面沥青层与桥面混凝土现浇层之间铺设 DPS 防水层，防水层应确保能有效防水，且与桥面现浇层及沥青混凝土铺装层间有足够的黏结强度和剪切强度，防水材料必须具备柔韧性、温度稳定性和耐久性，其各项技术指标应满足《城市桥梁桥面防水工程技术规程》

(CJJ 139—2010)中的相关要求。

桥面排水采用纵横向排水相结合的方案，在防撞护栏内设置碎石盲沟，桥面横坡两侧低处均匀布置泄水孔，将雨水排入水塘。当桥梁上跨公路时，将雨水收集至顺桥向排水管道，进而引出被交道路外。

(六) 过桥管线布设

对于设置有人行道的高架桥，过桥管线敷设于人行道混凝土板下，过桥管线满足《城市桥梁设计规范》(CJJ 11—2011)的相关规定，不得在桥上敷设污水管、压力大于 0.4MPa 的燃气管和其他可燃、有毒或腐蚀性的液、气体管。

对于一般桥梁，路灯及交通监控设施相关管线需预埋在防撞护栏内。

七、施工方案及注意事项

(一) 施工方案

桥梁结构的施工方法直接影响工程造价及施工工期，本工程工期紧，桥梁工程施工按照“先地下后地上”的原则进行。

1. 现有道路保通方案

由于本项目的实施会影响纸贺公路通行，应设置交通组织管理设施，保证车辆的通行安全。

在保通过程中，临时交通组织一定要满足相关规定要求，其交通组织引导及相关防撞设施必须施工到位，避免造成事故。

2. 其他

其他常规方案如施工场地布置、施工期间交通运输、临时机具设备和施工进度安排均应符合相关规定。

(二) 施工注意事项

施工时除严格遵守《城市桥梁工程施工与质量验收规范》(CJJ2—2008)有关要求外，尚应注意：

1. 材料

(1) 混凝土：上部结构采用高强度等级混凝土，须仔细研究确定施工工艺和选用的材料，进行高强度混凝土最佳配合比设计与实验，控制质量，控制标准和检测方法，并严格执行；为保证全桥颜色的一致性，建议采用同一厂家同一品牌的水泥用料。

(2) 钢材：普通钢筋、预应力钢材和锚具应按设计技术指标进行购货，并按照《城市桥梁工程施工与质量验收规范》(CJJ2—2008)有关要求，进行严格验收和检验。

2. 预制小箱梁

① 施工时，应保证预应力孔道及钢筋位置的准确性，确保锚垫板与预应力束垂直，垫板中心应对准管道中心。钢绞线的弯折处采用圆曲线过渡，管道必须圆顺，预制箱梁定位钢筋在曲线部分以间隔为 400mm、直线段间隔为 800mm 设置一组。

② 浇筑箱梁混凝土前除注意按本册设计图纸预埋钢筋和预埋件外，桥面系、伸缩缝、护栏、支座及其他相关附属构造的预埋件，均应参照有关图纸施工，确定预埋件安装无误

后方可浇筑预制箱梁混凝土；护栏预埋钢筋必须预埋在预制梁内；支座处梁底混凝土楔形块应与预制梁混凝土同时浇筑。

③ 预制梁顶、底板及腹板较薄，施工单位应选用合适的骨料粒径并做好配合比试验；梁端 2m 范围内、管道密集部位及锚固区，应严格控制混凝土的振捣及养生，确保混凝土的质量。

④ 为了防止预制梁上拱过大，及预制梁与调平层由于龄期差别而产生过大收缩差，存梁期不宜超过 90d，若累计上拱值超过计算值 10mm，应采取控制措施。不同存梁期上拱值（计算值）见下表（表中各位移以向上为正，反之为负），施工单位可根据工地的具体情况（如存梁期、混凝土配合比、材料特性及地区气候等）以及经验设置反拱。反拱值的设计原则是使梁体在二期恒载施加前上拱度不超过 20mm，桥梁施工完成后桥梁不出现下挠。

表 12-7　反预拱值设置表（单位：mm）

梁位		预制梁上拱值（理论值）				二期恒载挠度	反预拱度建议值
		钢束张拉时	存梁 30d	存梁 60d	存梁 90d		
边梁	边跨	18.6	34.4	36.8	38.3	-4.5	-17
	中跨	12.8	23.3	24.9	25.8	2.6	
中梁	边跨	19.3	35.4	37.8	39.2	-5.1	
	中跨	13.3	24.0	25.5	26.3	2.3	

注：①表中终张拉及存梁天数均指混凝土龄期；

②表中数值为计算值，施工时，应根据预制梁实测上拱值修正反预拱度；

③表中反预拱度建议值未考虑竖曲线的影响，设计时应根据竖曲线半径调整反预拱度的设置值；

④反预拱度可采用圆曲线或其他二次抛物线。

⑤预应力管道也应同时设反拱度。

⑤ 用于同一跨中各箱梁的混凝土浇筑时间差、终张拉时的混凝土龄期差不宜超过 10d，避免各梁上拱值差异过大，影响横向湿接缝钢筋的连接。

⑥ 梁体混凝土浇筑。梁体混凝土浇筑应连续浇筑、一次成形，每片预制梁浇筑总时间不宜超过 6h。预制梁混凝土拌和物入模前含气量应控制在 3.0%~4.5%，模板及钢筋温度宜在 5~35℃，预制梁混凝土拌和物入模温度宜在 5~30℃。施工中应加强观察，防止漏浆，欠振和漏振现象发生。梁顶板应用平板振动器振捣。要避免振动器碰撞预应力管道、预埋件、模板，对锚垫板后钢筋密集区应认真、细致振捣，确保锚下混凝土密实。

⑦ 预制梁在浇筑混凝土过程中，应随机取样制作标准养护和施工用混凝土强度、弹性模量试件，应从构件不同部位分别进行取样。施工试件应随梁体或在同样条件下振动成型、养护，28d 标准试件按标准养护办理。

⑧ 梁体混凝土振捣浇筑完成后，采用木抹子对梁顶进行抹光，初凝之前再进行二次收浆，最后进行拉毛处理。

3. 预应力工艺

（1）预应力管道的位置必须严格按坐标定位并用定位钢筋固定，定位钢筋与箱梁腹板箍筋点焊连接，严防错位和管道下垂，如果管道与钢筋发生碰撞，应适当挪动钢筋位置。浇筑前应检查波纹管是否密封，防止浇筑混凝土时阻塞管道。

(2) 为有效控制预制梁生产过程中微裂缝的产生，箱梁钢束在移梁前宜分两次进行张拉(预张拉和终张拉)，在箱梁混凝土强度达到设计值的60%后进行预张拉，带模预张拉时，模板应松开，避免对梁体压缩造成阻碍。箱梁混凝土强度和弹性模量达到设计值的90%后，且混凝土龄期不小于7d时，方可终张拉预应力钢束。

(3) 施加预应力应采用张拉力与引伸量双控。预制梁内正弯矩钢束锚外预张拉控制应力为 $0.45f_{pk}=837$MPa，预制梁内正弯矩钢束及墩顶连续段处的负弯矩钢束锚下终张拉控制应力为 $0.75f_{pk}=1395$MPa，预应力终张拉时还需考虑钢束与锚圈口之间的摩擦损失，锚口摩阻损失暂按3%考虑，即钢束锚外终张拉控制应力为1437MPa，锚口摩阻损失的具体数值应根据试验确定，或采用厂家及施工单位常年积累的数据，任何时候锚外张拉控制应力不得超过0.8fpk。预施应力过程中，应保持两端的伸长量基本一致，两端伸长量之差不宜大于5%。当预应力钢束张拉达到设计张拉力时，实际引伸量值与理论引伸量值的误差应控制在±6%以内。实际引伸量值应扣除钢束的非弹性变形影响。各钢束终张拉引伸量(两端之和)详见表12-8。

表12-8　钢束引伸量一览表(单位：mm)

项目	N1	N2	N3	N4	T1	T2	T3
中跨	208	208	208	207	50	71	107
边跨	209	208	208	208			

(4) 预应力钢束采用两端同时张拉，以对称于构件截面的中轴线、上下左右均衡为原则，同时考虑不使构件的上下缘混凝土应力超过容许值。主梁正弯矩钢束预张拉顺序为：N1→N4，终张拉顺序为N1→N3→N2→N4。墩顶负弯矩钢束张拉顺序为：T2→T1。

(5) 预应力施工应采用自动智能控制张拉系统。

(6) 张拉用千斤顶的校正系数不得大于1.05，油压表的精度等级不得低于1.0级。千斤顶标定的有效期不得超过六个月，且不应超过300次张拉作业。油压表检定周期不得超过一个月，且宜采用耐震压力表。当采用0.4级压力表时，检定周期可为三个月，但每个月应进行定期校准。千斤顶张拉吨位不应小于张拉力的1.2倍，且不应大于张拉力的2倍。

(7) 预制梁在终张拉时及24h后，断丝及滑丝数量不应超过预应力钢绞线总丝数的1.0%，并不应处于梁的同一侧，且一束内断丝不得超过一丝。

(8) 预应力筋张拉后，孔道应及早压浆，一般应在48h内灌浆完毕。孔道压浆宜采用真空辅助压浆工艺，为保证真空压浆的质量，应根据(JG/T 225—2020)《预应力混凝土用金属波纹管》的要求对金属波纹管进行现场检测。孔道压浆按《公路桥涵施工技术规范》(JTG/T 3650—2020)执行，水泥浆强度不小于50MPa，要求压浆饱满，至少能保证一根束道灌浆用量(一般至少为管道体积的1.5倍)，禁止边加原料，边搅拌，边压浆。压浆过程及压浆后2d内气温低于5℃时，在无可靠保温措施下禁止压浆作业。温度大于35℃不得拌和或压浆。为保证钢绞线束全部充浆，进浆口应予封闭，在水泥浆凝固前，所有塞子、盖子或气门均不得移动或打开。水泥浆强度达到40MPa时，箱梁方可吊装。

(9) 封锚。压浆后应立即将梁端水泥浆冲洗干净，清除支承垫板、锚具及端面混凝土的污垢。封锚混凝土应仔细操作、捣实，保证锚具处封锚混凝土密实。

4. 箱梁安装

（1）箱梁施工工艺流程

① 设置好永久支座，逐孔安装箱梁。预制梁运输、起吊过程中应注意采取有效措施确保箱梁的横向稳定，架梁后及时连接桥面板钢筋及端横梁钢筋。

② 浇筑桥面板湿接缝混凝土及端横梁混凝土。混凝土浇筑顺序应从跨中向两端一次浇筑完成，不得先浇筑端横梁。

③ 施工护栏。

④ 设置好调平层钢筋和桥面连续钢筋，浇筑调平层混凝土形成桥面连续。

⑤ 喷洒防水层、进行桥面铺装施工及安装伸缩缝。

预制箱梁采用设吊孔穿束兜托梁底的吊装方法，吊点位置到梁端的垂直距离采用1100mm，横桥向距离悬臂根部100mm，吊装预留孔可采用PVC管，孔径根据吊索尺寸确定。捆绑钢丝绳与梁片底面、侧面等拐角接触处，必须安放护梁铁瓦或胶皮垫。

（2）裸梁堆放不应超过两层，应适当遮盖，不宜曝晒曝寒。

（3）施工单位应根据架梁方案对箱梁进行施工荷载验算，验算通过后方可施工。

（4）湿接缝施工

① 预制梁混凝土凿毛。梁顶板要浇筑混凝土的范围内的梁板表层混凝土凿去5~10mm，在浇筑混凝土时湿润表面并座浆，以保证新老混凝土的良好结合。

② 模板安装。按施工规范要求安装底模，为严防漏浆，模板周围采用高强止浆橡胶条止浆。

③ 钢筋绑扎。钢筋绑扎、安装时应准确定位，翼缘环形钢筋、端部横向连接筋必须使用钢筋定位辅助措施进行定位。

④ 混凝土浇筑。湿接缝混凝土应用平板振动器振捣。混凝土振捣浇筑完成后，梁顶用木抹子抹光，初凝之前再进行二次收浆并拉毛处理。

⑤ 各现浇连续接头的浇筑气温应基本相同，温差应控制在5℃以内，并宜在一天气温最低时施工。

5. 其他

（1）所有混凝土浇筑后均需进行保湿养护。预制梁拆模时梁体混凝土芯部与表层、箱内与箱外、表层与环境温度差均不宜大于15℃，气温急剧变化时不宜拆模。预制梁拆模后应安装自动喷淋养护措施进行养护，并用土工布覆盖至梁底保持足够的湿度和温度，不能只覆盖梁顶部分，封锚混凝土浇筑后，静置1~2h，带模浇水养护，常温下一般养护时间不少于14d。现场浇筑的湿接缝、端横梁在收浆后均需覆盖和洒水养护，覆盖时不得损伤或污染混凝土表面，混凝土面有模板覆盖时，应在养护期间使模板保持湿润，常温下需保湿养护14d以上。冬季气温低于5℃时不得浇水，养护时间适当增长，并采取保温措施。

（2）箱梁施工中钢筋的连接方式：如设计图纸中未说明，钢筋直径≥12mm时，钢筋连接应采用焊接，钢筋直径<12mm时，钢筋连接可采用绑扎。绑扎及焊接长度应按照《公路桥涵施工技术规范》(JTG/T 3650—2020)的有关规定严格执行。

（3）由于梁底横向设置单支座，梁就位后需采取临时措施确保箱梁的横向稳定。

（4）所有新、老混凝土结合面均应严格凿毛处理。

(5) 浇筑调平层混凝土前应将梁顶浮浆、油污清除干净，以保证新、老混凝土良好结合。采用沥青混凝土桥面铺装时，调平层的施工技术要求应参照水泥混凝土桥面铺装相关施工技术要求执行。

八、下部结构施工

(1) 施工进场后，应对桥址范围地上、地下管线进行调查，如发现有与墩位基础冲突的情况，应及时联系设计单位进行调整。

(2) 施工单位进行施工放样之前，必须对各桥墩台控制里程桩号、桩位坐标、设计标高等数据进行复核计算，计算无误后方可放样，并且在放样完毕后用钢尺对桩位进行多方位的丈量校核，确认无误后方可施工桩基。

(3) 基础施工时，如发现实际地质情况与地质报告、设计文件不符，应及时通知设计、监理部门，以便做适当调整。

(4) 钻孔灌注桩施工时，清底和竖向偏差应严格按施工规范执行；应采取措施使钻孔桩孔内沉淀土厚度不得大于规范规定。

(5) 桥梁基础均采用钻孔灌注桩，桩尖标高根据地质钻探资料确定。桩基质量检测推荐采用超声波法或其他无破损检测法进行检测，本桥检测管按桩基总数的100%布设。

(6) 承台同桩柱交界处应注意新老混凝土的结合，在浇筑混凝土前，应仔细清除桩头浮浆、凿毛接触面、冲刷干净。

(7) 桥墩墩身施工要求尺寸准确，表面平整、光滑，应严格控制墩身施工倾斜度。墩柱施工要求采用钢模板，一节长度不应小于2.0m，钢模板初次使用时应将与混凝土接触面上的锈迹清除干净。不得对混凝土表面有污染、腐蚀的材料代替脱模剂。

(8) 桥台其施工工序为首先进行台后地基处理，填筑路基；其次开挖部分路基至承台(台帽)顶面布置钻孔平台，钻孔灌注混凝土；最后再开挖至桩顶，浇注承台(或帽梁)及耳、背墙等。

(9) 桥台台身纵向钢筋应预先焊接形成骨架、浇筑混凝土前直接将骨架安装到位，再绑扎钢筋。

(10) 本段岩溶较发育，根据先期地质报告，拟定以下处理原则：

① 竖向深度3m以内无填充或半填充的溶洞，采用回填黏土加片石后复打成孔。回填复打时冲击钻宜采用小冲程造浆护壁成孔工艺，如需多次回填复打，可适当添加水泥或其他添加剂以增加泥浆黏性和胶体率，增强泥浆护壁质量。

② 竖向深度3~5m无填充物或半填充的溶洞，采用回填加筋(如纺织袋、麻袋、植物)黏土加片石后复打成孔。回填复打工艺同3m以内溶洞处理方案。如掺加水泥，水泥宜与黏土加片石混合料拌和后再回填，回填后宜等待混合料有一定强度后再冲击成孔。

③ 5m以上无填充或半填充的溶洞，溶洞的岩层以上紧接着的覆盖层为砂层时，宜先进行注浆固化后护筒跟进钻孔；有溶洞的岩层以上紧接着的覆盖层为黏土层时可考虑将护筒打入黏土层再钻孔。钻进溶洞后，如工期允许，可采用反复填片石和黏土冲击护壁成孔，否则可采用双护筒直接将护筒打入溶洞内；对串珠状溶洞，建议采用填片石和黏土冲出成孔。

④ 全填充溶洞：如无漏浆，无须另行处理。如漏浆，可回填黏土加片石后按方法“①”成孔。

（11）桩基施工时，对溶洞顶板较薄的路段，为避免由于施工引起地面塌陷等地质灾害，建议在施工前组织相关专家对施工成孔工艺进行评审。

九、其他问题与建议

（1）桥梁位于灰岩地区，施工前应结合墩台具体位置在桩位处进行超前钻，根据超前钻资料调整桥梁基础的桩长，为桥梁基础设计提供可靠依据。

（2）在相关道路保通过程中，临时交通组织一定要满足相关规定要求。

（3）锚具要成套定货，不得用承包商自制的任何构件取代成套锚具的一部分，锚具的所有构件必须经过严格的质量检验。金属波纹管与锚具接口要紧密、贴实，注意箱梁普通钢筋尖头不得顶刺波纹管，波纹管定位钢筋要定位准确，绑扎牢靠。

（4）伸缩缝成套定货后，应将伸缩缝安装说明与本图伸缩缝预埋钢筋进行对照，建议请伸缩缝供货单位阅读相关图纸并配合安装，可根据供货单位的要求对预埋钢筋进行适当的调整。

（5）其他有关事项请按照《城市桥梁工程与质量验收规范》(CJJ2—2008)、《公路桥涵施工技术规范》(JTG/T 3650—2020)及有关规定、规程执行。

十、涵洞

本项目涵洞均为新建，涵洞布设主要为连通左右水系，涵洞设置尽量考虑暗涵，其孔径主要根据水文计算结果、填土高度、地形、地质条件、施工条件等确定。本项目主线共新建 1-ϕ1.5 圆管涵 4 座。连接线新建 1-ϕ1.5 圆管涵 3 座，新建 1-1-4.0×2.0 盖板涵 1 座。

（一）主要材料

（1）圆管涵洞身：C30 混凝土；

（2）钢筋：钢筋采用 HPB300 钢筋与 HRB400 钢筋。

（3）管涵基础：基础采用 C20 混凝土。

（4）洞口：帽石采用 C20 混凝土。

（5）洞口河床铺砌及隔水墙均采用 C20 混凝土。

（二）圆管涵涵洞设计要点

1. 圆管涵

（1）各种管节分别采用一种规格（材料、尺寸及配筋均相同），以便于工厂集中预制，并适用于不同填土高度。

（2）管节计算考虑管基参与受力，按管壁与管基共同作用计算管壁内力，因此应根据不同的填土高度和车辆荷载分布情况来设计涵洞基础，以调整管壁内力。

（3）管壁各断面的弯距计算公式，系将圆管对称分割成两个单阶变截面悬臂曲杆，作为基本结构进行推导，假定管壁厚与孔径之比为 1/10，基础为两倍管壁厚度的环形局部加强断面，基础材料与管壁材料的弹性模量比取 0.7，刚性管壁的轴向力对计算应力值影响很小，忽略不计。

(4) 圆管的外荷载：管顶填土竖向压力为土柱重；车辆荷载竖向压力通过填土按 30°扩散角分布于管顶的假定水平面上。当分布宽度小于计算孔径时，按局部均布荷载计算；基底竖向反力假定通过基础均布于组合断面中性轴的水平投影面，圆管侧压力强度按管顶水平面以上的土柱引起的水平均布荷载计算。填土容重 $18kN/m^3$，内摩擦角 35°，仅考虑基础以上部分的管身的侧压力。车辆荷载产生的侧土压力相对甚小，故不考虑。

(5) 根据管顶及管侧内力计算结果，管壁配置内外圈两层受力钢筋，外圈钢筋按内圈钢筋的一半配置，并按双筋混凝土计算。

2. 盖板涵

(1) 盖板设计

① 装配式钢筋混凝土预制板按简支板计算内力，不考虑涵台传来的水平力。

② 盖板设计为变厚度板，根据内力计算分别确定跨中与板端的厚度。

③ 计算涵洞上车辆荷载引起的竖向土压力时，车轮按其着地面积的边缘向下作 30°角分布。当几个车轮的扩散线相重叠时扩散面积以最外边扩散线为准。

(2) 涵台设计

① 计算涵台内力时，将分离式基础盖板涵结构形式简化成盖板与涵底铺砌为横向支撑，涵台简化为上下端简支的竖梁，承受台后的水平压力；对整体式基础盖板，按一端简支，一端固结的竖梁计算。

② 荷载引起的台后土压力按换算土柱高计算。

③ 部分涵顶填土厚度较小的涵洞，在活载作用下台身产生较大的偏心距，设计时适当加大了台身宽度。

(三) 施工方法及施工注意事项

有关施工及质量检验标准应严格按照《公路桥涵施工技术规范》(JTG/T 3650—2020) 有关规定办理，并注意以下几点：

1. 圆管涵

(1) 圆管涵涵洞全长范围内每隔 4~6m 设一道沉降缝，其位置以设在路基中部和行车道外侧为宜。

(2) 管基混凝土可分为两次浇筑。先浇筑管底以下部分，此时应注意预留管壁厚度及安放管节座浆混凝土 2~3cm，待安放管节后再浇筑管底以上部分，并应保证新旧混凝土的结合，以及管基混凝土与管壁的结合。

(3) 圆管涵涵洞顶上及涵身两侧在不小于两倍孔径范围的填土须分层对称夯实，相对密度达到 95%。为保证压实度，避免涵洞与路基衔接处产生不均匀沉降，建议在涵身两侧 2m 范围内采用透水性路基填料。

2. 盖板涵

(1) 上下部连接可将涵台高度砌筑至盖板支点处的顶面，使盖板与台墙顶紧，起支撑作用。

（2）盖板安装完毕后采用C30水泥砂浆充填台背与盖板间的空隙，待其强度达到设计值的75%后，方进行台后填土。涵洞洞身两侧填土应分层夯实，每侧长度不应小于洞身填土高度的一倍，压实度不小于96%。

（3）涵台台身及基础设置应在地基土沉降较大变化处及每隔4~6m设沉降缝一道，缝宽1~2cm，缝内用沥青麻絮和其他具有弹性的不透水材料填塞。

（4）分离式基础盖板涵洞铺砌采用40cm厚C20片石混凝土，浇筑时应保证混凝土振捣密实，以起到支撑及承受冲刷的作用。设置于非岩石地基上的涵洞，洞内应进行铺砌，洞外铺砌长度应视河沟纵坡、地基土、冲刷等条件而定，涵洞上游至少应在端墙（或锥坡）范围铺砌，下游应铺出端墙以外3~5m。对于无明显沟槽的河沟，出口铺砌的扩散平面宜采用等腰梯形，其铺砌扩散角可取20°。

（5）涵台基础底面埋置深度应设置在冰冻线以下25cm。

（6）当涵台较高，需分层浇注时，接缝处应等间隔（10cm）顺涵台布设竖向钢筋，避免涵台产生裂缝；单根钢筋长度为1m长，数量见相关图纸。

（7）涵台基础及洞口八字墙基础在天然地基满足设计承载力要求时，基础可直接筑在岩石地基上，土质地基上设置20cm碎砾石垫层。当涵洞地基承载力未达到本套通用图提供的基底设计承载力，不能直接使用本套通用图。可计算采用基底换填碎砾石垫层厚度，也可以采取其他有效的加固措施提高基底承载能力满足地基设计承载力。

结　语

现代桥梁结构合理形式并非有特定的单一的结构形式，因此，研究其特性应从总体上把握其规律，然后，以其为标准评价所要讨论桥式的优劣。实际上，桥梁结构合理型式所遵循的一些规律已零散地存在于桥梁建设者的头脑中，并自觉或不自觉地运用于实践。这里只不过将其归纳总结，使之系统化、理论化、使其具有逻辑性，有层次感。这些规律难以定量化，而只能用语言描述的形式来表达。本文总结了桥梁设计应遵循以下基本原则：

（1）安全设计的桥梁结构在制造、运输、安装和使用过程中应具有足够的强度、刚度、稳定性和耐久性，并应具有安全储备。根据桥上的交通和行人情况应考虑路面（消防安全带）、路缘、护栏、栏杆等设备，以确保行人和驾驶安全。桥梁还应配备照明设施，引桥的纵坡不宜布陡峭，地震区桥梁，根据地震情况要求采取抗震措施。

（2）适用的桥梁宽度应能满足车辆和人员的交通流量要求，并应满足未来规划期交通量增长的需要。桥下应满足泄洪、通航（跨江桥）或交通（旱桥）的要求这些要求。桥的两端方便车辆进出，防止交通堵塞。此外，还便于以后的检查和维护。

（3）经济-经济通常是桥梁设计的首要考虑因素。桥梁设计应遵循因地制宜、就地取材、施工方便的原则，综合考虑发展前景和未来维护，以便其成本和维护成本综合最经济。

（4）美丽的桥梁，特别是城市桥梁和旅游区的桥梁，应具有优美的外观、精致的结构布局、空间和谐以及与周围环境的和谐。正确的结构、布局和轮廓如下：美学的主要因素，此外，施工质量也会影响桥梁美学。此外，桥梁设计应积极采用新结构、新材料、新工艺和新设备，并利用最新的国际科技成果有利于提高桥梁建设水平，赶超世界先进水平。

希望能够通过本书为相关从业人员提供一定的设计理论，并通过本书中总结分析的桥梁各构件组成规律，为桥式方案设计或者桥梁建筑学提供了理论基础，减少了桥式探索中的盲目性。以其为指南，必将对未来大型桥梁的建设带来显著的经济效益及社会效益。

参 考 文 献

[1] Aishe Zhang, Ling Zhang. RBF neural networks for the prediction of building interference effects[J]. Computers & Structures. 2004, 82(27).

[2] D. J. Easterbrook, G. Bugmann, M. Y. Rafiq. Neural network design for engineering applications[J]. Computers & Structures. 2001, 79(17).

[3] Deng J. Structural reliability analysis for implicit performance function using radial basis function network[J]. International Journal of Solids & Structures. 2006, 43(11).

[4] Ehsan Mesbahi, Yongchang Pu. Application of artificial neural networks to evaluation of ultimate strength of steel panels[J]. Engineering structures. 2006, 28(8).

[5] Eysa Salajegheh, Ali Heidari. Optimum design of structures against earthquake by wavelet neural network and filter banks[J]. Earthquake engineering & structural dynamics. 2005, 34(1). 67~82.

[6] Jamshid Ghaboussi, Sungmoon Jung. Neural network constitutive model for rate-dependent materials[J]. Computers & Structures. 2006, 84(15).

[7] Jasbir S. Arora, Fatma Y. Kocer. Optimal Design of Latticed Towers Subjected to Earthquake Loading[J]. Journal of Structural Engineering. 2002, 128(1).

[8] Lu Y, Tu ZG. A two-level neural network approach for dynamic FE model updating including damping [J]. Journal of Sound and Vibration. 2004, 275(3/5). 931~952.

[9] Madan A. Vibration control of building structures using self-organizing and self-learning neural networks [J]. Journal of Sound & Vibration. 2005, 287(4).

[10] Xiaomo Jiang, Sankaran Mahadevan, Hojjat Adeli. Bayesian wavelet packet denoising for structural system identification[J]. Structural control and health monitoring. 2007, 14(2). 333~356.

[11] Yiannis TsoMPanakis, Michalis Fragiadakis, Manolis Papadrakakis, etc. Structural optimization: A tool for evaluating seismic design procedures[J]. Engineering structures. 2006, 28(12).

[12] Zhang QZ, Gan WS, Zhou YL. Adaptive recurrent fuzzy neural networks for active noise control[J]. Journal of Sound & Vibration. 2006, 296(4).

[13] 曾友金，章为民. 用有限单元法分析超长单桩的荷载传递[J]. 岩土力学，2002，(6). 803-806.

[14] 程耿东. 结构优化新方法及其计算机实现[J]. 力学与实践，1992，14(1). 1~6.

[15] 戴自航，彭振斌. 抗滑桩全桩内力计算“m-k”法的有限差分法[J]. 岩土力学，2002，(3). 321-324，328.

[16] 戴自航. 抗滑桩滑坡推力和桩前滑体抗力分布规律的研究[J]. 岩石力学与工程学报，2002，(4). 517-521.

[17] 董桂西，王藏柱. 结构优化设计的现状及展望[J]. 电力情报，2000，(1). 5-7.

[18] 范良宜. 钢筋混凝土矩形截面梁实用优化设计方法[J]. 基建优化，1998，(3). 27-29，37-2.

[19] 富坤，黄茂松. 水平荷载作用下桩的变形非线性简化分析[J]. 地下空间与工程学报，2009，(z2). 1722-1726，1730.

[20] 何伟. 聚丙烯纤维混凝土在桥面施工中的应用[J]. 市政技术，2011，(1). 58-60.

[21] 胡晓军，王建国. 边坡加固工程中抗滑桩间距的确定[J]. 河海大学学报(自然科学版)，2007，(3). 330-333.

[22] 华渊，刘荣华，曾艺. 纤维增韧高性能混凝土的试验研究[J]. 混凝土与水泥制品，1998，(3). 40-43.

[23] 黄平明，邹兰林，王蒂. 支撑加固法的优化设置方法研究[J]. 公路交通科技(应用技术版)，2007，(12). 89-91.

[24] 李国豹，蒙云，戚志河．槽钢八字撑加固技术在桥梁加固中的运用[J]．内蒙古公路与运输，2007，(3).40-43.
[25] 李素华，周健，杨位，等．复杂地基中桩基承载机理计算研究[J]．岩石力学与工程学报，2003，(9).1571-1577.
[26] 刘杰，张可能，肖宏彬．考虑桩侧土软化时单桩荷载-沉降关系的解析算法[J]．中国公路学报，2003，(2).61-64.
[27] 罗如登．Ansys 中混凝土单元 Solid65 的裂缝间剪力传递系数取值[J]．江苏大学学报(自然科学版)，2008，(2).169-172.
[28] 马建勋，赖志生，蔡庆娥，等．基于强度折减法的边坡稳定性三维有限元分析[J]．岩石力学与工程学报，2004，(16).2690-2693.
[29] 钱伟康．既有铁路肋板式梁桥力学性能分析及加固技术研究[D].2020.
[30] 石春秀．普速铁路低高度板梁桥耐久性分析及加固技术研究[D].2019.
[31] 汪树玉，刘国华，包志仁．结构优化设计的现状与进展(续)[J]．基建优化，1999，(5).3-7.
[32] 王高．铁路低高度梁组合体系加固技术研究[D].2020.
[33] 王国强，吴道祥，刘洋，等．巢湖凤凰山滑坡形成机制和稳定性分析[J]．岩土工程学报，2002，(5).645-648.
[34] 王智远，付塔文泰．公路钢筋混凝土简支 T 梁优化设计[J]．内蒙古公路与运输，2004，(2).6-8.
[35] 吴宏杰．干湿交替环境下既有铁路 π 形梁抗弯性能分析与修复技术研究[D].2019.
[36] 许素强，夏人伟．结构优化方法研究综述[J]．航空学报，1995，(4).2-13.
[37] 颜亮亮．既有线提速桥梁横向刚度不足的加固方法探讨[J]．上海铁道科技，2014，(1).94-95，59.
[38] 杨明辉，赵明华，刘建华，等．高陡边坡桥梁基桩内力计算的幂级数解[J]．中南大学学报(自然科学版)，2007，(3).561-566.
[39] 杨涛，周德培，张俊云，等．抗滑桩滑坡推力分布形式的计算确定[J]．岩土工程学报，2006，(3).322-326.
[40] 俞铭华，李庆贞．钢筋混凝土单筋梁优化设计[J]．工业建筑，2000，(8).48-51.
[41] 詹四方．在役铁路板梁桥劣化成因分析及粘钢加固承载力计算[D].2018.
[42] 赵明华，刘敦平，邹新军．横向荷载下桩—土相互作用的无网格分析[J]．岩土力学，2008，(9).2476-2480.
[43] 赵明华，刘建华，杨明辉．倾斜荷载下高陡边坡桥梁基桩内力计算[J]．岩石力学与工程学报，2006，(11).2352-2357.
[44] 赵明华，邹新军，刘齐建．洞庭湖软土地区大直径超长灌注桩竖向承载力试验研究[J]．土木工程学报，2004，(10).63-67.
[45] 赵明华，邹新军，罗松南，等．横向受荷桩桩侧土体位移应力分布弹性解[J]．岩土工程学报，2004，(6).767-771.
[46] 赵明华，邹新军，邹银生，等．倾斜荷载下基桩的改进有限元-有限层分析方法[J]．工程学，2004，(3).129-133.
[47] 赵喜敬，王宏伟，王永彬，等．箱形梁截面设计的一种优化方法[J]．煤矿机械，2005，(7).20-21.
[48] 赵煜，侯俊明．钢结构箱形梁桥结构尺寸优化分析[J]．西安公路交通大学学报，2001，(2).53-56.
[49] 郑刚，李欣，刘畅，等．考虑桩土相互作用的双排桩分析[J]．建筑结构学报，2004，(1).99-106.
[50] 周德培，肖世国，夏雄．边坡工程中抗滑桩合理桩间距的探讨[J]．岩土工程学报，2004，(1).132-135.
[51] 周洪波，杨敏，杨桦．水平受荷桩的耦合算法[J]．岩土工程学报，2005，(4).432-436.